数智化时代会计专业
—— 融合创新系列教材

会计工作过程综合实训

基于企业数字化管理综合业务

文容 廖星煜◎主编

滕韦娅 祝瑾 谢莉莎 傅仕伟◎副主编

人民邮电出版社

北 京

图书在版编目（CIP）数据

会计工作过程综合实训：基于企业数字化管理综合
业务 / 文容，廖星煜主编. -- 北京：人民邮电出版社，
2024.8
数智化时代会计专业融合创新系列教材
ISBN 978-7-115-64143-4

Ⅰ. ①会… Ⅱ. ①文… ②廖… Ⅲ. ①企业管理－财
务管理－计算机管理系统－教材 Ⅳ. ①F275-39

中国国家版本馆CIP数据核字(2024)第068174号

内 容 提 要

数智化时代，企业会计实务从工作形式到内容均发生了巨大的变化。本书以某手机制造企业的生产经营业务为案例，全流程模拟企业会计工作过程，全面翔实地介绍了会计工作过程中必须掌握的理论知识和技能要点，具体内容主要包括认知企业及会计工作、信息化建账、日常经济业务处理与分析、期末业务核算与账务处理、纳税申报、财务报表编制、会计档案管理等。

本书内容丰富，融入大数据、云管理等新技术，对接企业真实业务场景，适合作为应用型本科院校和高等职业院校财会专业相关实训课程的教材，也可供企业出纳、会计核算、纳税申报及财务管理等岗位的在职人员参考。

♦ 主　　编　文　容　廖星煜
　　副 主 编　滕韦娅　祝　瑾　谢莉莎　傅仕伟
　　责任编辑　崔　伟
　　责任印制　王　郁　彭志环
♦ 人民邮电出版社出版发行　　　北京市丰台区成寿寺路 11 号
　　邮编　100164　　电子邮件　315@ptpress.com.cn
　　网址　https://www.ptpress.com.cn
　　山东华立印务有限公司印刷
♦ 开本：787×1092　1/16
　　印张：14.75　　　　　　　　　2024 年 8 月第 1 版
　　字数：386 千字　　　　　　　2024 年 8 月山东第 1 次印刷

定价：59.80 元

读者服务热线：(010)81055256　印装质量热线：(010)81055316
反盗版热线：(010)81055315
广告经营许可证：京东市监广登字 20170147 号

前　言

党的二十大报告提出："加快发展数字经济，促进数字经济和实体经济深度融合，打造具有国际竞争力的数字产业集群。"数字经济时代，会计人员利用大数据技术可以分析预测未来的市场趋势，制订更加完善的财务计划，发现潜在的风险因素，并采取有效的风险控制措施，降低财务风险；会计人员还可以利用可视化技术将经营数据以图表的形式展示给管理层，帮助管理层更加直观地了解企业的现状。会计实务从工作形式到内容均发生了巨大的变化，会计人员需要从传统的"核算反映型"向"智能决策型"转变，从"管理控制型"向"决策支持型"转变。

本书结合"三教"改革职业教育理念、企业会计和财务管理的最新发展趋势，以及数智化时代会计人才的需求情况，本着"理论够用、注重实训"的原则，采用任务驱动编写体例，以某手机制造企业的生产经营业务为案例，通过企业日常经济业务的账务处理和相关财务分析工作，全流程模拟企业会计工作过程，将岗位技能、课程内容、竞赛元素和专业技术资格考试相结合，以切实提高学生的岗位胜任能力。

本书特色

（1）编写体例新颖。本书根据会计工作核算流程和工作节点梳理内容体系，方便进行项目化教学。其中，项目三到项目六所讲内容是企业会计实务中最常见且最重要的部分，每个任务以任务情境开篇，以技能训练为核心，以任务拓展实训结尾，充分体现了"岗课赛证融通"教学理念，可以有效增强知识学习效果，提升岗位实践能力。

（2）产教融合特色明显。本书由三所高校联合 ERP 软件开发领军企业金蝶软件（中国）有限公司共同编写，融入大数据、云管理等新技术，旨在培养学生掌握中小企业财会岗位必需的理论知识和实务操作技能，具备严谨细致、操作规范的会计职业素养，胜任出纳、会计核算、纳税申报及财务管理等岗位。

（3）与企业实践紧密结合。本书基于企业在金蝶云管理平台上的完整业务处理流程编写，在技能要点的讲解中融入具体业务的信息化操作过程及数字化分析的相关内容，包括财务软件的操作指导、数字化分析指标构建、撰写分析报告等，可以帮助学生了解企业真实的业务场景，提高岗位技能水平，逐步培养大数据处理和分析能力。

（4）知识讲授与价值引领融合。本书以突出工作过程为导向，以完成工作任务为中心，力求通过各岗位的实训操作和"会计之道"栏目的阅读材料，激发学生的学习热情，帮助他们树立正确的职业意识，培养他们独立分析问题、解决问题的能力。

本书是数字技术创新驱动下的财会专业教学模式改革的实践成果，由四川省三所高校的七名专职教师和金蝶精一信息科技有限公司产品总监傅仕伟博士共同编写，文容、廖星煜担任主编，滕韦娅、祝瑾、谢莉莎、傅仕伟担任副主编，彭静、黄平平参与编写。

在编写本书的过程中，编者参考了一些大数据、会计领域的文献资料，对这些作者表示感谢。本书凝聚了众多院校教师和企业人员的智慧，在此对他们表示衷心的感谢。

由于编者水平有限，书中难免存在不足，敬请广大读者批评指正。

编者

2024 年 4 月

目 录

项目一

认知企业及会计工作

知识目标

1. 了解企业基本信息，了解企业的组织架构。
2. 了解企业各职能部门的职责。
3. 熟悉企业的会计政策。
4. 掌握企业会计核算流程。

能力目标

1. 能够根据企业组织架构设置各职能部门的职责。
2. 能够根据企业经济业务账务处理选择恰当的会计政策。

素养目标

1. 培养学生遵纪守法、诚实守信、廉洁自律、客观公正的职业操守。
2. 培养学生潜心提高技能、以技谋发展的务实作风。

学习导图

认知企业及会计工作的学习导图如图 1-1 所示。

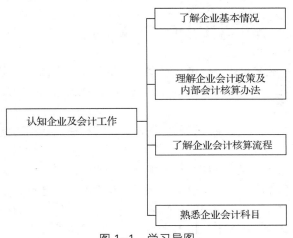

图 1-1 学习导图

认知企业及会计工作是财务人员不可或缺的任务。本项目旨在了解案例企业的基本信息及财务相关信息，以便于后续章节的实训操作。

任务一 了解企业基本情况

一、企业基本信息

2023 年 9 月 1 日，为了拓展手机业务，四川洪风投资有限公司、四川龙达信息技术有限公司共同投资成立四川诚远股份有限公司，注册资本 1 000 万元，双方各投入 50%。

2023 年 9 月 3 日，四川诚远股份有限公司注册成立，登记为增值税一般纳税人，纳税人识别号为 91510100MA6T0G7D9C，公司电话号码为 028-62870000。公司在中国工商银行成都分行高新支行开立基本存款账户，账号为 9558921654325897。公司目前有职工 20 人，主营电子设备的生产加工与销售。

二、企业组织架构

四川诚远股份有限公司采用职能式组织架构，设立有行政部、财务部、生产部、采购部、销售部五个部门，其中生产部下设生产管理部和技术部，如图 1-2 所示。

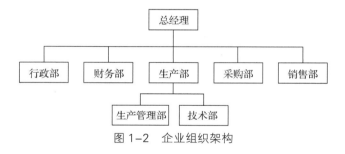

图 1-2 企业组织架构

三、企业各职能部门的职责

四川诚远股份有限公司各职能部门的职责如下。

1. 行政部的职责

（1）负责公司会务安排及日常事务，制定完善的公司管理制度，建立完善的内部文书、档案管理体系，组织起草公司行政文件。

（2）负责公司内部企业文化建设工作，督促、检查各部门工作计划完成情况。

（3）组织、监督公司管理制度的落实情况，收集、整理公司内外的反馈信息及合理化建议，定期提供公司的工作简报。

（4）负责开展内部民主管理活动，调动和发挥员工的积极性、主动性、创造性。

2. 财务部的职责

（1）制定公司财务方面的管理制度及有关规定，并监督执行。

（2）制订公司年度财务计划，编制财务预算报告和季度、年度财务报告。

（3）负责公司运营成本的核算与控制，为公司经营管理提供有用的信息。

（4）负责公司的资金调配和财务分析工作。

3．生产部的职责

（1）密切关注生产情况，跟踪工厂的生产进度，及时、准确地向上级领导反馈结果，确保交货期和交货量。

（2）高质量完成生产订单，审核订单相关数据，将不明确的事项详细反馈给相关人员，并及时确认。

4．采购部的职责

（1）负责原材料的询价、比价、议价、采购，建立供应厂商与价格目录。

（2）根据生产计划，完成生产用料申购与余料转用。

（3）控制交料进度与逾交督促，完成进料质量、数量的异常处理，完成应付款的整理、审查。

5．销售部的职责

（1）定期收集和整理市场信息，分析市场竞争态势，并制定相关对策。

（2）制定公司销售战略和销售计划，完成公司交办的销售任务，监督销售计划的实施，并及时向总经理反馈销售进展。

（3）建立各级客户数据文件，做好售后服务，快速、高效地解决客户问题。

任务二 理解企业会计政策及内部会计核算办法

一、企业会计政策

四川诚远股份有限公司的会计政策如下。

1．目的

为了加强公司财务管理，规范公司财务行为，提高会计核算水平，根据《中华人民共和国会计法》《企业会计准则》和其他法律法规的有关规定，结合本公司内部管理需要，制定本制度。

（1）公司根据会计业务的需要设立财务部，并聘请专职的会计人员。财务部负责人由总经理任命，负责管理公司财务部日常工作。

（2）财务部根据会计业务的需要设置会计、出纳等工作岗位。

（3）财务人员因工作调动或离职，必须在办理完成交接手续后方可调动或离职。

2．内部控制制度

（1）公司实行银行票据与银行预留印鉴分管制度。

（2）非出纳人员不能办理现金、银行收付款业务。

（3）库存现金和有价证券每月抽盘一次，由财务负责人监督执行。

（4）公司出纳不得兼管稽核、档案保管，以及收入、费用、资产类、负债类账目的登记工作。

3．会计核算和会计监督

（1）公司会计年度自公历 1 月 1 日起至 12 月 31 日止。

（2）公司采用权责发生制进行账务处理。

（3）公司会计核算以人民币为记账本位币。

（4）公司根据《企业会计准则》要求设置会计科目，在不影响对外报送报表和会计核算的前提下，根据实际情况自行设置和使用二、三级会计科目。

（5）公司会计核算以实际发生的经济业务为依据进行会计处理，会计指标口径一致，相互可比，会计处理方法前后一致。

（6）财务部办理会计业务时必须按照《企业会计准则》的规定对原始凭证进行审核，对不真实、不合法的原始凭证不予接受；对记载不准确、不完整的原始凭证予以退回，并要求按照《企业会计准则》的规定更正、补充。

（7）公司记账凭证采用通用记账凭证，记账凭证要由制单人、审核人、记账人签章。

（8）会计凭证打印后应装订成册，妥善保管。公司原始凭证不得外借，其他单位如有特殊原因需借用原始凭证时，经公司负责人批准后才可以借阅或复印。各种重要的经济合同、收据、涉外文件等应单独保管。

（9）公司应委托会计师事务所对年度会计报表进行审计，并积极配合其工作，禁止授意或要求注册会计师出具不当或虚假的审计报告。

二、企业内部会计核算办法

四川诚远股份有限公司的内部会计核算办法如下。

1. 货币资金管理

（1）库存现金管理的规定如下。

- 公司财务部库存现金控制在核定限额 5 万元以内，不得超限额存放现金。
- 严格执行现金盘点制度，做到日清月结，保证现金的安全。现金遇有长短款，应及时查明原因，报告公司领导，并追究相关人员的责任。
- 不准白条抵库。
- 不准私自挪用、占用和借用公司现金。
- 到银行提取或送存现金（金额达 3 万元以上）时，需由两名工作人员同时前往。
- 出纳要妥善保管保险箱内存放的现金和有价证券，私人财物不得存放于保险箱。
- 出纳必须随时接受公司领导的检查、监督，必须严格遵守、执行上述各条规定。

（2）银行存款管理的规定如下。

- 必须遵守中国人民银行的规定，办理基本存款账户和公司各种银行结算业务。
- 必须认真贯彻执行《支付结算办法》《中华人民共和国票据法》等相关的结算管理制度。
- 公司应按每个银行开户账号建立银行存款日记账，出纳应及时将公司银行存款日记账与银行对账单逐笔核对。会计于次月初编制"银行存款余额调节表"。
- 空白银行支票与预留印鉴必须实行分管。由出纳登记支票使用情况，逐笔记录签发支票的用途、使用单位、金额、支票号码等。

2. 费用审批制度

费用报销与员工借款严格执行公司费用审批制度，具体费用审批制度如下。

（1）因公出差、经总经理批准借支的公款，应在回公司后七天内结清，不得拖欠。

（2）金额在 1 000 元以下（含 1 000 元），由主管部门负责人签字之后交会计审核。金额在 1 000 元以上的，由主管部门经理审核签字交会计审核，最后由总经理审批。

（3）借款人必须按规定填写"借款单"，注明借款事由、借款金额，出纳应对借款事项专门设置台账进行跟踪管理。

（4）出纳必须根据手续完整、填写无误的单据支付款项，对于手续不完整、填写不规范的付款单应退回改正或拒绝办理付款。

（5）正常的办公费用开支，必须有正式发票且印章齐全，支付手续必须齐全。

（6）报销单填写必须完整，原始单据必须真实、合法，签章必须符合以上相关规定，出纳方可给予报销。

3. 往来债权核算

（1）应收账款的管理：公司为加强对应收账款的管理，在总分类账的基础上，按客户的名称设置明细分类账，详细、序时地记载与各客户的往来情况，同时定期与客户进行核对。

（2）借款的管理：公司各部门形成的出差借款、采购借款、各部门备用金应于业务发生后及时归还销账。对于尚未归还的个人借款，财务部要及时核对，年末仍未还款的个人借款要统一替换新的借款单。

4. 存货核算

（1）会计设立库存商品数量金额明细账，记录库存商品的收发情况和结存数量。

（2）购入商品时，按买价加运输费、运输途中的合理损耗、入库前的挑选整理费用和按规定应计入成本的税金及其他费用，作为实际成本。

（3）库存商品的发出按加权平均法进行计价，一律以出库单的形式出库，在出库单上一般须注明产品名称、数量、领用部门等。

（4）每月月末及年终需对库存商品进行盘点，务必做到账、表、物三者相符。在盘点中发现的盘盈、盘亏、损毁、变质等情况，应及时查明原因。因管理不善造成的或无法查明原因的盘盈、盘亏，经相关领导审批后，计入当期损益。

5. 税费核算

（1）应交税费核算。公司按照税法等规定计算应缴纳的各种税费，包括增值税、企业所得税、城市维护建设税、教育费附加、地方教育附加，以及公司代扣代缴的个人所得税、印花税等。公司按应交税费进行明细核算，应交增值税明细账根据规定设置"销项税额""进项税额"等专栏进行明细核算。

（2）公司为增值税一般纳税人。应交增值税分别按"进项税额""销项税额""转出未交增值税"等设置明细账。月份终了，公司计算当月应交未交增值税，借记"应交税费——应交增值税（转出未交增值税）"账户，贷记"应交税费——未交增值税"账户。次月申报缴纳上月应交的增值税时，借记"应交税费——未交增值税"账户，贷记"银行存款"等账户。

（3）公司按月计提企业所得税，按季预缴企业所得税。

（4）公司按月计提印花税，按季预缴印花税。

（5）不考虑除增值税、附加税、所得税、印花税等以外的相关税费。

6. 固定资产核算

（1）固定资产在取得时，按取得时的成本入账，包括买价、相关税费、运输和保险等相关费用，以及使固定资产达到预定可使用状态前所必要的支出。

（2）公司的固定资产包括电子设备、生产设备等。

（3）固定资产的预计使用年限：房屋、建筑物等为20年；机器机械和其他生产设备为10年；与生产经营活动有关的器具、工具、家具等为5年；飞机、火车、轮船以外的运输工具为4年；电子设备为3年。

（4）公司对固定资产采用年限平均法（直线法）计提折旧，按月计提固定资产的折旧，当月新增的固定资产从下月起开始计提折旧，当月减少的固定资产从下月起停止计提折旧。

（5）固定资产的管理由财务部和行政部共同负责，财务部设立固定资产明细账，行政部建立固定资产卡片，定期对账。

（6）每年年终，由财务部牵头，组织使用部门对固定资产进行盘点，编制盘点表。

7. 生产成本核算制度

（1）公司生产 M329、K668 两种型号的手机，生产过程中实际消耗的直接材料、直接人工及制造费用计入产品成本。

（2）公司采用品种法对产品成本进行计算。

（3）投入人工按工时比例法进行分配。

（4）制造费用采用完工产品比例分配法（按 M329、K668 完工数量分配）进行分配。

（5）领用材料一次性投入。

8. 往来债务核算

（1）"应付账款"账户核算公司因购买库存商品而发生的负债，按照实际发生额入账，并按债权人设置明细账核算增减情况。"应付职工薪酬"账户核算根据有关规定应付给职工的各种薪酬，如工资、福利费、社会保险费、住房公积金、工会经费等。月末将当月工资进行分配，分别记入相关成本费用账户。

（2）往来债务的管理：公司各部门因采购或接受劳务形成的应付账款应及时进行账务处理，登记相应的账簿，定期与供应商对账，保证双方账目相符。

9. 所有者权益核算

（1）"实收资本"账户核算投资者投入的资本。

（2）"本年利润"账户核算公司当期实现的净利润（或发生的净亏损），年度终了，应将本年收入和支出相抵后结出的本年实现的净利润，转入"利润分配"账户。

（3）"利润分配"账户核算公司利润的分配（或亏损的弥补）和历年分配（或弥补）后的余额。公司在"利润分配"账户下设置"未分配利润"明细账户。

10. 损益核算

（1）"主营业务收入"账户核算销售商品、提供劳务等主营业务的收入。公司在商品已经发出、劳务已经提供，且同时收讫价款或取得价款权利的凭证时确认收入的实现并开具发票结算。

（2）"主营业务成本"账户核算公司确认销售商品、提供劳务等主营业务收入时应结转的成本。

（3）"税金及附加"账户核算公司经营主要业务应负担的城市维护建设税、教育费附加、地方教育附加和印花税等。

（4）"销售费用"账户核算公司销售商品过程中发生的各项费用，按运输费、折旧费、职工薪酬、差旅费、广告费等进行明细核算。

（5）"管理费用"账户核算公司为组织和管理生产经营所发生的各项费用，按差旅费、办公费、租金、折旧费、职工薪酬、福利费、业务招待费、水电费、保险费、通信费等进行明细核算。

（6）"财务费用"账户核算公司为筹集生产经营所需资金而发生的费用，按利息支出、利息收入、手续费等项目设置明细账，进行明细核算。

（7）"营业外收入"和"营业外支出"账户核算与公司生产经营活动无直接关系的各种收入和支出。

（8）"所得税费用"账户核算根据所得税准则确认的应从当期利润总额中扣除的所得税费用，并在利润表中反映。

（9）"以前年度损益调整"账户核算公司本年度发生的调整以前年度损益的事项。

11．财务报告

公司财务报告分为月报、季报、半年报、年报，财务报表包括资产负债表及利润表等。

任务三　了解企业会计核算流程

会计人员在了解完企业的基本情况后，需要根据企业经济业务的特点进行账务处理。企业采用记账凭证财务处理流程。记账凭证账务处理流程下，首先根据原始凭证或汇总原始凭证编制记账凭证，然后根据记账凭证直接登记总分类账。在传统手工账的登记过程中，需要设置现金日记账、银行存款日记账、明细分类账和总分类账，其中现金日记账、银行存款日记账和总分类账一般采用三栏式，明细分类账根据需要采用三栏式、多栏式和数量金额式。记账凭证账务处理流程如图 1-3 所示。

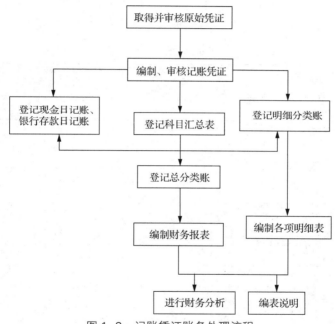

图 1-3　记账凭证账务处理流程

（1）对所有经济业务活动所取得的原始凭证进行审核，确保其真实、合法和有效。

（2）根据原始凭证或汇总原始凭证，编制记账凭证并进行审核，确保其准确性和合规性。

（3）根据收款凭证、付款凭证逐笔登记现金日记账和银行存款日记账。

（4）根据原始凭证、汇总原始凭证和记账凭证，登记各种明细分类账。

（5）按照会计科目汇总一定期间内所有记账凭证，登记科目汇总表。

（6）根据科目汇总表登记总分类账。

（7）期末，现金日记账、银行存款日记账和明细分类账的余额同有关总分类账的余额核对相符。

（8）期末，根据总分类账和明细分类账的记录，编制财务报表和各项明细表，并对编制报表的要求和规定进行解释和说明。

（9）根据财务报表和各项明细表的数据进行财务分析。

任务四　熟悉企业会计科目

会计科目，简称"科目"，是按经济内容对资产、负债、所有者权益、成本等会计要素做进一步分类核算的项目。每一个会计科目都应当明确反映一定的经济内容，科目和科目之间在内容上不能相互交叉。按所反映的经济内容不同，会计科目可分为资产类科目、负债类科目、共同类科目、所有者权益类科目、成本类科目、损益类科目六大类。

设置会计科目时，为了总括而又详细地反映各会计要素的增减变动情况及其结果，在会计实务中既要设置总分类科目，又要设置明细分类科目。总分类科目，简称"总账科目"，亦称一级科目，是对会计要素的具体内容进行总括分类的科目，是总分类账户的名称；明细分类科目，简称"明细科目"，是对总分类科目做进一步分类的科目，它所反映的经济内容或提供的指标比较具体详细，是明细分类账户的名称。根据企业实际经营的情况，有些总分类科目反映的经济内容比较广泛，可以在总分类科目下，先设置二级科目，在二级科目下再设置明细科目。

在《企业会计准则》的要求下，制造业企业使用的主要会计科目如表 1-1 所示。

表 1-1　　　　　　　　　　　　　制造业企业使用的主要会计科目

科目编码	科目名称	科目类别	科目编码	科目名称	科目类别
1001	库存现金	资产类	1473	合同资产	资产类
1002	银行存款	资产类	1474	合同资产减值准备	资产类
1012	其他货币资金	资产类	1475	合同履约成本	资产类
1101	交易性金融资产	资产类	1476	合同履约成本减值准备	成本类
1121	应收票据	资产类	1477	合同取得成本	成本类
1122	应收账款	资产类	1478	合同取得成本减值准备	成本类
1123	预付账款	资产类	1481	持有待售资产	资产类
1131	应收股利	资产类	1482	持有待售资产减值准备	资产类
1132	应收利息	资产类	1485	应收退货成本	资产类
1221	其他应收款	资产类	1501	债权投资	资产类
1231	坏账准备	资产类	1502	债权投资减值准备	资产类
1321	代理业务资产	资产类	1503	其他债权投资	资产类
1401	材料采购	资产类	1504	其他权益工具投资	资产类
1402	在途物资	资产类	1511	长期股权投资	资产类
1403	原材料	资产类	1512	长期股权投资减值准备	资产类
1404	材料成本差异	资产类	1521	投资性房地产	资产类
1405	库存商品	资产类	1531	长期应收款	资产类
1406	发出商品	资产类	1532	未实现融资收益	资产类
1407	商品进销差价	资产类	1601	固定资产	资产类
1408	委托加工物资	资产类	1602	累计折旧	资产类
1411	周转材料	资产类	1603	固定资产减值准备	资产类
1471	存货跌价准备	资产类	1604	在建工程	资产类

续表

科目编码	科目名称	科目类别	科目编码	科目名称	科目类别
1605	工程物资	资产类	3201	套期工具	共同类
1606	固定资产清理	资产类	3202	被套期项目	共同类
1621	生产性生物资产	资产类	4001	实收资本	所有者权益类
1622	生产性生物资产累计折旧	资产类	4002	资本公积	所有者权益类
1701	无形资产	资产类	4003	其他综合收益	所有者权益类
1702	累计摊销	资产类	4101	盈余公积	所有者权益类
1703	无形资产减值准备	资产类	4103	本年利润	所有者权益类
1711	商誉	资产类	4104	利润分配	所有者权益类
1801	长期待摊费用	资产类	4201	库存股	所有者权益类
1811	递延所得税资产	资产类	4301	专项储备	所有者权益类
1901	待处理财产损溢	资产类	4401	其他权益工具	所有者权益类
2001	短期借款	负债类	5001	生产成本	成本类
2101	交易性金融负债	负债类	5101	制造费用	成本类
2201	应付票据	负债类	5201	劳务成本	成本类
2202	应付账款	负债类	5301	研发支出	成本类
2203	预收账款	负债类	6001	主营业务收入	损益类
2204	合同负债	负债类	6051	其他业务收入	损益类
2211	应付职工薪酬	负债类	6101	公允价值变动损益	损益类
2221	应交税费	负债类	6111	投资收益	损益类
2231	应付利息	负债类	6115	资产处置损益	损益类
2232	应付股利	负债类	6117	其他收益	损益类
2241	其他应付款	负债类	6301	营业外收入	损益类
2245	持有待售负债	负债类	6401	主营业务成本	损益类
2401	递延收益	负债类	6402	其他业务成本	损益类
2501	长期借款	负债类	6403	税金及附加	损益类
2502	应付债券	负债类	6601	销售费用	损益类
2601	租赁负债	负债类	6602	管理费用	损益类
2701	长期应付款	负债类	6603	财务费用	损益类
2702	未确认融资费用	负债类	6701	资产减值损失	损益类
2711	专项应付款	负债类	6711	营业外支出	损益类
2801	预计负债	负债类	6801	所得税费用	损益类
2901	递延所得税负债	负债类	6901	以前年度损益调整	损益类
3101	衍生工具	共同类			

📖 会计之道

"会计"二字的由来

"会计"二字源于西周时代，它的产生经历了一个漫长而又有趣的过程。

在西周以前所应用的文字中，尚未发现"开会"的"会"字，也无"会计"二字。当时人们表达"开会""集会""相会"之类的意思用的是"合"字；反映事物数量的增加或数目相加也用的是"合"字。由于"合"字的用处较多，在使用过程中人们越来越感到不方便，而且用"合"字来表达"会计"方面的意思很不确切、妥当。大约到西周中后期，人们便根据"开会"及"会计"这两个方面的含义逐步摸索创造新的字形，这个被创造出来的新字形便是金文中的"会"。

会计中的"计"字是由"言"和"十"这两个母体字组合而成的。相传在远古时期，人们通常把部落所在地称为中央，把部落周边称为四方，即现在所讲的东西南北四方，而中央与四方组合在一起，便构成了"十"字的形体。那时候，每逢出猎，部落里的首领便按照四方分派猎手，分四路出去，而后又按这四路返回部落。按照规定，各路出猎归来必须如实报告捕获猎物的数量，最后由部落首领汇总计算，求得一个总数，以便考虑所获猎物在部落范围内的分配问题。这种零星计算四路收获猎物的举动，便构成了"计"字一方面的含义。

当文字和书写工具尚未发明的时候，各路出猎者向部落首领报告猎物数目是用口头语言加以表达的。不同种类的猎物数目各是多少，总共是多少，都要求正确、真实地表达出来，不容许隐瞒和虚报。这种正确且无隐瞒的口头计算与报告便构成了"计"字的另一方面含义。这样，"言"与"十"合在一起便构成了"计"字的形体，而"言"与"十"这两方面的含义合一，便使"计"字具有正确计算的意思。

东汉时，著名文字学家许慎在《说文解字》中对"会计"二字从字义上做出了详解，尤其强调"计"字含有"正确计算"之意。清代的文字训诂学家段玉裁也在他的《说文解字注》一书中对"会"字的构成做了详细的说明。同时，清代数学家焦循针对西周时人们对"会计"概念的认识指出："零星算之为计，总合算之为会。"这是对西周时代"会计"概念的正确总结。

项目二
信息化建账

知识目标

1. 了解企业期初建账的基本内容和流程。
2. 了解账簿的定义及总账系统初始化流程。
3. 了解出纳管理的概念及出纳系统初始化流程。

能力目标

1. 掌握在金蝶云星空系统中进行组织架构搭建和用户权限设置的方法。
2. 熟悉在金蝶云星空系统中进行基础资料设置的步骤。
3. 熟悉在金蝶云星空系统中进行相关设置和初始化的步骤。

素养目标

1. 培养学生遵纪守法、一心为公的职业操守。
2. 培养学生潜心提高技能、以技谋发展的务实作风。
3. 通过技能训练，强化学生独立分析问题、解决问题的能力。
4. 通过小组协同配合，提高学生团队精神和协同意识。

学习导图

信息化建账的学习导图如图 2-1 所示。

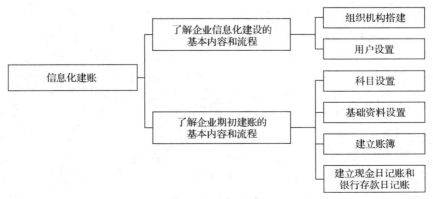

图 2-1 学习导图

信息化建账是指根据企业背景信息，在数字化信息系统内进行组织机构搭建、设置用户并确认用户及角色信息等。本项目旨在了解企业期初建账的基本内容和流程，在数字化信息系统完成科目设置、基础资料设置、初始化设置、建立账簿、建立日记账，为后续完成项目三至项目六的实训建立基础。

任务一　了解企业信息化建设的基本内容和流程

一、任务情境

四川诚远股份有限公司成立后，为保证工作交接顺利、后续业务能够顺利进行，筹备组准备根据公司所处行业的具体要求以及公司未来可能发生的经济业务情况，利用金蝶云星空平台，完成了财务的信息化基本建设。筹备组首先需要利用信息化平台的系统管理功能完成组织机构的搭建，并为后续参与系统操作的财务人员设置相应的用户及权限。

二、技能训练

知识拓展

组织机构搭建

【技能点一】组织机构搭建

企业财务工作涉及的组织、部门、人员众多，而且对信息资源的共享和隔离要求高，所以在正式开始使用金蝶云星空平台进行业务处理前，需要搭建组织机构、根据不同业务的要求为用户设置系统访问权限，这些前期准备工作都可在系统管理中实现。深入理解和熟练掌握系统管理的功能是使用金蝶云星空平台进行业务处理的前提条件。

四川诚远股份有限公司是一家以生产、销售电子设备为主营业务的股份有限公司，为增值税一般纳税人，适用增值税税率13%，在中国工商银行开立基本存款账户。

> **注意**
>
> 组织机构的搭建通常可以由企业信息系统部的人员负责或由财务人员兼做。在搭建组织机构的过程中，相关负责人员必须根据企业真实情况进行设置。在本案例中，四川诚远股份有限公司的组织机构搭建由筹备组成员负责，以系统管理员身份完成相关操作。

【操作指导】

> **说明**
>
> 本案例以学号为2023001的学生张三为例进行后续实训操作。在教学实训中，学生应将相关参数中的人名"张三"和学号"2023001"替换为自己的姓名和学号。

1. 登录系统

打开金蝶云星空平台登录页面，选择数据中心为"云会计数字化综合实训"，输入系统管理员用户名"administrator"、密码"qwer1234"，单击【登录】按钮。金蝶云星空平台登录页面如图2-2所示。

操作视频

图 2-2　金蝶云星空平台登录页面

2. 搭建组织机构

（1）登录金蝶云星空平台后，打开功能菜单，执行【系统管理】—【组织机构】—【组织机构】—【组织机构】命令，进入【组织机构】查询页面，如图 2-3 所示。

图 2-3　组织机构查询

（2）单击【新增】按钮，打开【组织机构-新增】页面，输入组织编码"2023001"和名称"诚远公司_2023001"，如图 2-4 所示。

图 2-4　新增组织机构

（3）在【组织机构-新增】页面输入正确信息后，依次单击【保存】【提交】【审核】按钮完成组织机构新增。新增全部组织机构后再次进入组织机构查询页面，可查看所有的组织机构信息，如图2-5所示。

图2-5　查询所有新增组织机构

【技能点二】用户设置

为了防止企业的一些关键信息被无关的人员随意获取，需要对操作软件系统的每一个人员进行权限的设置。

四川诚远股份有限公司在信息化平台中涉及的用户包括信息管理员、会计、出纳及财务经理，分别对应拥有不同权限的四个角色，用户详细信息如表2-1所示。

表2-1　　　　　　　　　　　　　用户详细信息

用户名称	密码	职位	角色	组织
信息管理员_张三	学号	信息管理员	全功能角色	诚远公司_张三
会计_李四	学号	四川诚远股份有限公司会计	会计	诚远公司_李四
出纳_王五	学号	四川诚远股份有限公司出纳	出纳	诚远公司_王五
财务经理_赵六	学号	四川诚远股份有限公司财务经理	财务经理	诚远公司_赵六

> **注意**
>
> 用户设置可以由公司信息系统部的人员负责或由财务人员兼做。四川诚远股份有限公司的用户设置由信息管理员_张三负责。
>
> 在设置用户前，需要仔细调查、确认系统适用人员的业务操作范围，并明确功能、业务等的操作权限，否则可能出现"自做自审"的情况，在企业的财务处理过程中产生漏洞，甚至造成组织和个人的经济损失。

【操作指导】

1. 角色管理

输入系统管理员用户名"administrator"、密码"qwer1234"登录金蝶云星空平台后，打开功能菜单，执行【系统管理】—【系统管理】—【角色管理】—【查询角色】命令，打开的【查询角色】页面如图2-6所示，在这里可查看全部角色信息。

操作视频

图 2-6　查询角色

> 💡 **说明**
>
> 　　如果需要新增角色（本案例的角色系统中已提前设置，无须自行设置），执行【系统管理】—【系统管理】—【角色管理】—【创建角色】命令，打开【角色-新增】页面，如图 2-7 所示。根据需要填写编码、名称、类型、属性等字段，完成所有字段信息输入后单击【保存】按钮，完成角色的新增。
>
>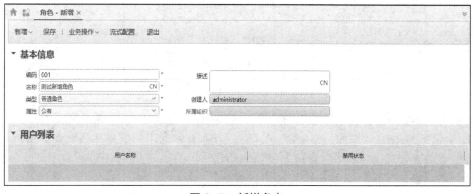
>
> 图 2-7　新增角色

2. 用户管理

（1）以系统管理员"administrator"身份登录系统后，打开功能菜单，执行【系统管理】—【系统管理】—【用户管理】—【查询用户】命令，打开【查询用户】页面，如图 2-8 所示。

图 2-8　查询用户

（2）单击【新增】按钮，打开【用户–新增】页面，如图 2-9 所示，在"用户账号"和"用户名称"字段中输入"信息管理员_张三"。在下方组织角色列表中，组织名称选择"诚远公司_2023001"，在右边的角色名称中添加全功能角色和系统管理（administrator）角色（仅信息管理员需添加系统管理角色），完成后单击【保存】按钮。

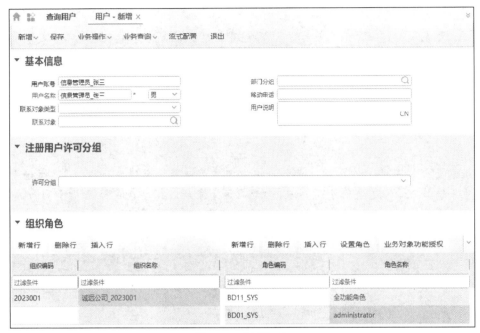

图 2–9　新增用户

（3）参考上述方法，根据表 2-1 中的内容，以"信息管理员_张三"身份登录金蝶云星空平台，新增本案例所需要的会计_李四、出纳_王五、财务经理_赵六的用户信息并添加对应角色。执行【系统管理】—【系统管理】—【用户管理】—【查询用户】命令，打开【查询用户】页面，如图 2-10 所示，即可查看新增完成的全部用户信息。

图 2–10　查询新增的全部用户信息

!!!提示

　　在金蝶云星空平台中，新建的用户默认密码均为888888，用户第一次登录的时候根据实训要求修改用户密码为学号即可。

任务二　了解企业期初建账的基本内容和流程

一、任务情境

　　总账系统是会计信息系统的基础和核心，是整个会计信息系统十分基本和重要的内容。总账系统的功能就是利用建立的会计科目体系，输入和处理各种记账凭证，生成报表数据。对一个新创建企业的会计信息系统来说，需要进行设置的内容包括会计核算体系、物料、客户、供应商、员工等信息，这些信息将会成为科目记录过程中明细科目的核算维度。

二、技能训练

【技能点一】科目设置

　　企业的会计科目和主要账务处理制度依据《企业会计准则》中确认和计量的规定制定，涵盖企业各类交易或者事项。企业在不违反《企业会计准则》中确认、计量和报告规定的前提下，可以根据本单位的实际情况自行增设、分拆、合并会计科目。企业不存在的交易或者事项，可以不设置相关会计科目。对于明细科目，企业可以比照附录中的规定自行设置。会计科目编号供企业填制会计凭证、登记会计账簿、查阅会计账目、采用会计软件系统参考，企业可结合实际情况自行确定会计科目编号。

（一）确定科目信息

　　在金蝶云星空平台的云会计系统中，已经根据最新的会计准则会计科目表的内容，设置好科目明细表，企业可根据自身经营性质，对企业所用的明细科目进行一定的调整。在实训案例中，四川诚远股份有限公司是一家以生产、销售电子设备为主营业务的股份有限公司，其经营过程中可能使用的会计科目如表2-2所示。

表2-2　　　　　　　　　　　会计科目表

会计科目编码	会计科目名称	核算维度	会计科目编码	会计科目名称	核算维度
1001	库存现金		1131	应收股利	
1002	银行存款	银行账号	1132	应收利息	
1012	其他货币资金		1221	其他应收款	
1101	交易性金融资产		1221.01	其他应收款_客户往来	客户
1121	应收票据	客户	1221.02	其他应收款_供应商往来	供应商
1122	应收账款	客户	1221.03	其他应收款_员工往来	员工
1123	预付账款	供应商/其他往来单位	1221.04	其他应收款_统收款	组织机构

续表

会计科目编码	会计科目名称	核算维度	会计科目编码	会计科目名称	核算维度
1221.05	其他应收款_其他	其他往来单位	1603	固定资产减值准备	
1231	坏账准备		1604	在建工程	
1321	代理业务资产		1605	工程物资	
1401	材料采购		1606	固定资产清理	
1402	在途物资		1632	累计折耗	
1403	原材料	物料	1641	使用权资产	
1404	材料成本差异		1642	使用权资产累计折旧	
1405	库存商品	物料	1643	使用权资产减值准备	
1406	发出商品		1701	无形资产	
1407	商品进销差价		1702	累计摊销	
1408	委托加工物资		1703	无形资产减值准备	
1411	周转材料		1711	商誉	
1471	存货跌价准备		1801	长期待摊费用	
1473	合同资产		1811	递延所得税资产	
1474	合同资产减值准备		1901	待处理财产损溢	
1475	合同履约成本		2001	短期借款	
1476	合同履约成本减值准备		2101	交易性金融负债	
1477	合同取得成本		2201	应付票据	供应商
1478	合同取得成本减值准备		2202	应付账款	
1481	持有待售资产		2202.01	应付账款_暂估应付款	供应商
1482	持有待售资产减值准备		2202.02	应付账款_明细应付款	供应商
1485	应收退货成本		2203	预收账款	客户
1501	债权投资		2204	合同负债	客户
1502	债权投资减值准备		2211	应付职工薪酬	费用项目
1503	其他债权投资		2221	应交税费	
1504	其他权益工具投资		2221.01	应交税费_应交增值税	
1511	长期股权投资	其他往来单位	2221.01.01	应交税费_应交增值税_进项税额	
1512	长期股权投资减值准备		2221.01.02	应交税费_应交增值税_销项税额	
1521	投资性房地产		2221.01.03	应交税费_应交增值税_出口退税	
1531	长期应收款		2221.01.04	应交税费_应交增值税_进项税额转出	
1532	未实现融资收益		2221.01.05	应交税费_应交增值税_已交税金	
1601	固定资产	资产类别	2221.01.06	应交税费_应交增值税_转出未交增值税	
1602	累计折旧	资产类别	2221.01.07	应交税费_应交增值税_转出多交增值税	

续表

会计科目编码	会计科目名称	核算维度	会计科目编码	会计科目名称	核算维度
2221.02	应交税费_应交消费税		2601.01	租赁负债_租赁付款额	
2221.03	应交税费_应交环境保护税		2601.02	租赁负债_未确认融资费用	
2221.04	应交税费_应交资源税		2701	长期应付款	
2221.05	应交税费_应交所得税		2702	未确认融资费用	
2221.06	应交税费_应交土地增值税		2711	专项应付款	
2221.07	应交税费_应交城市维护建设税		2801	预计负债	
2221.08	应交税费_应交房产税		2901	递延所得税负债	
2221.09	应交税费_应交城镇土地使用税		3101	衍生工具	
2221.1	应交税费_应交车船税		3201	套期工具	
2221.11	应交税费_应交教育费附加		3202	被套期项目	
2221.12	应交税费_应交地方教育附加		4001	实收资本	其他往来单位
2221.13	应交税费_应交个人所得税		4002	资本公积	
2221.14	应交税费_应交印花税		4002.01	资本公积_资本溢价	
2221.15	应交税费_未交增值税		4002.02	资本公积_股本溢价	
2231	应付利息		4002.03	资本公积_其他资本公积	
2232	应付股利		4003	其他综合收益	
2241	其他应付款		4101	盈余公积	
2241.01	其他应付款_客户往来	客户	4103	本年利润	
2241.02	其他应付款_供应商往来	供应商	4104	利润分配	
2241.03	其他应付款_员工往来	员工	4104.01	利润分配_提取法定盈余公积	
2241.04	其他应付款_统支款	组织机构	4104.02	利润分配_提取任意盈余公积	
2241.05	其他应付款_其他	其他往来单位	4104.03	利润分配_提取法定公益金	
2241.06	其他应付款_员工个人承担社保部分		4104.04	利润分配_应付现金股利	
2241.07	其他应付款_员工个人承担公积金部分		4104.05	利润分配_盈余公积补亏	
2245	持有待售负债		4104.06	利润分配_未分配利润	
2314	受托代销商品款		4201	库存股	
2401	递延收益		4301	专项储备	
2501	长期借款		4401	其他权益工具	
2502	应付债券		5001	生产成本	
2601	租赁负债		5001.01	生产成本_基本生产成本	成本项目/物料/费用项目

会计科目编码	会计科目名称	核算维度	会计科目编码	会计科目名称	核算维度
5001.02	生产成本_辅助生产成本	成本项目/物料/费用项目	6601	销售费用	部门/费用项目
5101	制造费用	费用项目	6602	管理费用	部门/费用项目
5201	劳务成本	部门	6603	财务费用	
5301	研发支出	部门	6603.01	财务费用_利息支出	
6001	主营业务收入	物料	6603.02	财务费用_利息收入	
6051	其他业务收入		6603.03	财务费用_汇兑损益	
6101	公允价值变动损益		6603.04	财务费用_手续费	
6111	投资收益		6603.05	财务费用_现金折扣	
6115	资产处置损益		6603.06	财务费用_其他	
6117	其他收益		6604	勘探费用	
6118	净敞口套期损益		6701	资产减值损失	
6301	营业外收入		6711	营业外支出	
6401	主营业务成本	物料	6801	所得税费用	
6402	其他业务成本		6901	以前年度损益调整	
6403	税金及附加				

（二）实现方式

如因企业需要，必须修改或增减会计科目，则可以执行【财务会计】—【总账】—【基础资料】—【科目】命令，对科目进行修改或新增操作。对于存在核算维度的科目，除名称、编码、余额方向、发生额方向和科目类别的编辑外，还需要在核算维度下选择对应的维度来源。

> ✎ **注意**
>
> 对于制造企业，核算维度包含供应商、客户、部门、员工、物料、资产类别、费用项目、组织机构、物料分组及客户分组等。根据企业在生产经营活动中的实际情况，各核算维度内的具体内容可能需要进行相应更改。

【技能点二】基础资料设置

基础资料是企业进行日常业务处理时所必需的，并且是一些通用的基础性数据，如币别、会计科目、结算方式、供应商、客户等信息。

金蝶云星空平台的云会计系统中内置了一部分通用性的基础资料，如币别、会计日历、会计核算体系、会计政策等，这些基础资料在本实训中使用默认的设置，无须进行更改。

当企业需要延长会计日历时，可以执行【财务会计】—【总账】—【基础资料】—【会计日历】命令，双击需要延长的会计日历，打开【会计日历-修改】页面，单击【追加会计期间】按钮，完成后依次单击【保存】【提交】【审核】按钮，完成会计日历的延长，如图 2-11 所示。

图 2-11　延长会计日历

根据四川诚远股份有限公司的资料，公司各项基础资料信息统计结果如下。

（1）会计核算体系如表 2-3 所示。

表 2-3　　　　　　　　　　　　　　会计核算体系

编码	名称	默认核算体系	核算组织	下级组织
KJHSTX01_SYS	财务会计核算体系	是	诚远公司_2023001	诚远公司_2023001

注：①所有核算组织均采用系统默认会计政策；②账簿采用的科目表为新会计准则科目表，默认凭证字为记。

（2）物料信息如表 2-4 所示。

表 2-4　　　　　　　　　　　　　　物料信息

编码	名称	物料属性/存货类别	税率
001_2023001	M329 套料_2023001	外购/原材料	13%
002_2023001	K668 套料_2023001	外购/原材料	13%
003_2023001	手机显示系统_2023001	外购/原材料	13%
004_2023001	M329 手机_2023001	自制/产成品	13%
005_2023001	K668 手机_2023001	自制/产成品	13%

（3）客户信息如表 2-5 所示。

表 2-5　　　　　　　　　　　　　　客户信息

编码	名称	币别	客户类别
001_2023001	四川乐成电子商贸有限公司	人民币	普通销售客户
002_2023001	成都一顺投资有限公司	人民币	普通销售客户
003_2023001	成都和旭通信有限公司	人民币	普通销售客户

（4）供应商信息如表 2-6 所示。

表 2-6　　　　　　　　　　　　　　供应商信息

编码	名称
001_2023001	成都五州商贸有限公司
002_2023001	四川高玉电子有限公司
003_2023001	重庆达富科技有限公司
004_2023001	四川科电通讯技术有限公司

（5）其他往来单位信息如表 2-7 所示。

表 2-7　　　　　　　　　　其他往来单位信息

编码	名称
001_2023001	四川洪风投资有限公司
002_2023001	四川龙达信息技术有限公司
003_2023001	四川西汇投资有限公司
004_2023001	和聚工业投资有限公司
005_2023001	四川东恒物业管理公司
006_2023001	四川高玉电子有限公司
007_2023001	成都万龙商贸有限公司

（6）员工信息如表 2-8 所示。

表 2-8　　　　　　　　　　员工信息

创建组织	编码	员工
诚远公司_2023001	001_2023001	李昭
诚远公司_2023001	002_2023001	王燕
诚远公司_2023001	003_2023001	王宏
诚远公司_2023001	004_2023001	李心怡
诚远公司_2023001	005_2023001	张世然
诚远公司_2023001	006_2023001	李东升
诚远公司_2023001	007_2023001	何平
诚远公司_2023001	008_2023001	代佳禄
诚远公司_2023001	009_2023001	赵平
诚远公司_2023001	010_2023001	李和
诚远公司_2023001	011_2023001	蒋代运
诚远公司_2023001	012_2023001	刘可然
诚远公司_2023001	013_2023001	马中立
诚远公司_2023001	014_2023001	马二龙
诚远公司_2023001	015_2023001	代于中
诚远公司_2023001	016_2023001	罗光荣
诚远公司_2023001	017_2023001	孙福景
诚远公司_2023001	018_2023001	赵大勇
诚远公司_2023001	019_2023001	叶子才
诚远公司_2023001	020_2023001	胡甜

【操作指导】

操作视频

在设置基础资料的操作中，学生需要以信息管理员的身份登录金蝶云星空平台，选择数据中心"云会计数字化综合实训"进行操作。

1. 添加会计核算体系

执行【财务会计】—【总账】—【基础资料】—【会计核算体系】命令，打开【会计核算体系】页面，双击【财务会计核算体系】，打开【会计核算体系-修改】页面。在下方核算组织列表中单击【新增行】按钮，添加核算组织"诚远公司_2023001"、适用会计政策"中国准则会计政策"，然后单击【诚远公司_2023001】按钮，在下方下级组织列表中新增"诚远公司_2023001"，如图2-12所示。完成后单击【保存】按钮，即可完成会计核算组织的添加。

图 2-12 添加会计核算组织

> **注意**
>
> 尽管系统中已经内置会计核算体系，但只有通过以上操作将新建的核算组织（四川诚远股份有限公司）添加到已内置好的会计核算体系下，才能在后续账簿新建的操作中进行会计核算体系的选择。这是因为业务系统需要通过默认核算体系中业务组织所属核算组织的默认会计政策，获取币别、默认汇率等必要信息。

2. 设置物料信息

执行【基础管理】—【基础资料】—【主数据】—【物料】命令，打开【物料-新增】页面，根据表2-4所示内容填写物料信息。例如，填写编码为"001_2023001"、名称为"M329套料_2023001"的物料信息，在【基本】页签中，选择物料属性为"外购"、存货类别为"原材料"，如图2-13所示；然后依次单击【保存】【提交】【审核】按钮完成物料新增和审核。

知识拓展
设置物料信息

操作视频

参考上述步骤，根据表2-4中提供的物料的数据新增其他物料信息。注意区分原材料与产品，与原材料不同，企业自己生产的产品物料属性为"自制"，存货类别为"产成品"。

图 2-13　新增物料

3. 设置客户信息

执行【基础管理】—【基础资料】—【主数据】—【客户】命令，打开【客户-新增】页面，根据表 2-5 所示内容填写客户信息。例如，填写名称为"四川乐成电子商贸有限公司"、编码为"001_2023001"的客户信息，如图 2-14 所示；然后依次单击【保存】【提交】【审核】按钮完成客户新增和审核。参考此步骤，按照表 2-5 中的客户数据新增所有客户。

操作视频

图 2-14　新增客户

4. 设置供应商信息

执行【基础管理】—【基础资料】—【主数据】—【供应商】命令，打开【供应商-新增】页面，根据表 2-6 所示内容填写供应商信息。例如，填写名称为"成都五州商贸有限公司"、编码为"001_2023001"的供应商信息，如图 2-15 所示；然后依次单击【保存】【提交】【审核】按钮完成供应商新增和审核。参考此步骤，按照表 2-6 中的供应商数据新增所有供应商。

操作视频

图 2-15　新增供应商

5. 设置其他往来单位信息

执行【基础管理】—【基础资料】—【财务会计】—【其他往来单位】命令，打开【其他往来单位-新增】页面，根据表 2-7 所示内容填写其他往来单位信息。例如，填写名称为"四川洪风投资有限公司"、编码为"001_2023001"的其他往来单位信息，如图 2-16 所示；然后依次单击【保存】【提交】【审核】按钮完成其他往来单位信息的新增和审核。参考此步骤，按照表 2-7 中的其他往来单位数据新增所有其他往来单位。

操作视频

图 2-16　新增其他往来单位

6. 设置员工信息

执行【基础管理】—【基础资料】—【主数据】—【员工】命令，打开【员工-新增】页面，填写表 2-8 所示员工信息。例如，填写姓名为"李超凡"、编号为"001_2023001"的员工信息，如图 2-17 所示；然后依次单击【保存】【提交】【审核】按钮完成员工信息的新增和审核。参考此步骤，按照表 2-8 中的员工数据新增所有员工。

操作视频

图 2-17　新增员工

【技能点三】建立账簿

知识拓展

建立账簿

账簿是以会计凭证为依据，对全部经济业务进行全面、系统、连续、分类的记录和核算的簿籍，通过设置和登记账簿，记载、储存会计信息。将会计凭证所记录的经济业务记入有关账簿，可以完整反映会计主体在一定时期内所发生的各项资金运动，储存所需要的各项会计信息，从而为编制财务报表、进行会计分析及审计提供主要依据。在本实训中，需要为四川诚远股份有限公司建立账簿，以编辑并记录公司在各项经济活动中产生的会计凭证。

在本实训案例中，四川诚远股份有限公司是新成立的企业，因此在完成账簿创建后无须进行期初余额的录入，在核对基础资料无误后，即可进行总账账簿的初始化操作。

（一）确定账簿基本信息

四川诚远股份有限公司创建账簿所需信息如表 2-9 所示，需要填写账簿编码、名称，并选择适用的核算体系和核算组织，以及使用的会计科目表及账簿启用期间。

表 2-9　　　　　　　　　　　　　　　账簿信息

创建组织	编码	核算体系	核算组织	名称	启用期间	账簿类型	会计科目表
诚远公司_2023001	2023001	财务会计核算体系	诚远公司_2023001	诚远公司账簿_2023001	2023.9	主账簿	新会计准则科目表

在会计核算体系中由核算组织对应的默认会计政策决定主账簿的会计政策，本位币由该账簿核算组织的默认会计政策的主币别决定。如有需要，可以自行添加其他币别的会计政策，需要注

意的是，账簿一旦使用，就不能再修改账簿的本位币。

（二）建立账簿操作

1. 创建账簿

以"信息管理员_张三"身份登录金蝶云星空平台，执行【财务会计】—【总账】—【基础资料】—【账簿】命令，打开【账簿】页面。单击【新增】按钮，根据表 2-9 所示数据增加名称为"诚远公司账簿_2023001"的主账簿，填写信息如图 2-18 所示；然后依次单击【保存】【提交】【审核】按钮完成账簿新增和审核。

图 2-18　新增账簿

2. 设置总账管理参数

完成账簿的创建后，需要对总账的相关管理参数进行设置，账簿参数如表 2-10 所示。

表 2-10　　　　　　　　　　　　　　　　账簿参数

参数名称	参数值
利润分配科目	未分配利润
本年利润科目	本年利润

以信息管理员_张三身份登录系统，执行【财务会计】—【总账】—【参数设置】—【总账管理参数】命令，打开【总账管理参数】页面，按照表 2-10 中数据，在【账簿参数】页签输入正确参数，如图 2-19 所示。

图 2-19　账簿参数设置

3. 结束总账初始化

执行【财务会计】—【总账】—【初始化】—【总账初始化】命令，打开【总账初始化】页面，勾选诚远公司账簿后，单击【结束初始化】按钮结束账簿初始化，如图 2-20 所示。

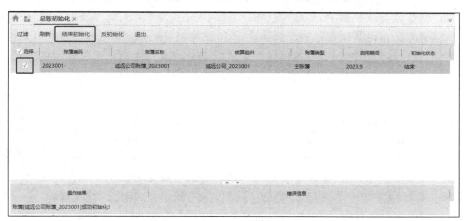

图 2-20　结束总账初始化

【技能点四】建立现金日记账和银行存款日记账

出纳管理，是指按照有关规定和制度，进行货币资金的收付、保管、核算等的工作，即管理企业的货币资金进出。其工作涉及的角色通常是企业的出纳人员，他们负责完成如现金存取、银行转账、收款/收款退款、付款/付款退款、现金盘点、银行存款对账和日清月结等任务。

在本案例中，需以信息管理员身份添加银行及银行账号信息，再以出纳身份进行出纳管理系统的基础设置和初始化。

（一）基础资料维护

在开始使用出纳管理系统前，首先需要进行基础数据的设置，以保证日常业务的正常进行。公共基础数据包括组织信息、客户、供应商、部门、职员、币别、汇率体系、结算方式、银行、银行账号、现金账号等。如果用户由于使用供应链、总账等系统时已经设置该部分数据，则在使用出纳管理系统时不需要再单独设置。收付款用途及结算方式已内置企业常用的条目，若企业实际经营过程中存在特殊需求，可以信息管理员身份进行添加。本案例中使用默认设置。

其他基础数据中，组织、客户、供应商等信息已在总账系统中设置，剩余另需设置的银行及银行账号信息如表 2-11 所示。

表 2-11　　　　　　　　　　　　　　　　银行资料

项目	详细信息	项目	详细信息
银行编码	001	开户网点	中国工商银行成都分行高新支行
开户银行	中国工商银行	银行账号	9558921654325897

> **注意**
>
> 企业同时存在多名出纳人员时，需要建立现金账号，在对各个收付款单据进行现金业务录入的时候引用。

（二）出纳管理参数设置

在进行日常业务处理之前，需要确认在出纳管理系统中的值是否符合企业实际业务的需求。在使用过程中，可以根据实际需求的变化及时修改相应的设置，满足企业对出纳业务的要求。

在出纳管理参数设置页面中，"基本选项"页签控制出纳管理的业务要求，"自动生成"页签控制各表单和明细是否在某项业务完成后生成，"付款控制"页签检验付款余额并可选择对付款的控制强度和节点，"日记账控制"页签则控制业务单据是否登入现金日记账和银行存款日记账。

【操作指导】

操作视频

1. 银行及账号设置

以"信息管理员_张三"身份登录金蝶云星空平台，执行【财务会计】—【出纳管理】—【基础资料】—【银行】命令，打开【银行】页面。单击【新增】按钮，根据表 2-11 所示数据增加名称为"中国工商银行成都分行高新支行"的银行信息，如图 2-21 所示；然后依次单击【保存】【提交】【审核】按钮，完成银行的新增和审核。

图 2-21　新增银行信息

完成银行新增后，执行【出纳管理】—【基础资料】—【银行账号】命令，单击【新增】按钮，输入银行账号信息，如图 2-22 所示；然后依次单击【保存】【提交】【审核】按钮，完成银行账号的新增和审核。

图 2-22　新增银行账号信息

操作视频

2. 设置出纳管理参数

以"出纳_王五"身份登录金蝶云星空平台，执行【财务会计】—【出纳管理】—【参数设置】—【出纳管理参数】命令，打开【出纳管理参数】页面。在【基本参数】页签中，勾选"出纳管理业务单据的汇率允许手工修改""零售、现销应收单审核时自动生成收款单/收款退款单"现购应付单审核自动生成付款单",其他选项采用默认设置,如图 2-23 所示;然后单击【保存】按钮,完成出纳管理参数的设置。

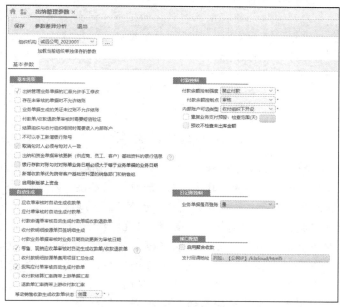

图 2-23　出纳管理参数设置

3. 系统结束初始化

(1)启用日期设置。以出纳身份登录系统后,执行【财务会计】—【出纳管理】—【初始化】—【启用日期设置】命令,打开【启用日期设置】页面。因为案例中四川诚远股份有限公司是 2023 年 9 月成立的,所以调整启用日期为"2023-09-01"并勾选该组织,如图 2-24 所示,随后单击【启用】按钮,启用出纳管理系统。

图 2-24　启用日期设置

(2)结束初始化。以"出纳_王五"身份登录系统后,执行【财务会计】—【出纳管理】—【初始化】—【出纳管理结束初始化】命令,打开【出纳管理结束初始化】页面。勾选想要结束初始化的组织,如图 2-25 所示,随后单击【结束初始化】按钮,完成出纳管理系统的结束初始化操作。

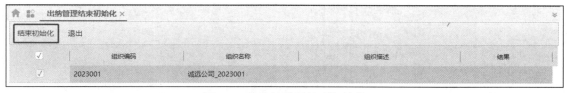

图 2-25　出纳管理结束初始化

!!! 提示

在本案例中，四川诚远股份有限公司是一家刚成立的公司，并无期初现金余额与银行存款余额、银企未达账项等内容，故无须在系统初始化的过程中进行期初余额的录入。完成出纳管理系统的初始化后，可以根据企业实际业务新增现金存取、银行转账、收付款/收付款退款等单据，或采用新增手工日记账、复核记账、引入日记账等登账方式来录入日记账。

📖 会计之道

孔子的会计思想

孔子，作为春秋时期的伟大思想家和教育家，不仅对中国的文化和社会产生了深远的影响，而且在会计领域也有其独到的见解和实践。他以"会计当而已矣"的原则，强调了会计的公正、客观和真实的重要性，对后世的会计理论和实践产生了深远的影响。

孔子在鲁国贵族季孙氏手下当起了专门管理仓库出纳钱粮的会计，后来又当了司职农牧业生产的小吏，他对会计的准确定义充分说明了他不仅精通会计的基本业务，而且对会计理论也有较深的造诣。会计的职能是核算和监督，古代的会计就是通过记录与计量来实现会计的基本职能的，而对会计业务的记录与计量最基本的要求就是客观、真实，否则会计的意义就不存在了。可见，中国古代会计最基本的要求也是追求真实。

孔子对会计的理解和实践，以及他的学说对后世的影响，都显示了他作为伟大思想家的智慧和远见。他不仅为会计领域提供了理论指导，更为全人类的文化交流和思想进步做出了贡献。无论是在会计领域，还是在更广泛的文化领域，孔子的影响都将长久地延续下去。

资料来源：赵丽生. 中国会计文化[M]. 2版. 北京：高等教育出版社，2021.

项目三
日常经济业务处理与分析

1. 了解采购业务、销售业务、费用业务、出纳资金业务的基本概念、处理流程和处理规范。
2. 熟悉采购合同、销售合同、采购发票、销售发票、费用发票和相关财务文件的内容和格式。
3. 掌握采购业务、销售业务、费用业务填制记账凭证的方法，了解费用控制和费用优化的方法。
4. 掌握采购业务、销售业务、费用业务财务指标分析的基本概念和方法。
5. 熟悉相关的法规和合规要求。

1. 能够熟练进行采购合同、销售合同、采购发票、销售发票、费用发票的审核。
2. 能够熟练进行发票认证工作，进行费用业务真实性、合规性审核，准确处理日常的收付款业务。
3. 能够熟练填制采购业务、销售业务、费用业务相关记账凭证。
4. 能够进行采购业务、销售业务、费用业务相关指标构建并分析。
5. 能够进行账务核对和记录，与供应商、客户、银行、其他部门和团队进行有效沟通和协调。

1. 培养学生对采购业务、销售业务、费用业务账务的相关要素审核能力。
2. 培养学生对采购业务、销售业务、费用业务账务的工作实操能力。
3. 培养学生对采购业务、销售业务、费用业务账务的数据分析能力。
4. 培养学生对采购业务、销售业务、费用业务账务的决策能力。
5. 培养学生注重细节和精确性，具备沟通能力和团队合作精神，有保护企业利益的责任心。

日常经济业务账务处理与分析的学习导图如图 3-1 所示。

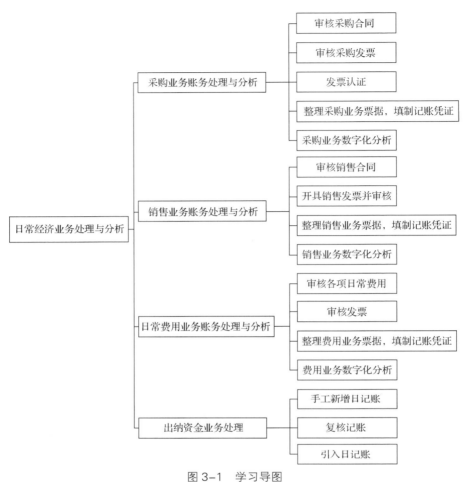

图 3-1 学习导图

任务一 采购业务账务处理与分析

采购是指企业为满足运营和生产活动的需求而从外部采购物品、原材料、设备和服务的过程，采购业务包括现购、赊购、定购等业务类型。不同企业采购流程各有不同，但大致流程相似：提出采购申请——制订采购计划——供应商评估——签订采购合同——下达采购订单——货物验收入库——财务结算。对采购业务进行账务处理及分析有助于企业降低采购成本、把控财务风险、优化供应商管理、提高采购效率。

一、任务情境

四川诚远股份有限公司制定了严格的采购业务账务处理流程：采购部在确定公司采购需求后需要制订完善的采购计划，并根据相关规定选择合适的供应商；确定供应商后，采购部应与供应商商谈交易细则，并签订采购合同；采购部根据采购合同的内容对供应商下达采购订单，并与供应商保持沟通，以保障货物按时送达；货物送达后，对货物进行质量、数量检验，验收合格后入库；货物入库后，财务部对采购发票进行审核，并在税务平台进行发票认证；认证通过后，财务部在金蝶云星空平台填制记账凭证；财务部在金蝶云星空平台按时登记日记账；财务部还可以利用金蝶云星空平台基于采购业务产生的财务业务数据进行采购业务数字化分析。

二、技能训练

【业务案例】

（1）2023 年 9 月 26 日，与成都五州商贸有限公司签订采购合同（合同编号为 CYCG2309002），订购 M329 手机所需材料 5 000 套，含税单价每套 620 元（含 M329 主板、800 万像素摄像头、其他套料各 1 件）。合同约定 10 月交付 1 000 套，11 月交付 1 500 套，12 月交付 2 500 套。合同约定每次交货后 7 日内支付该批货款，采购合同如图 3-2 所示。

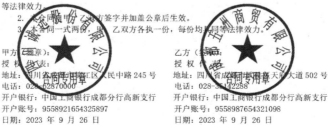

采购合同

合同编号：CYCG2309002

购货单位（甲方）：　　　　四川诚远股份有限公司
供货单位（乙方）：　　　　成都五州商贸有限公司

根据《中华人民共和国民法典》及国家相关法律、法规之规定，甲、乙双方本着平等互利的原则，就甲方购买乙方货物一事达成如下合同条款，并保证共同遵守，切实履行。

一、货物的名称、数量及价格

序号	货物名称	规格型号	数量	单位	单价	金额	税率	价税合计
1	M329 手机套料	M329 主板、800 万像素摄像头、其他套料	5000	套	548.672566	2743362.83	13%	3100000.00
2								
合计（大写）：人民币叁佰壹拾万元整						小写：¥3100000.00		

二、交货时间、地点、方式

1. 交货时间：　2023 年 10 月 03 日、2023 年 10 月 13 日、2023 年 11 月 01 日、2023 年 11 月 13 日、2023 年 12 月 02 日、2023 年 12 月 06 日
2. 交货地点：　四川诚远股份有限公司
3. 交货方式：　送货上门　　　　　　　　，运输费用由　乙　方承担。

三、验收交付、质量异议及提出异议期限

甲方收货后如对货物质量、数量、规格等有异议，必须在收货后　7　日内向乙方提出。甲方如未在约定期限内提出异议，则视为甲方收货无误。

四、付款方式

甲方按以下条款支付货款。

序号	付款时间	付款方式	付款金额	备注
1	2023-10-10	网银支付	310000.00	
2	2023-10-20	网银支付	310000.00	
3	2023-11-07	网银支付	434000.00	
4	2023-11-20	网银支付	496000.00	
5	2023-12-07	网银支付	930000.00	
6	2023-12-12	网银支付	620000.00	

五、其他约定事项

1. 本合同如有未尽事宜，应由双方共同协商订立补充协议，补充协议与本合同具有同等法律效力。
2. 本合同须甲、乙双方签字并加盖公章后生效。
3. 本合同一式两份，甲、乙双方各执一份，每份均具同等法律效力。

甲方（签章）：　　　　　　　　　　　　乙方（签章）：
授权代表：　　　　　　　　　　　　　　授权代表：
地址：四川省成都市锦江区人民中路 245 号　　地址：四川省成都市高新区天府大道 502 号
电话：028-62870000　　　　　　　　　　电话：028-35142288
开户银行：中国工商银行成都分行高新支行　　开户银行：中国工商银行成都分行高新支行
开户账号：9558921654325897　　　　　开户账号：9558987654321098
日期：2023 年 9 月 26 日　　　　　　　　日期：2023 年 9 月 26 日

图 3-2　采购合同

（2）2023 年 10 月 3 日，收到成都五州商贸有限公司交付 CYCG2309002 号合同约定的第 1 批 M329 手机套料 500 套，增值税专用发票随货开具，发票联如图 3-3 所示，采购入库单如图 3-4 所示。

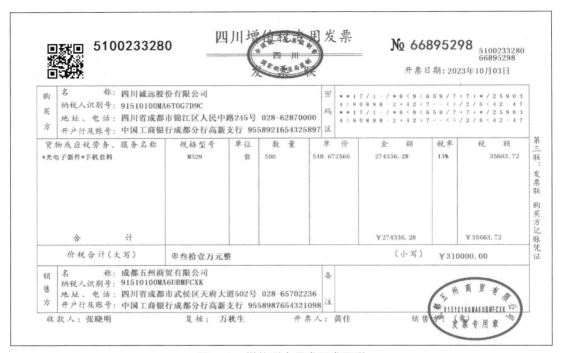

图 3-3　增值税专用发票发票联

采购入库单

供应商:成都五州商贸有限公司　　　日期:2023年10月3日　　　编号:CYCGRKD2310002

物料名称	规格型号	收料仓库	单位	数量		备注
				应收	实收	
手机套料	M329型	原材料仓	套	500	500	
合计				500	500	

审核:赵平　　　验收:代佳禄　　　保管:代佳禄　　　制单:代佳禄

图 3-4　采购入库单

（3）2023 年 10 月 10 日，从工行高新支行账户向成都五州商贸有限公司支付 CYCG2309002 号合同第 1 批货款 31 万元，银行电子回单贷方回单如图 3-5 所示。

（4）2023 年 12 月 31 日，公司高层想了解在过去的一年里公司发生的采购活动中是否存在问题和风险，要求财务部对 2023 年的采购数据进行数字化分析，并形成分析报告。采购部 2023 年度采购预算为 1 000 万元。

中国工商银行 ICBC

中国工商银行客户回单

凭证号码：CYFK2310001　　　　　　2023 年 10 月 10 日

付款人	开户银行	中国工商银行成都分行高新支行	收款人	开户银行	中国工商银行成都分行高新支行	贷方回单
	名称	四川诚远股份有限公司		名称	成都五洲商贸有限公司	
	账号	9558921654325897		账号	9558987654321098	

发报行行号		汇出行行号		收报行行号		汇入行行号	
委托日期	20231010	入账日期	20231010	业务种类	公司付款	业务序号	004
金额（大写）	叁拾壹万元整			金额（小写）	310000.00		
用途摘要	付款			报文种类	无		
备注	摘要：合同付款 附言：支付成都五洲商贸有限公司 　　　共计310000元 时间戳：2023-10-10			中国工商银行 电子回单专用章 ebank 银行盖章			

经办柜员：高晶莹	复核柜员：周森莉	打印柜员：邹兴怀

补打次数：1　　　　　　　　　　　　　　　状态：
流水号：FK202304

图 3-5　银行电子回单贷方回单

【技能点一】审核采购合同

对采购合同中供应商信息、合同价款与付款方式、交付与售后条款等内容进行审核，可以确保合同内容符合企业规定和法律法规要求，从而避免与供应商产生纠纷，降低合同风险；同时能明确购销双方在此次采购活动中的责任范围，保障双方的合法权益，确保采购活动顺利进行。此外，审核采购合同还有助于提高企业采购管理水平和建立可靠的外部商业伙伴关系。

（一）审核供应商信息

1. 供货方的身份

核实供货方的法律主体资格，包括其公司名称、注册地址、注册号码等，并验证其是否合法注册并存在。

2. 供货方的授权代表

确认供货方的授权代表身份，核对其姓名、职务、授权文件等，并确保授权代表有足够的权力签署合同。

3. 供货方的信誉和财务状况

了解供货方的信誉和财务状况，包括其供货记录、商业信用报告等，并评估其履约能力和供货稳定性。

4. 合法合规要求

确保供货方符合适用法律法规的要求，包括环保、质量标准等，并遵守相关行业准则和合规要求。

（二）审核合同价款与付款方式

1. 审核合同价款

仔细核对合同中约定的货物或服务的价格，包括单价、总价和货币种类等，确保与实际需求和预算相符。

2. 审核付款方式

尽量采取赊购、货到付款、分期付款的方式。一般情况下不采用现金结算而是通过银行转账

知识拓展

审核供应商信息

支付货款。当供货方委托第三方收款时，在合同条款中必须写明，且有债权人、债务人的授权签章或单独签订三方协议。了解合同中约定的付款条件，如验收合格后支付、提供发票或相关文件后支付等，确保付款期限与购买方的财务安排相符。

（三）审核交付与售后条款

1. 审核交付条款

（1）交货日期：核实合同中规定的交货日期是否符合要求，并确保有足够的时间安排接收和处理货物。

（2）交货地点：确认合同中约定的交货地点是否适当，并检查是否需要特定的准备工作。

（3）运输方式：核实合同中是否明确规定了运输方式，并了解相关费用和责任分担。

（4）包装要求：核对合同中的包装要求是否满足项目的特定需求。

（5）检验和验收：核实合同中是否规定了检验和验收程序，并理解如何判定货物是否符合合同要求。

（6）延迟交货责任：了解合同中延迟交货责任条款，包括索赔和解除合同的权利。

（7）风险转移：明确货物的所有权何时转移给购买方，以及责任转移后的保险和风险承担。

2. 审核售后条款

（1）核实售后条款中是否涵盖了购买方所需的售后服务内容，如维修、保养、技术支持等，以满足需求。

（2）关注退货和换货政策中的条件和程序，确保在出现产品质量问题或其他需要退换货的情况下，能够按照合同规定进行操作。

（3）确认售后服务的时间范围，包括服务的开始和结束时间，以确保能够及时获得所需的售后支持。

【技能点二】审核采购发票

发票是单位和个人在购销商品、提供或者接受服务以及其他经营活动中，开具、取得的收付款凭证。目前，增值税发票主要包括增值税专用发票、增值税普通发票、增值税电子专用发票、增值税电子普通发票、机动车销售统一发票、二手车销售统一发票 6 个票种。

对企业在采购活动中收到的采购发票进行审核可以验证发票合法性、合规性和准确性。审核通过的采购发票是企业记录采购支出和进行税务申报的重要依据，审核采购发票还有助于发现和防范采购活动中潜在的风险和违规行为，从而确保企业的资产安全和财务健康。

1. 核对购买方和销售方信息

核对名称、纳税人识别号、地址、电话、开户行及账号与采购合同是否一致。

2. 核对价税信息

核对货物或应税劳务、服务名称栏次是否填写的是与实际销售相符的商品和服务税收分类编码对应的简称；规格型号、单位、数量、单价、金额、税额是否填写正确，与采购合同是否一致；税率与货物或应税劳务、服务名称是否对应；价税合计大写与小写是否相符。

3. 核对其他信息

核对密码区发票密码是否超出框外；发票收款人、复核、开票人是否填写齐全，复核和开票人是否为同一个人；发票上方是否有国家税务总局统一监制章，发票联及增值税专用发票抵扣联是否加盖销售方发票专用章，代开的增值税专用发票是否加盖销售方发票专用章。

【技能点三】发票认证

纳税人取得销售方使用增值税发票系统升级版开具的增值税发票（包括增值税专用发票、货物运输业增值税专用发票、机动车销售统一发票），可以不再进行扫描认证，通过登录增值税发票综合服务平台，查询、选择用于申报抵扣的增值税发票信息。

1. 熟悉电子税务平台

掌握并理解国家税务总局相关网站和电子税务局的操作流程，包括如何登录、浏览和使用各项功能。

2. 登录平台和选择模块

打开国家税务总局指定的电子税务局网站并登录账号，单击相应的链接进入发票使用模块，并跳转至增值税发票综合服务平台。

3. 抵扣勾选

在增值税发票综合服务平台中，找到发票抵扣勾选功能，查询当期可勾选的发票。仔细核对发票的相关信息，确认需要抵扣勾选的发票，然后勾选相应的选项。

4. 提交和确认

在勾选完毕后，提交系统，确保所选择的发票信息无误。

5. 抵扣统计

完成发票勾选后，进入抵扣勾选统计功能。系统将根据勾选的发票信息生成抵扣统计表。

6. 复核操作

如果需要对抵扣统计表进行复核，仔细查看统计表的内容，确保所有信息准确。如果复核结果无误，即可在申报时抵扣进项税额。如果复核结果有误，可以选择撤销统计，并重新进行发票勾选和确认操作。

【技能点四】整理采购业务票据，填制记账凭证

在采购业务中，企业购买原材料、商品或接受服务时，会产生相关的票据，如采购发票、收据等。填制记账凭证是将这些采购票据的信息转化为会计记录的过程，一般包括将票据上的交易金额、日期、供应商信息等内容按照会计科目归类，然后在记账凭证上进行相应的借贷记录，以记录采购交易的发生和资金的流动情况。这有助于企业对采购业务的成本、应付账款等进行准确的记载和分析，确保财务信息的准确性与及时性，为经营决策提供重要依据。

1. 摘要清晰准确

在凭证摘要中简明扼要地描述该笔采购业务的主要内容，以方便后续查阅和理解。

2. 科目编码正确

根据会计科目的编码体系，选择正确的科目编码填写到凭证中，确保凭证的科目分类准确。

3. 核算维度

如果涉及与供应商、其他往来单位的往来款项，需要将其名称正确填写到凭证中。

4. 借贷方向正确

根据采购业务的性质和影响，确定借方和贷方，并在凭证中正确填写。

5. 金额填写准确

将采购业务的借方金额和贷方金额准确填写到相应的栏目中，确保借贷平衡。

6. 相关辅助信息

根据需要，在凭证中填写相关的辅助信息，如单位、单价、数量等。

【操作指导】

（一）业务信息整理

（1）根据 2023 年 10 月 3 日收到的 310 000 元增值税专用发票（见图 3-3）和采购入库单（见图 3-4）填制记账凭证，相应科目和金额等信息整理如表 3-1 所示。

表 3-1　　　　　　　　　　　　采购原材料凭证信息　　　　　　　　　　金额单位：元

科目全名	核算维度	单价	数量	借方金额	贷方金额
原材料	M329 套料	548.672 566	500	274 336.28	
应交税费_应交增值税_进项税额				35 663.72	
应付账款_明细应付款	成都五州商贸有限公司				310 000.00

（2）根据 2023 年 10 月 10 日银行付款凭据（见图 3-5）填制记账凭证，相应科目和金额等信息整理如表 3-2 所示。

表 3-2　　　　　　　　　　　　银行付款凭证信息　　　　　　　　　　　　单位：元

科目全名	核算维度	借方金额	贷方金额
应付账款_明细应付款	成都五州商贸有限公司	310 000.00	
银行存款	中国工商银行成都分行高新支行		310 000.00

（二）操作步骤

（1）以会计身份登录金蝶云星空平台，如图 3-6 所示，执行【财务会计】—【总账】—【凭证管理】—【凭证录入】命令。

知识拓展

新增凭证的快捷方法及修改、删除注意事项

图 3-6　进行凭证录入的操作命令

（2）设置凭证的日期为"2023/10/3"，凭证字为"记字"。在第一行填写摘要为"收到成都五州商贸有限公司交付 M329 手机套料"，设置科目编码为"1403"、科目全名为"原材料"，设置核算维度为"M329 套料"，设置单价为"￥548.672 566"、数量为"500"，系统自动计算出借方金额为"￥274 336.28"。在第二行填写摘要为"收到成都五州商贸有限公司交付 M329 型手机套料"，设置科目编码为"2221.01.01"、科目全名为"应交税费_应交增值税_进项税额"，设置借方金额为"￥35 663.72"。在第三行填写摘要为"收到成都五州商贸有限公司交付 M329 手机套料"，设置科目编码为"2202.02"、科目全名为"应付账款_明细应付款"，设置核算维度为"成都五州商贸有限公司"，设置贷方金额为"￥310 000.00"。依次单击【保存】【提交】【审核】按钮，得到的凭证如图 3-7 所示。

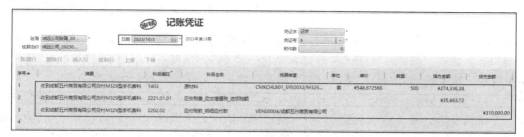

图 3-7 采购原材料凭证参考

（3）参照以上操作填制 2023 年 10 月 10 日支付成都五州商贸有限公司货款的记账凭证，审核完成后如图 3-8 所示。

图 3-8 银行付款凭证参考

【技能点五】采购业务数字化分析

采购业务数字化分析是指将采购业务中的数据进行可视化指标构建、指标分析和出具分析报告的过程。在金蝶云星空平台对企业采购业务的凭证数据进行数字化分析，可以优化供应链管理、提升采购效率、降低成本，优化供应商管理，实现采购过程的自动化和智能化，并支持战略采购决策，从而提升企业的竞争力和运营效果。

思考
对采购业务进行数字化分析需要构建哪些数字化分析指标？

（一）指标构建

1. 采购总体分析

（1）原材料采购额趋势分析。分析原材料采购额趋势，可以揭示原材料采购额的整体趋势，帮助预测未来的采购需求和制订合理的采购计划；识别是否存在周期性变动，以调整供应链和库存管理策略，避免供需失衡或库存积压。

（2）第四季度原材料采购额占比分析。分析原材料采购额占比，可以了解各种原材料对采购额的贡献程度，帮助优化原材料采购策略，降低潜在风险。

（3）原材料采购额预警。设置原材料采购额预警，可以及时监测原材料采购额的变化，确保其在可控范围内，并采取必要的措施控制成本，例如重新谈判价格、优化供应链或寻找替代原材料，有助于成本控制和预算管理。

注意
以上三点是针对原材料不含税金额的情况进行分析，注重原材料采购成本分析。

2. 物料分析

（1）K668 套料采购数量趋势分析。分析采购数量趋势，可以预测未来的采购需求，有助于制订合理的采购计划，确保及时供应，避免采购不足或延迟而导致生产中断或交付延误；如果采购数量呈现稳定或上升趋势，公司可以与供应商进行谈判，寻求更适合的价格和条款。

（2）M329 套料采购单价趋势分析。如果采购单价呈现上升趋势，可能意味着供应商的价格调整、原材料价格上涨或其他因素的影响，公司应及时采取措施，如寻找替代供应商、重新谈判价格或优化采购策略等，以控制采购成本；如果某个供应商的采购单价持续下降或保持稳定，可能表示该供应商具有较强的竞争力和稳定的价格优势。通过观察不同供应商之间的价格趋势，公司可以做出更明智的供应商选择，并与价格相对稳定的供应商建立长期合作关系。

3. 供应商分析

第四季度供应商采购额占比分析。分析采购额占比，可以评估各个供应商在采购中的贡献和表现。高采购额占比的供应商可能是公司重要的战略合作伙伴，公司可以在价格、交付条件或供应优先权等方面谈判获取更有利的条件，但同时，公司也可能面临过度依赖或供应链单一性的风险。而对于低采购额占比的供应商可能需要进一步关注其质量、交货准时率和价格竞争力等绩效指标。这有助于优化供应商管理，确保与关键供应商的稳定合作，并识别潜在的供应链风险。

 注意
供应商采购额占比分析涵盖了原材料的含税价格，用以反映实际支付的成本。

 思考
在金蝶云星空平台创建这些指标需要用到哪些数据？用什么图形呈现？

（二）撰写分析报告

分析报告的内容可以分为分析目的、分析内容、可能存在的问题和风险、问题和风险产生的原因、改进建议，也可以根据具体情况进行适当的调整和补充。

（1）分析目的：明确分析指标的意义和目的。

（2）分析内容：对每个可视化分析指标进行描述。

（3）可能存在的问题和风险：分析指标呈现的趋势或现象，特别关注可能存在的问题和风险，识别潜在挑战和隐患。

（4）问题和风险产生的原因：深入了解问题和风险的根源，分析其产生的原因。

（5）改进建议：根据分析结果和发现的问题、风险，提出具体可行的改进建议，以改善现状、解决问题和降低风险。

【操作指导】

（一）数据建模

（1）以会计身份登录金蝶云星空平台，执行【经营分

知识拓展

轻分析功能简介

操作视频

析】—【轻分析】—【分析平台】—【轻分析】命令，进入【轻分析】页面。新建分类为"采购数字化分析"，在该分类下新建业务主题，将其命名为"采购数据可视化"，如图 3-9 所示。

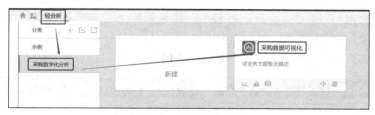

图 3-9　新建业务主题

（2）单击"采购数据可视化"业务主题上的【数据建模】图标，进入【数据建模-采购数据可视化】页面，依次单击【新建数据表】【业务实体】【下一步】按钮，如图 3-10 所示，进入【新建数据表-选择实体】页面。

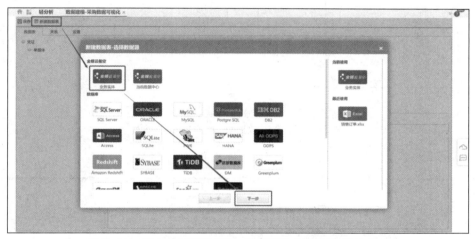

图 3-10　进入【新建数据表-选择实体】页面的操作命令

（3）在【新建数据表-选择实体】页面，在搜索框中输入"凭证"，勾选"总账"下的"凭证"，单击【下一步】按钮，如图 3-11 所示，进入【新建数据表-选择字段】页面。

图 3-11　【新建数据表-选择实体】

（4）在【新建数据表-选择字段】页面，选中"凭证"，在右侧字段选择区域勾选"凭证编号"

"借方总金额""贷方总金额""业务日期"；选中"单据体"，在右侧字段选择区域勾选"摘要""科目编码""核算维度""借方金额""贷方金额""科目名称""科目全名""单价""单位""计量单位数量"。设置完成后单击【完成】按钮，如图 3-12 所示。

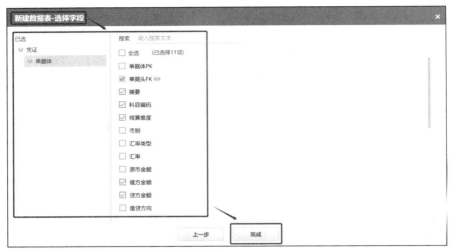

图 3-12 【新建数据表–选择字段】页面

（5）单击【保存】按钮完成数据建模，如图 3-13 所示。

图 3-13 完成数据建模

（二）可视化指标构建

1. 原材料采购额趋势分析

（1）返回【轻分析】页面，选择"采购数据可视化"业务主题，单击【数据斗方】图标进入分析页面。选择图表类型为"多系列柱形图"，将"字段"区域中的"科目全名"字段拖入"筛选器"栏，勾选"原材料"，单击【确定】按钮，如图 3-14 所示。

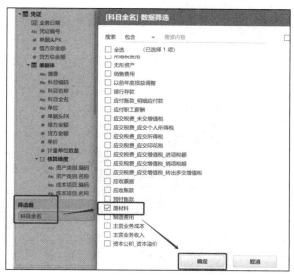

操作视频

图 3-14　数据筛选

（2）将"字段"区域中的"业务日期"字段拖入"横轴"栏，并选择维度为"年月"；将"字段"区域中的"借方金额"字段拖入"纵轴"栏。选择预览尺寸为"卡片-壮硕"，勾选右侧绘图区下的"数据标签"，设置纵轴下标题/单位为"原材料采购额/元"，并单击【数字格式】编辑按钮 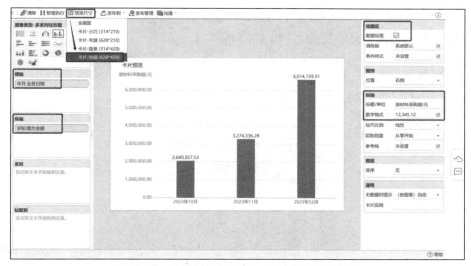，设置小数位数为"2"，如图 3-15 所示。

图 3-15　原材料采购额趋势分析多系列柱形图

（3）另存方案，设置方案名称为"原材料采购额趋势分析"。

2. 第四季度原材料采购额占比分析

（1）单击【清除】按钮，选择图表类型为"饼图"。将"字段"区域中的"科目全名"字段拖入"筛选器"栏，勾选"原材料"；将"业务日期"字段拖入"筛选器"栏，按季度筛选，勾选"第四季度"；将"借方金额"字段拖入"角度"栏，将"物料.名称"字段拖入"颜色"栏。选择预览尺寸为"卡片-壮硕"，勾选右侧绘图区下的"数据标签"。

（2）另存方案，设置方案名称为"第四季度原材料采购额占比分析"，指标设置完成后如图 3-16 所示。

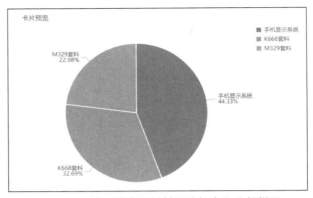

操作视频

图 3-16　第四季度原材料采购额占比分析饼图

3．原材料采购额预警

（1）单击【清除】按钮，选择图表类型为"仪表图"。将"字段"区域中的"科目全名"字段拖入"筛选器"栏，勾选"原材料"；将"借方金额"字段拖入"指针值"栏。

（2）诚远公司在制定采购预算时，更注重原材料的基础成本，因此财务部设置不含税采购额的预算为 1 500 万元。单击右侧属性设置区域"表盘"下【分段】编辑按钮，在【分段】对话框中设置起始刻度值为 0，结尾刻度值为 18 000 000。单击【添加分刻度】按钮，设置小于 13 000 000 为绿色，标签为"合格"；13 000 000～15 000 000 为黄色，标签为"预警"；超过 15 000 000 为红色，标签为"超额"。设置完成后单击【确定】按钮。

（3）设置表盘风格为"圆形线型"，勾选"刻度值"，设置刻度值格式为两位小数，数量单位为"万"，后缀为"万元"。设置指针下标签显示为"名称+数值"，设置名称为"原材料采购额"，刻度值格式为两位小数，数量单位为"万"，后缀为"万元"。

（4）选择预览尺寸为"卡片-壮硕"，另存方案，设置方案名称为"原材料采购额预警"，指标设置完成后如图 3-17 所示。

操作视频

图 3-17　原材料采购额预警仪表图

4．K668 套料采购数量趋势分析

（1）单击【清除】按钮，选择图表类型为"折线图"。将"字段"区域中的"科目全名"字段拖入"筛选器"栏，勾选"原材料"；将"物料.名称"字段拖入"筛选器"栏，勾选"K668 套料"；

将"借方金额"字段拖入"筛选器"栏，对原始值进行筛选，设置数据范围为1到10 000 000；将"业务日期"字段拖入"横轴"栏，设置维度为"年月"；将"计量单位数量"字段拖入"纵轴"栏。选择预览尺寸为"卡片–壮硕"，勾选右侧绘图区下的"数据标签"，设置右侧纵轴下标题/单位为"采购数量/套"，设置起始刻度为"允许不从零开始"。

（2）另存方案，设置方案名称为"K668套料采购数量趋势分析"，指标设置完成后如图3-18所示。

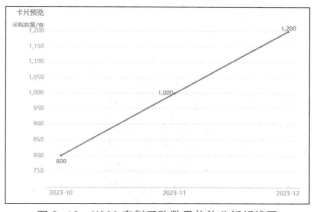

操作视频

图3-18　K668套料采购数量趋势分析折线图

5. M329套料采购单价趋势分析

（1）单击【清除】按钮，选择图表类型为"折线图"。将"字段"区域中的"科目全名"字段拖入"筛选器"栏，勾选"原材料"；将"物料.名称"字段拖入"筛选器"栏，勾选"M329套料"；将"借方金额"字段拖入"筛选器"栏，对原始值进行筛选，设置数据范围为1到10 000 000；将"业务日期"字段拖入"横轴"栏，设置维度为"年月"；将"单价"字段拖入"纵轴"栏，设置度量为"平均"。选择预览尺寸为"卡片–壮硕"，勾选右侧绘图区下的"数据标签"，设置右侧纵轴下标题/单位为"采购单价/元"，设置数字格式为两位小数，起始刻度为"允许不从零开始"。

（2）另存方案，设置方案名称为"M329套料采购单价趋势分析"，指标设置完成后如图3-19所示。

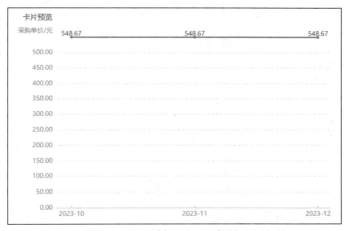

操作视频

图3-19　M329套料采购单价趋势分析折线图

6. 第四季度供应商采购额占比分析

（1）单击【清除】按钮，选择图表类型为"饼图"。将"字段"区域中的"科目全名"字段拖入"筛选器"栏，勾选"应付账款_明细应付款"；将"业务日期"字段拖入"筛选器"栏，按季度筛选，勾选"第四季度"；将"贷方金额"字段拖入"角度"栏；将"供应商.名称"字段拖入"颜色"栏。在绘图区中，将图例位置设置为"底部"，选择预览尺寸为"卡片-壮硕"，勾选右侧绘图区下的"数据标签"。

（2）另存方案，设置方案名称为"第四季度供应商采购额占比分析"，指标设置完成后如图 3-20 所示。

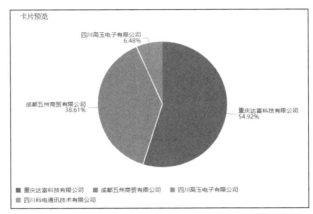

操作视频

图 3-20　第四季度供应商采购额占比分析饼图

（三）数字化仪表板

（1）返回【轻分析】页面，在"采购数字化分析"分类下新建仪表板，命名为"采购数字化仪表板"。单击【仪表板】图标，进入【仪表板-采购数字化仪表板】页面，在右侧属性设置区域设置尺寸为"1280*720（16:9）"，设置外观风格为"淡雅白"，如图 3-21 所示。

图 3-21　设置仪表板属性

（2）将左侧组件设置区域下的"数据斗方"拖入中间画布区域，在【添加数据斗方-选择来源】窗口中单击【下一步】按钮，如图 3-22 所示。

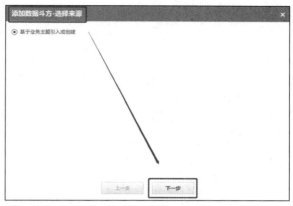

图 3-22　【添加数据斗方-选择来源】窗口

（3）在【添加数据斗方-选择业务主题】窗口中选中对应的业务主题，如"采购数据可视化"，单击【下一步】按钮，如图 3-23 所示。

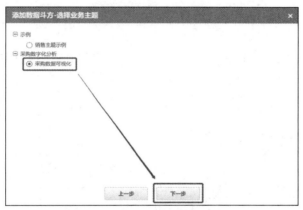

图 3-23　【添加数据斗方-选择业务主题】窗口

（4）在【添加数据斗方-选择方案】窗口，选中"加载方案"，选择需要展示的指标，如"原材料采购额趋势分析"，单击【完成】按钮将指标添加至画布区域，如图 3-24 所示。参照这一步骤，将需要的所有指标逐一添加至画布区域。

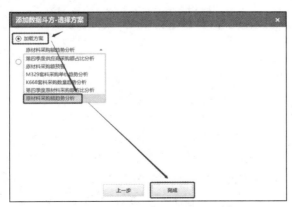

图 3-24　【添加数据斗方-选择方案】窗口

（5）待所有指标添加至画布区域后，可以拖曳指标上方的浅色条框将各项指标排序，也可以在右侧属性栏中设置指标的位置、大小、标题、定时刷新时间间隔等，使仪表板达到所要效果，如图 3-25 所示。

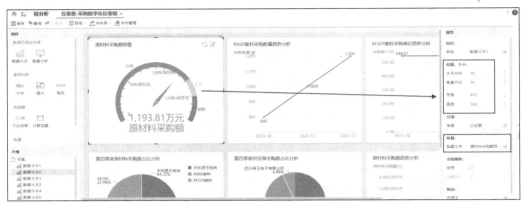

图 3-25　设置各项指标

（6）制作完成后的仪表板如图 3-26 所示。

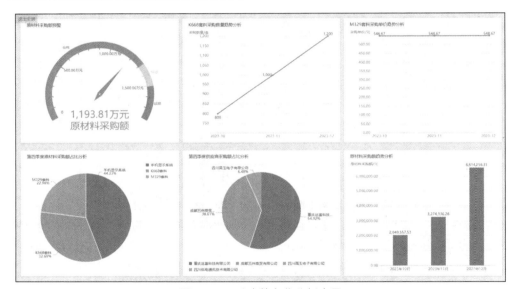

图 3-26　采购数字化分析大屏

【撰写分析报告】

（一）分析目的

分析实际采购总额与预算之间的差异，可以评估采购预算执行情况；确定不同原材料的采购额在整体采购中所占比重，可以识别主要原材料；了解不同供应商在采购中的贡献度，可以识别主要供应商；观察 M329 套料采购单价在不同月份的变化，可以了解价格稳定性；观察 K668 套料的采购数量在不同月份的变化，可以了解需求趋势；观察原材料采购额在不同月份的变化，可以评估采购额的波动情况。对这些指标进行综合分析，可以评估公司的采购效率、成本控制情况以及对不同原材料和供应商的依赖程度，能够帮助公司制定更好的采购策略，优化成本管理，并为未来的决策提供依据。

（二）分析内容

（1）原材料采购预算情况。2023 年原材料实际采购总额为 709.56 万元，在预算额度（1 000 万元）内，公司在原材料采购方面表现良好。

（2）第四季度原材料采购额占比分析。M329 套料的不含税采购总额为 2 743 362.83 元，占比约为 22.98%；K668 套料的不含税采购总额为 3 902 654.87 元，占比约为 32.69%；手机显示系统的不含税采购总额为 5 292 035.42 元，占比约为 44.33%。可以看出，手机显示系统是公司最主要的原材料采购项目。

（3）第四季度供应商采购额占比分析。重庆达富科技有限公司的采购额为 441 万元，占比约为 54.92%；成都五州商贸有限公司的采购额为 310 万元，占比约为 38.61%；四川高玉电子有限公司的采购额为 52 万元，占比约为 6.48%；四川科电通讯技术有限公司当前期间无采购记录，采购额为 0 元。由于四川高玉电子有限公司与公司签订入股协议，以 2.1 万套手机显示系统作价 546 万元，其中 500 万元为实收资本，因此供应商的采购额与原材料采购额有所不同。结合数据和业务分析，四川高玉电子有限公司、重庆达富科技有限公司和成都五州商贸有限公司是公司主要的供应商。

（4）第四季度 M329 套料采购单价趋势分析。2023 年 10 月、11 月和 12 月的 M329 套料采购单价均为 548.67 元，价格保持稳定。

（5）第四季度 K668 套料采购数量趋势分析。2023 年 10 月、11 月和 12 月，K668 套料的采购数量分别为 800 套、1 000 套和 1 200 套，呈现逐渐增加的趋势。

（6）原材料采购额趋势分析。2023 年 10 月、11 月和 12 月的采购额分别为 2 049 557.53 元、3 274 336.28 元和 6 614 159.31 元，呈现上升趋势。

（三）可能存在的问题和风险

（1）预算使用额度。虽然公司在原材料采购方面表现良好，实际采购总额在预算额度内，但需要密切关注预算执行情况，以确保预算的合理性和有效性。

（2）原材料采购额占比。公司对手机显示系统的采购额占比较高，存在过度依赖的风险。过度依赖某一种原材料可能导致供应链风险和价格波动的敏感性增加。

（3）供应商采购额占比。公司对四川高玉电子有限公司、重庆达富科技有限公司和成都五州商贸有限公司的依赖较高，存在供应商风险。若其中一家供应商出现问题，可能对公司的生产和供应造成不利影响。

（四）问题和风险产生的原因

（1）原材料采购额占比和供应商采购额占比高可能是由于与手机显示系统相关的产品需求较大，且重庆达富科技有限公司和成都五州商贸有限公司在供应能力和价格方面表现出色。

（2）预算使用额度合格可能是由于公司在预算制定和采购决策过程中，进行了合理的规划和控制，同时与供应商进行了有效的谈判和合作。

（五）改进建议

（1）多元化供应链。为了降低对某一供应商的过度依赖，建议公司寻求新的供应商并建立稳定的合作关系，以减少供应链风险和价格波动的影响。

（2）供应商绩效评估。定期评估供应商的绩效，包括交货准时性、产品质量和服务水平等方面，以确保供应链的可靠性和稳定性。

（3）预算优化。定期审查和优化原材料采购预算，确保预算分配的合理性和有效性，避免预算过度或不足的情况。

（4）市场调研和数据分析。继续进行市场调研，分析销售数据和需求趋势，以及对原材料价格和供应情况的监测，为采购决策提供更准确的数据支持。

（5）库存管理和需求规划。根据销售数据和需求趋势，优化库存管理和需求规划，避免过度采购或库存积压，确保原材料的合理供应和成本控制。

三、任务拓展实训

【实训一】具体内容参见本书附录9月完整经济业务（7）（8）（9）。

【实训二】具体内容参见本书附录10月完整经济业务（1）（2）（3）（5）（6）（14）（18）（20）（21）（23）（29）。

【实训三】具体内容参见本书附录11月完整经济业务（1）（2）（8）（13）（17）（18）（22）（24）（32）（33）（34）（36）。

【实训四】具体内容参见本书附录12月完整经济业务（2）（3）（9）（12）（16）（19）（20）（24）（28）（40）（45）（72）。

任务二　销售业务账务处理与分析

销售是指企业为推广和销售产品或服务而与外部客户进行交易的过程。销售业务的主要目标是满足客户需求，实现销售额的增长和市场份额的扩大。销售业务包括现销、赊销、定销等不同类型的业务模式。虽然不同企业的销售流程可能有所不同，但大致流程相似：市场调研和需求分析—销售策划和定价—客户开发和沟通—签订销售合同—订单处理和发货—收款结算和财务记录。对销售业务进行账务处理和分析有助于企业提高销售收入、控制财务风险、优化客户管理、提升销售效率。

一、任务情境

四川诚远股份有限公司制定了严格的销售业务账务处理流程：销售部在市场调研和需求分析的基础上制订销售计划，并根据公司规定与客户进行有效沟通；销售部根据客户需求和销售策略确定产品定价，并与客户商讨交易条款，签订销售合同；销售部根据销售合同的内容处理客户订单，与客户保持良好的沟通以确保及时交付产品；产品完工入库后，仓储部门负责进行质量和数量检验，合格后才能出库；财务部开具销售发票并进行审核；财务部在金蝶云星空平台填制记账凭证；财务部按时编制销售业务的日记账，记录相关交易和收入；财务部还可以利用金蝶云星空平台基于销售业务产生的财务数据进行销售业务分析。

二、技能训练

【业务案例】

（1）2023年10月6日，与四川乐成电子商贸有限公司签订销售合同，编号为CYXS2310001，销售 M329 手机 300 部，K668 手机 100 部。手机按 8.5 折计价，每部 M329 手机含税价 1 343 元，K668 手机含税价 3 128 元，合同总金额 715 700 元。合同约定 2023 年 10 月 20 日前交货。付款条款为合同签订日付定金（货款的 20%），交货前再付货款的 50%，余款（货款的 30%）交货后 5 个工作日内付清。购销合同如图 3-27 所示。

销售合同

合同编号： <u>CYXS2310001</u>

购货单位（甲方）：　　　　　四川乐成电子商贸有限公司

供货单位（乙方）：　　　　　四川诚远股份有限公司

　　根据《中华人民共和国民法典》及国家相关法律、法规之规定，甲、乙双方本着平等互利的原则，就甲方购买乙方货物一事达成如下合同条款，并保证共同遵守，切实履行。

一、货物的名称、数量及价格

序号	货物名称	规格型号	数量	单位	单价	金额	税率	价税合计
1	手机	M329	300	部	1188.495575	356548.67	13%	402900.00
2	手机	K668	100	部	2768.141593	276814.16	13%	312800.00
合计（大写）： 人民币柒拾壹万伍仟柒佰元整						小写：¥715700.00		

二、交货时间、地点、方式

　　1. 交货时间：　2023 年 10 月 20 日前

　　2. 交货地点：　四川乐成电子商贸有限公司

　　3. 交货方式：　送货上门　　　　　　　，运输费用由　乙　方承担。

三、验收交付、质量异议及提出异议期限

　　甲方收货后如对货物质量、数量、规格等有异议，必须在收货后 7 日内向乙方提出。甲方如未在约定期限内提出异议，则视为甲方收货无误。

四、付款方式

　　甲方按以下条款支付货款。

序号	付款时间	付款方式	付款金额	备注
1	2023-10-06	网银支付	143140.00	
2	2023-10-18	网银支付	357850.00	
3	2023-10-25	网银支付	214710.00	

五、其他约定事项

　　1. 本合同如有未尽事宜，应由双方共同协商订立补充协议，补充协议与本合同具有同等法律效力。

　　2. 本合同由甲方乙方签字并加盖公章后生效。

　　3. 本合同一式两份，甲、乙双方各执一份，每份均具同等法律效力。

甲方（签章）：　　　　　　　　　　　乙方（签章）：

授权代表：　　　　　　　　　　　　　授权代表：

地址：四川省成都市青羊区红石路 135 号　　地址：四川省成都市高新区人民中路 245 号

电话：028-75236699　　　　　　　　　电话：028-68870000

开户银行：中国银行成都分行青羊支行　　开户银行：中国工商银行成都分行高新支行

开户账号：6222210987654321　　　　　开户账号：9558921654325897

日期：2023 年 10 月 6 日　　　　　　　日期：2023 年 10 月 6 日

图 3-27　销售合同

（2）2023 年 10 月 7 日，工行高新支行账户收到四川乐成电子商贸有限公司汇来的 CYXS2310001 号合同定金 143 140 元，银行电子回单借方回单如图 3-28 所示。

图 3-28　银行电子回单借方回单（1）

（3）2023 年 10 月 18 日，收到四川乐成电子商贸有限公司汇来的 CYXS2310001 号合同 50% 货款 357 850 元，银行电子回单借方回单如图 3-29 所示。

图 3-29　银行电子回单借方回单（2）

（4）2023 年 10 月 19 日，向四川乐成电子商贸有限公司发出 CYXS2310001 号合同约定货物，M329 手机 300 部，K668 手机 100 部，同时向对方开具增值税专用发票。销售出库单如图 3-30 所示，增值税专用发票记账联如图 3-31 所示。

销售出库单

购货单位：四川乐成电子商贸有限公司　　日期：2023年10月19日　　编号：CYXSCKD2310001

产品名称	规格型号	发货仓库	单位	数量	备注
手机	M329	成品仓	部	300	
手机	K668	成品仓	部	100	
合计				400	

审核：赵平　　　　验收：　　　　保管：代佳禄　　　制单：代佳禄

图 3-30　销售出库单

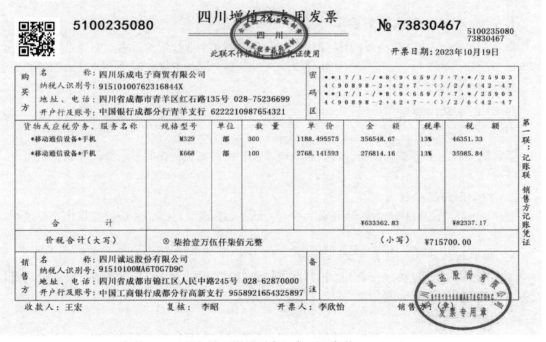

图 3-31　增值税专用发票记账联

（5）2023 年 10 月 22 日，收到四川乐成电子商贸有限公司汇来的 CYXS2310001 号合同余款 214 710 元，银行电子回单借方回单如图 3-32 所示。

（6）2023 年 12 月 31 日，公司高层想了解在过去的一年里公司发生的销售活动中是否存在问题和风险，要求财务部对 2023 年的销售数据进行数字化分析，并形成分析报告。销售部 2023 年的计划销售额为 15 000 000 元。

ICBC 中国工商银行

中国工商银行客户回单

凭证号码：CYSC2310004　　　　　　　2023 年　10 月　22 日

付款人	开户银行	中国银行成都分行青羊支行			收款人	开户银行	中国工商银行成都分行高新支行		
	名称	四川乐成电子商贸有限公司				名称	四川诚远股份有限公司		
	账号	6222210987654321				账号	9558921654325897		

发报行行号		汇出行行号		收报行行号		汇入行行号	
委托日期	20231022	入账日期	20231022	业务种类	公司收款	业务序号	006
金额（大写）	贰拾壹万肆仟柒佰壹拾元整			金额（小写）	214710.00		
用途摘要	收款			报文种类	无		

备注	摘要：合同收款 附言：四川乐成电子商贸有限公司 　　　汇入214710元 时间戳：2023-10-22	中国工商银行 电子回单专用章 ebank 银行盖章

经办柜员：高晶滢　　复核柜员：周森莉　　打印柜员：邓兴怀

补打次数：1　　　　　　　　　　　　　　　　状态：

流水号：SC202306

图 3-32　银行电子回单借方回单（3）

【技能点一】审核销售合同

审核销售合同是确保合同符合法律法规、商业道德和企业政策的过程。它通常包括审查合同的重要条款和付款条件等信息。审核销售合同可以确保合同的签署能够为企业带来积极的商业利益，并保护企业的利益和声誉。

（一）审核客户信息

1. 购买方的身份

确认购买方的法律主体资格，包括其公司名称、注册地址、注册号码等，并核实其是否合法注册并存在。

2. 购买方的授权代表

确定购买方的授权代表身份，核对其姓名、职务、授权文件等，并确保授权代表有足够的权力签署合同。

3. 购买方的信誉和财务状况

了解购买方的信誉和财务状况，包括其支付能力和履约能力，可以通过查询商业信用报告、财务报表等方式进行评估。

4. 合法合规要求

了解购买方是否符合适用法律法规的要求，是否遵守相关行业准则和合规要求。

（二）审核合同价款与付款方式

1. 审核合同价款

对销售货物的规格型号、数量、单位、单价、合同总金额进行审核，检查填写的内容是否与前期商议的有差别，对于涉外合同，还应当审核货币种类及外汇结算标准。

2. 审核付款方式

销售方尽量避免赊销，而是采用现销和定销的方式。若采用定销，一般要求定金能覆盖货物生产成本。注意合同中付款方式是否明确约定，例如是否采用赊购、货到付款、分期付款等方式。

3. 预估利润和盈利目标

预估销售合同的利润，测算合同毛利率与净利率是否达到预期的盈利目标。确保产品价格符合价格政策，不低于最低限价，如低于，需要得到相关人员的特别授权。

4. 付款条件和条款

审核合同中的付款条件，包括定金、付款期限等，确保合同违约金、保证金、定金条款约定明确。

（三）审核交付与售后条款

1. 审核交付条款

（1）交货日期：核对合同中规定的确切交货日期，确保能按时交付货物。

（2）交货地点：确认货物的交付地点，并验证是否与实际安排相符。

（3）运输方式：核实合同中约定的运输方式，包括运输费用和责任的承担。

（4）包装要求：检查合同中的包装要求，确保能够满足购买方的需求。

（5）检验和验收：了解合同中的检验和验收程序，并确认符合相关标准。

（6）延迟交货责任：确定合同中的延迟交货责任条款，包括罚款或赔偿责任。

（7）风险转移：了解货物的所有权何时转移给购买方，以及货物损坏或丢失时的责任归属。

2. 审核售后条款

（1）核对售后条款中是否明确规定了供货方所提供的售后服务内容，以确保能够满足购买方的需求并履行合同义务。

（2）核对退货和换货政策是否考虑自身的利益和风险，确保条件合理，并避免不必要的损失。

（3）核对售后服务的时间范围，是否明确开始和结束时间，以保证能够按时提供所需的售后服务。

【技能点二】开具销售发票并审核

开具销售发票是指根据销售合同或销售订单，将发票信息录入系统，并打印出发票的过程，其目的在于提供合法有效的销售凭证，记录和确认销售收入，并为客户提供购买商品或服务的法律依据。审核销售发票则是指对发票的准确性、合法性和完整性进行审核的过程。审核销售发票的目的是确保发票的准确性，避免发票错误导致的财务损失和税收风险。此外，审核销售发票也可以确保发票符合相关法律法规和企业会计准则，保证企业的财务报告的准确性和可信度，以及保护客户和企业的权益。

1. 核对发票开具时间

按照相关法规和实际情况，核对发票开具时间。发票开具时间通常是在交付货物或完成服务后。

2. 核对购买方和销售方信息

核对名称、纳税人识别号、地址、电话、开户行及账号与销售合同是否一致。核对购买方的纳税人资质，确认其纳税人类型（一般纳税人或小规模纳税人），核对是否正确选择增值税发票种类和税率。

知识拓展

增值税专用发票开具时限

3. 核对价税信息

核对货物或应税劳务、服务名称栏次是否填写的是与实际销售相符的商品和服务税收分类编码对应的简称；规格型号、单位、数量、单价、金额、税额是否填写正确，与销售合同是否一致；税率与货物或应税劳务、服务名称是否对应；价税合计大写与小写是否相符。

4. 核对其他信息

核对密码区发票密码是否超出框外；发票收款人、复核、开票人是否填写齐全，其中复核和开票人是否为同一个人；发票上方是否有国家税务总局统一监制章，发票联及增值税专用发票抵扣联是否加盖销售方发票专用章，代开的增值税专用发票是否加盖销售方发票专用章。

【技能点三】整理销售业务票据，填制记账凭证

销售业务涉及各种交易，如销售商品或提供服务，并产生相应的票据，如销售发票、收据等。填制记账凭证是将这些票据的信息转化为会计记录的过程，一般包括将票据上的交易金额、日期、客户信息等内容按照会计科目归类，然后在记账凭证上进行相应的借贷记账，以记录交易的发生和资金的流动情况。这有助于企业对销售业务的收入、成本以及应收账款等进行准确的记载和分析，确保财务信息的准确性与及时性，从而为经营决策提供重要依据。

1. 摘要清晰准确

在凭证摘要中简明扼要地描述该笔销售业务的主要内容，以方便后续查阅和理解。

2. 科目编码正确

根据会计科目的编码体系，选择正确的科目编码填写到凭证中，确保凭证的科目分类准确。

3. 核算维度

如果涉及与客户、其他往来单位的往来款项，需要将其名称正确填写到凭证中。

4. 借贷方向正确

根据销售业务的性质和影响，确定借方和贷方，并在凭证中正确填写。

5. 金额填写准确

将销售业务的借方金额和贷方金额准确填写到相应的栏目中，确保借贷平衡。

6. 相关辅助信息

根据需要，在凭证中填写相关的辅助信息，如单位、单价、数量等。

【操作指导】

（一）业务信息整理

（1）根据 2023 年 10 月 7 日收到的合同定金 143 140 元银行电子回单借方回单（见图 3-28）填制记账凭证，相应科目和金额等信息整理如表 3-3 所示。

表 3-3   合同定金凭证信息   单位：元

科目全名	核算维度	借方金额	贷方金额
银行存款	中国工商银行成都分行高新支行	143 140.00	
合同负债	四川乐成电子商贸有限公司		143 140.00

（2）根据 2023 年 10 月 18 日收到的合同 50%货款 357 850 元银行电子回单借方回单（见图 3-29）填制记账凭证，相应科目和金额等信息整理如表 3-4 所示。

表3-4	合同货款凭证信息		单位：元
科目全名	核算维度	借方金额	贷方金额
银行存款	中国工商银行成都分行高新支行	357 850.00	
合同负债	四川乐成电子商贸有限公司		357 850.00

（3）根据2023年10月19日的销售出库单（见图3-30）和开具的715 700元增值税专用发票（见图3-31）填制记账凭证，相应科目和金额等信息整理如表3-5所示。

表3-5	货物出库凭证信息		单位：元
科目全名	核算维度	借方金额/元	贷方金额/元
应收账款	四川乐成电子商贸有限公司	214 710.00	
主营业务收入	M329手机		356 548.67
主营业务收入	K668手机		276 814.16
应交税费_应交增值税_销项税额			82 337.17
合同负债	四川乐成电子商贸有限公司	500 990.00	

（4）根据2023年10月22日收到的合同余款214 710元银行电子回单借方回单（见图3-32）填制记账凭证，相应科目和金额等信息整理如表3-6所示。

表3-6	合同余款凭证信息		单位：元
科目全名	核算维度	借方金额	贷方金额
银行存款	中国工商银行成都分行高新支行	214 710.00	
应收账款	四川乐成电子商贸有限公司		214 710.00

（二）操作步骤

（1）以会计身份登录金蝶云星空平台，执行【财务会计】—【总账】—【凭证管理】—【凭证录入】命令。

（2）设置凭证的日期为"2023/10/7"，凭证字为"记字"。在第一行填写摘要为"收到四川乐成电子商贸有限公司支付定金"，设置科目编码为"1002"、科目全名为"银行存款"，设置核算维度为"中国工商银行成都分行高新支行"，设置借方金额"￥143 140.00"。在第二行填写相同摘要，设置科目编码为"2204"、科目全名为"合同负债"，设置核算维度为"四川乐成电子商贸有限公司"，设置贷方金额为"￥143 140.00"。依次单击【保存】【提交】【审核】按钮，得到的凭证如图3-33所示。

图3-33　合同定金凭证参考

（3）参照以上操作填制 2023 年 10 月 18 日收到的合同 50% 货款 357 850 元的记账凭证，审核完成后如图 3-34 所示。

图 3-34　合同货款凭证参考

（4）参照以上操作填制 2023 年 10 月 19 日销售出库 715 700 元货物的记账凭证，审核完成后如图 3-35 所示。

图 3-35　货物出库凭证参考

（5）参照以上操作填制 2023 年 10 月 22 日收到合同余款 214 710 元的记账凭证，审核完成后如图 3-36 所示。

图 3-36　合同余款凭证参考

【技能点四】销售业务数字化分析

销售业务数字化分析是指将销售业务中的数据进行可视化指标构建、指标分析和出具分析报告的过程。在金蝶云星空平台对企业销售业务的凭证数据进行数字化分析，可以深入了解销售绩效、客户偏好和市场动态。企业能够更准确地了解销售业务的表现，优化销售策略，提高销售效率和客户满意度，从而实现更加智能化和精细化的经营决策。

> ❓思考
> 对销售业务进行数字化分析需要构建哪些数字化分析指标？

（一）指标构建

1．销售总体分析

（1）2023年销售额。2023年销售额指企业在2023年度内所实现的总销售收入金额，反映了企业在该年度销售业务的总体规模和收入情况，是评估企业销售业绩的重要指标之一。

（2）2023年销售计划完成率分析。销售计划完成率用于评估企业销售业务执行情况，了解销售目标完成程度：如果销售计划完成率较高，表示企业销售执行较好；反之则可能需要调整销售策略。

2．客户分析

（1）客户销售额占比分析。分析客户销售额占比，有助于识别主要客户和重要销售渠道，了解客户贡献度，进而针对不同客户采取差异化的销售策略。

（2）应收账款趋势对比分析。比较同一时段内不同客户的应收账款变化情况，有助于监控企业的财务健康状况和客户支付能力。

3．产品销售分析

（1）产品销售收入趋势对比分析，即比较不同产品或产品类别在不同时间段内的销售收入变化。通过观察销售收入趋势，企业可以了解产品的市场表现和受欢迎程度，有助于调整产品组合和推动产品的销售。

（2）2023年产品总销售收入分析。通过产品总销售收入分析，企业可以了解不同产品的总体销售贡献，有助于进行产品线管理和业务决策。

> 思考
> 在金蝶云星空平台创建这些指标需要用到哪些数据？用什么图形呈现？

（二）撰写分析报告

分析报告的内容可以分为分析目的、分析内容、可能存在的问题和风险、问题和风险产生的原因、改进建议，也可以根据具体情况进行适当的调整和补充。

【操作指导】

（一）数据建模

（1）以会计身份登录金蝶云星空平台，执行【经营分析】—【轻分析】—【分析平台】—【轻分析】命令，进入【轻分析】页面。新建分类为"销售数字化分析"，在该分类下新建业务主题，将其命名为"销售数据可视化"，如图3-37所示。

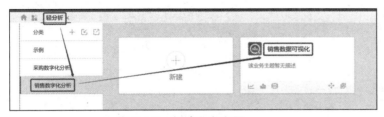

操作视频

图3-37　新建业务主题

（2）单击"销售数据可视化"业务主题上的【数据建模】图标，进入【数据建模-销售数据可视化】页面，依次单击【新建数据表】【业务实体】【下一步】按钮，进入【新建数据表–选择实体】页面。

（3）在【新建数据表–选择实体】页面，在搜索框中输入"凭证"，勾选"总账"下的"凭证"，单击【下一步】按钮，进入【新建数据表–选择字段】页面。

（4）在【新建数据表–选择字段】页面，选中"凭证"，在右侧字段选择区域勾选"凭证编号""借方总金额""贷方总金额""业务日期"；选中"单据体"，在右侧字段选择区域勾选"摘要""科目编码""核算维度""借方金额""贷方金额""科目名称""科目全名""单价""单位""计量单位数量"。设置完成后单击【完成】按钮，如图3-38所示。

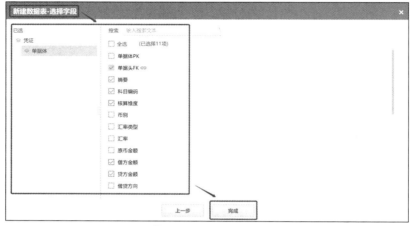

图3-38 【新建数据表–选择字段】页面

（5）单击【保存】按钮完成数据建模，如图3-39所示。

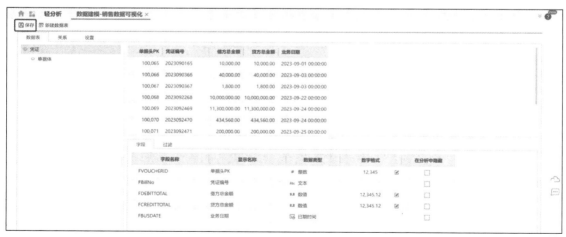

图3-39 完成数据建模

（二）可视化指标构建

1. 2023年销售额

（1）返回【轻分析】页面，选择"销售数据可视化"业务主题，单击【数据斗方】图标进入分析页面。选择图表类型为"业务指标"，将"字段"区域中的"科目全名"字段拖入"筛选器"

栏，勾选"应收账款"和"合同负债"，单击【确定】按钮，如图 3-40 所示。

操作视频

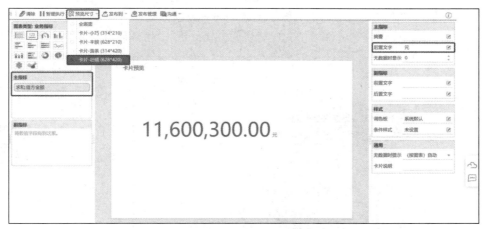

图 3-40　数据筛选

（2）将"字段"区域中的"借方金额"字段拖入"主指标"栏，选择预览尺寸为"卡片-壮硕"，在右侧区域设置主指标下后置文字为"元"，如图 3-41 所示。

11,600,300.00 元

图 3-41　2023 年销售额

（3）另存方案，设置方案名称为"2023 年销售额"。

2．2023 年销售计划完成率分析

（1）销售部 2023 年的计划销售额为 15 000 000 元。单击【清除】按钮，选择"字段"区域中的"凭证"，然后单击"字段"后的快速功能按钮【▼】，选择"创建计算字段"选项。在【创建计算字段】窗口输入名称为"2023 年计划销售额"，输入表达式为"15000000"，单击【确定】按钮。

（2）选择图表类型为"环形进度图"，将"字段"区域中的"科目全名"字段拖入"筛选器"栏，勾选"合同负债"和"应收账款"；将"业务日期"字段拖入"筛选器"栏，对"业务日期"的"年"进行筛选，勾选"2023"；将"2023 年计划销售额"字段拖入"目标值"栏，设置度量为"平均"；将"借方金额"字段拖入"实际值"栏，设置图例的后缀为"元"。选择预览尺寸为"卡片-壮硕"，设置右侧绘图区下中间文字为"销售计划完成率"，设置图例下数字格式为两位小数。

（3）另存方案，设置方案名称为"2023年销售计划完成率分析"，指标设置完成后如图3-42所示。

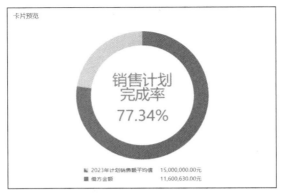

操作视频

图3-42　2023年销售计划完成率分析环形图

3. 客户销售额占比分析

（1）单击【清除】按钮，选择图表类型为"饼图"。将"字段"区域中的"科目全名"字段拖入"筛选器"栏，勾选"合同负债"和"应收账款"；将"借方金额"字段拖入"角度"栏；将"客户.名称"字段拖入"颜色"栏。勾选右侧绘图区下的"数据标签"。

（2）另存方案，设置方案名称为"客户销售额占比分析"，指标设置完成后如图3-43所示。

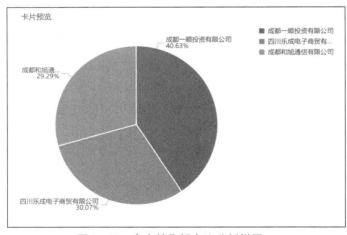

操作视频

图3-43　客户销售额占比分析饼图

4. 应收账款趋势对比分析

（1）单击【清除】按钮，选择图表类型为"折线图"。将"字段"区域中的"科目全名"字段拖入"筛选器"栏，勾选"应收账款"；将"业务日期"字段拖入"横轴"栏，设置维度为"年月"；将"借方金额"字段拖入"纵轴"栏；将"客户.名称"字段拖入"系列"栏。选择预览尺寸为"卡片-壮硕"，勾选右

操作视频

侧绘图区下的"数据标签"，设置右侧纵轴下标题/单位为"应收账款/元"，设置数字格式为两位小数。

（2）另存方案，设置方案名称为"应收账款趋势对比分析"，指标设置完成后如图 3-44 所示。

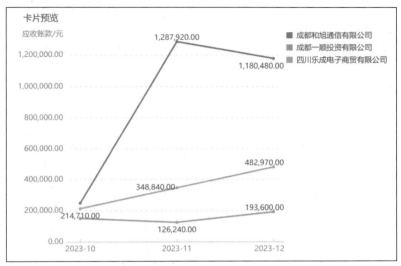

图 3-44　应收账款趋势对比分析折线图

5．产品销售收入趋势对比分析

（1）单击【清除】按钮，选择图表类型为"折线图"。将"字段"区域中的"科目全名"字段拖入"筛选器"栏，勾选"主营业务收入"；将"业务日期"字段拖入"横轴"栏，设置维度为"年月"；将"贷方金额"字段拖入"纵轴"栏；将"物料.名称"字段拖入"系列"栏。选择预览尺寸为"卡片-壮硕"，勾选右侧绘图区下的"数据标签"，设置纵轴下标题/单位为"销售额/元"，设置数字格式为两位小数。

（2）另存方案，设置方案名称为"产品销售收入趋势对比分析"，指标设置完成后如图 3-45 所示。

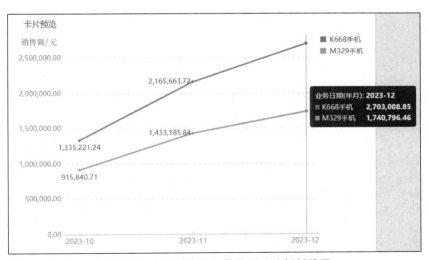

操作视频

图 3-45　产品销售收入趋势对比分析折线图

6. 2023 年产品总销售收入分析

（1）单击【清除】按钮，选择图表类型为"多系列柱形图"。将"字段"区域中的"科目全名"字段拖入"筛选器"栏，勾选"主营业务收入"；将"物料.名称"字段拖入"横轴"栏；将"贷方金额"字段拖入"纵轴"栏。选择预览尺寸为"卡片–壮硕"，勾选右侧绘图区下的"数据标签"，设置纵轴下标题/单位为"销售收入/元"，设置数字格式为两位小数。

（2）另存方案，设置方案名称为"2023 年产品总销售收入分析"，指标设置完成后如图 3-46 所示。

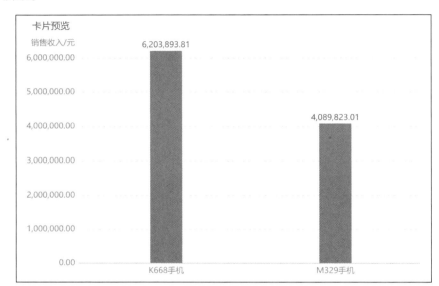

操作视频

图 3-46　2023 年产品总销售收入分析多系列柱形图

（三）数字化仪表板

（1）返回【轻分析】页面，在"销售数字化分析"分类下新建仪表板，命名为"销售数字化仪表板"。单击【仪表板】图标，进入【仪表板–销售数字化仪表板】页面，在右侧属性设置区域设置尺寸为"1280*720（16:9）"，设置外观风格为"淡雅白"，如图 3-47 所示。

图 3-47　设置仪表板属性

（2）将左侧组件设置区域下"数据斗方"拖入中间画布区域，在【添加数据斗方–选择来源】窗口中，单击【下一步】按钮。

（3）在【添加数据斗方–选择业务主题】窗口中选中对应的业务主题，如"销售数据可视化"，单击【下一步】按钮。

（4）在【添加数据斗方–选择方案】窗口，选中"加载方案"，选择需要展示的指标，如"2023年销售额"，单击【完成】按钮，将指标添加至画布区域，如图3-48所示。参照这一步骤，将需要的所有指标逐一添加至画布区域。

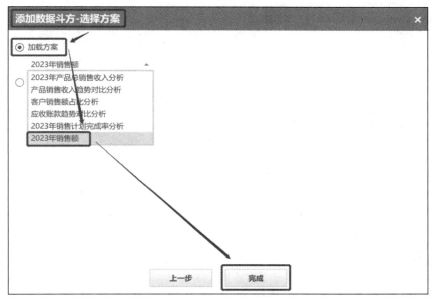

图 3-48　【添加数据斗方-选择方案】窗口

（5）待所有指标添加至画布区域后，可以拖曳指标上方的浅色条框将各项指标排序，也可以在右侧属性栏中设置指标的位置、大小、标题、定时刷新等，使仪表板达到所要效果，如图3-49所示。

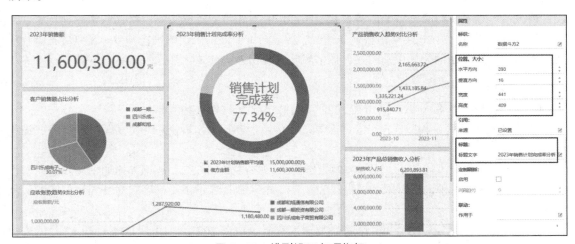

图 3-49　排列设置各项指标

（6）制作完成后的仪表板如图 3-50 所示。

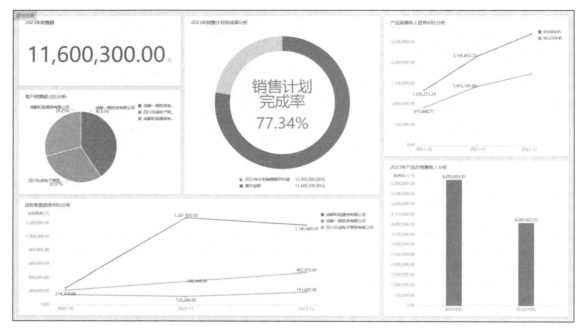

图 3-50 销售数字化分析大屏

【撰写分析报告】

（一）分析目的

2023 年销售总额是一个重要的财务指标，了解公司在 2023 年的销售总额，可以反映公司的销售活动规模和业绩。评估公司在 2023 年销售计划的完成情况，可以衡量公司的销售目标实现情况。计算不同客户在销售额中的占比，可以确定对销售额贡献最大的客户。分析不同客户在 2023 年的应收账款情况，可以了解不同客户对公司的欠款情况及趋势。分析不同产品在 2023 年的销售收入情况，可以了解产品销售的趋势，确定不同产品对销售业务的贡献。将这些指标进行综合分析，可以全面了解公司 2023 年销售业务情况，从不同角度评估公司的销售绩效、客户情况以及产品销售趋势，从而帮助公司识别问题、评估风险并提出改进建议。

（二）分析内容

（1）2023 年销售额分析。公司在 2023 年的销售额为 11 600 300 元。

（2）2023 年销售计划完成率分析。公司 2023 年销售计划完成率达到 77.34%，没有完成销售目标。

（3）客户销售额占比分析。成都一顺投资有限公司占比 40.63%、成都和旭通信有限公司占比 29.29%、四川乐成电子商贸有限公司占比 30.07%，这些数据显示了不同客户对公司销售额的贡献情况。

（4）应收账款趋势对比分析。成都和旭通信有限公司在 2023 年 10 月、11 月和 12 月的应收账款分别为 250 240 元、1 287 920 元、1 180 480 元，成都一顺投资有限公司在同期的应收账款分别为 151 520 元、126 240 元、193 600 元，四川乐成电子商贸有限公司在同期的应收账款分别为 214 710 元、348 840 元、482 970 元。

（5）产品销售收入趋势对比分析。K668 手机在 2023 年 10 月、11 月和 12 月的销售收入分别 为 1 335 221.24 元、2 165 663.72 元、2 703 008.85 元，M329 手机在同期的销售收入分别为 915 840.71 元、1 433 185.84 元、1 740 796.46 元。

（6）2023 年产品总销售收入分析。K668 手机的销售收入为 6 203 893.81 元，M329 手机的销售收入为 4 089 823.01 元。

（三）可能存在的问题和风险

（1）销售计划未完成。根据销售计划完成率的数据，公司在 2023 年没有达到销售目标。这表明公司可能面临销售挑战，导致销售额低于预期。

（2）应收账款增长趋势。根据应收账款趋势对比分析，成都和旭通信有限公司、成都一顺投资有限公司以及四川乐成电子商贸有限公司的应收账款金额呈上升趋势。这暗示公司可能面临客户付款延迟或拖欠的风险，对公司的现金流和流动资金造成不利影响。

（3）销售额依赖度不均衡。客户销售额占比分析显示，公司的销售额主要集中在几个客户身上，成都一顺投资有限公司、成都和旭通信有限公司和四川乐成电子商贸有限公司占据了较大的销售份额。公司对这些客户的业务高度依赖，一旦发生问题，如客户订单减少或流失，可能给公司的销售收入和业务稳定性带来风险。

（四）问题和风险产生的原因

（1）销售计划执行不力。销售计划完成率低于预期可能是因为销售团队未能有效执行销售策略和计划，销售目标无法实现。

（2）客户付款延迟或拖欠。应收账款的增加可能是因为部分客户付款延迟或拖欠，公司资金流动性受到影响。

（3）客户依赖度较高。公司的销售额主要依赖少数几个客户，如果其中任何一个客户出现问题，如经营困难或合作终止，可能对公司销售业务造成重大影响。

（4）产品销售收入波动。产品销售收入在不同月份出现波动，可能是由市场需求变化、竞争压力或产品质量等因素引起的。公司需要做进一步的市场调研和产品策略调整。

（5）供应链风险。公司与供应商的合作关系，如供应延迟、质量问题或价格变动，可能对销售业务产生不利影响。

（6）不确定的经济环境。宏观经济环境的不确定性可能对公司销售业务产生负面影响，如消费者信心下降、市场需求减少等。

（五）改进建议

（1）销售策略优化。公司应重新评估市场竞争环境，调整销售策略，寻找新的市场机会和客户群体，减少对少数客户的依赖，并制订切实可行的销售目标和计划。

（2）加强应收账款管理。公司应建立严格的应收账款管理制度，确保与客户的合同和付款条款清晰明确，加强与客户的沟通，及时催款，并采取适当的风险管理措施，减少拖欠款项对公司财务的不利影响。

（3）客户多元化和业务拓展。公司应积极寻找新客户，扩大客户基础，减少对个别客户的依赖，增加市场份额和销售机会。同时，公司应注重产品的研发创新，提高产品的竞争力，拓展新的产品线或市场领域。

（4）销售团队培训。公司可以通过培训提升销售人员的专业素养和营销技巧，增强团队的销售能力和市场洞察力。

三、任务拓展实训

【实训一】具体内容参见本书附录 10 月完整经济业务（11）（12）（24）（25）（26）（28）（30）（31）（33）（34）（35）（37）（38）（40）（41）（43）（44）。

【实训二】具体内容参见本书附录 11 月完整经济业务（3）（19）（20）（23）（26）（27）（28）（30）（31）（41）（42）（46）（49）。

【实训三】具体内容参见本书附录 12 月完整经济业务（5）（6）（13）（23）（25）（26）（29）（37）（44）（73）。

任务三　日常费用业务账务处理与分析

费用是指企业日常经营活动发生的各类费用支出，包括办公费、运输费、差旅费、市场推广费、租赁费、人力资源费用等。不同企业的费用业务流程可能会有差异，但大致流程相似：费用预算和计划编制—费用申请和审批—费用支出—费用报销—财务核算。对费用业务进行账务处理及分析有助于进行费用预算编制、费用使用控制、供应商管理、员工绩效评估等，从而降低企业成本、提高企业盈利能力、为企业经营决策提供依据。

一、任务情境

四川诚远股份有限公司制定了严格的费用业务账务处理流程：各部门在确定费用需求后需要制定完善的费用预算和计划，并根据相关规定进行费用申请和审批；在费用申请获得批准后，使用者可以支出费用并进行报销，财务部对费用报销进行审核，确保合规性和准确性；费用报销后，财务部负责对费用进行核算和分析。

二、技能训练

【业务案例】

（1）2023 年 10 月 3 日，出纳现金报销采购部张世然交通费 200 元，业务招待费 500 元；报销销售部孙福贵交通费 200 元，业务招待费 800 元，差旅费 1 200 元。张世然的费用报销单如图 3-51 所示，交通费 200 元客运出租车统一发票如图 3-52 所示，业务招待费 500 元增值税普通发票如图 3-53 所示。孙福贵的费用报销单如图 3-54 所示，交通费 200 元客运出租车统一发票如图 3-55 所示，业务招待费 800 元增值税普通发票如图 3-56 所示，火车票两张共 700 元如图 3-57、图 3-58 所示，差旅住宿费 300 元增值税普通发票如图 3-59 所示，差旅网约车出行费 200 元电子普通发票如图 3-60 所示。

（2）2023 年 12 月 31 日，公司高层想了解在过去的一年里公司发生的费用业务是否存在问题和风险，要求财务部对 2023 年的费用数据进行数字化分析，并形成分析报告。

费用报销单

报销日期：2023 年　10 月　03 日　　　附件　2 张

部门	费用项目	类　　别	金　　额	负责人	
采购部	交通费	出租车费	200.00		
采购部	业务招待费	餐费	500.00	审　查　意　见	
				报销人	张世然
报销金额合计		700.00		¥700.00	
核实金额（大写）　柒佰元整				¥ 700	
借款金额		应退金额		应补金额	

审核：王宏　　　　　　　　　　　　出纳：李心怡

图 3–51　张世然的费用报销单

四川省客运出租车统一发票

TAXI RECEIPT

发票联

发票代码：640282637214

发票号码：10809328

发票查询电话：（028）82420110

服务监督电话：（028）82633333

手写无效

车号：ATH248

证号：32650569

日期：2023-10-01

上车：14:47

下车：15:56

单价：2.4

里程：78.56

等候：00:10:49

金额：200.00

卡号：

原额：

余额：

批号：

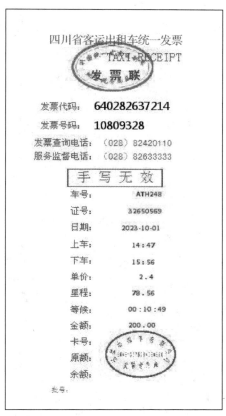

图 3–52　张世然交通费 200 元客运出租车统一发票

四川增值税普通发票

№ 47098923

5100233940

5100233940
47098923

开票日期：2023年10月03日

| 购买方 | 名　称：四川诚远股份有限公司
纳税人识别号：91510100MA6T0G7D9C
地址、电话：四川省成都市锦江区人民中路245号 028-62870000
开户行及账号：中国工商银行成都分行高新支行 9558921654325897 | 密码区 | **17/1-/*8<9<659/7+7*/25903
4<90898-2+42+7--<>/2/6<42-47
**17/1-/*8<9<659/7+7*/25903
4<90898-2+42+7--<>/2/6<42-47 |

货物或应税劳务、服务名称	规格型号	单位	数量	单价	金额	税率	税额
*餐饮服务*餐费					471.70	6%	28.30
合　　计					¥471.70		¥28.30

| 价税合计（大写） | ⊗伍佰元整 | （小写） ¥500.00 |

| 销售方 | 名　称：四川成都民顺酒店
纳税人识别号：9157832498Y746328A
地址、电话：四川省成都市温江区惠民路72号 028-67120774
开户行及账号：招商银行成都分行武侯支行 6015277410976123 | 备注 | |

收款人：龙云岚　　　复核：许英逸　　　开票人：郡弘　　　销售方（章）

第二联：发票联 购买方记账凭证

图 3-53　张世然业务招待费 500 元增值税普通发票

费用报销单

报销日期：2023 年 10 月 03 日　　附件 6 张

部门	费用项目	类　　别	金　额		
销售部	差旅费	打车费、住宿费、火车票	1200.00	负责人	
销售部	交通费	出租车费	200.00	审 查 意 见	
销售部	业务招待费	餐费	800.00		
				报销人	孙福贵
报销金额合计		2200.00		¥2200.00	
核实金额（大写）	贰仟贰佰元整		¥　2200		
借款金额		应退金额		应补金额	

审核：王宏　　　　　　　　　　　　出纳：李心怡

图 3-54　孙福贵的费用报销单

图 3-55 孙福贵交通费 200 元客运出租车统一发票

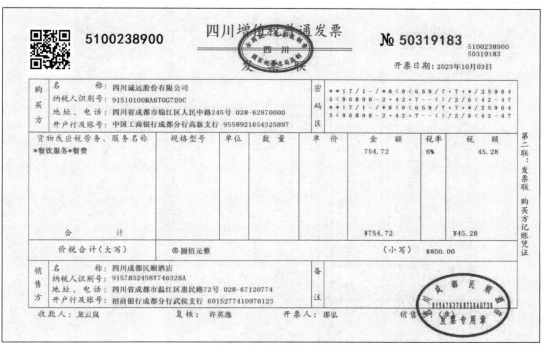

图 3-56 孙福贵业务招待费 800 元增值税普通发票

图 3-57　孙福贵差旅去程火车票

图 3-58　孙福贵差旅返程火车票

图 3-59　孙福贵差旅住宿费 300 元增值税普通发票

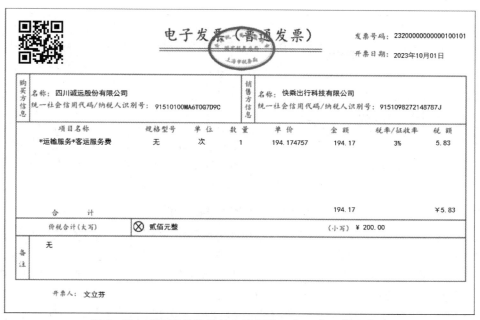

图 3-60 孙福贵差旅网约车出行费 200 元电子普通发票

【技能点一】审核各项日常费用

审核各项日常费用业务是指对企业在日常运营过程中产生的各项费用支出进行审查和核实。审核的目的是确保费用合理、准确和符合企业政策，防止浪费、滥用和错误支付的情况出现。对各项费用业务进行梳理和分析，可以及时发现问题并纠正，保障企业财务的健康和资金的有效运用，同时也有助于建立透明高效的企业管理体系。

1. 购买实物资产业务

如购买原材料、机器设备、办公用品、低值易耗品、礼品等时，审核是否有审批手续文件、采购合同、采购订单、入库单、质量验收合格证明、采购发票等。审核是否存在舍近求远、买价远超平均价格等不合理问题。

2. 租入不动产业务

审核是否有审批手续文件、房屋租赁合同、租赁费发票等。审核是否按合同要求进行押金给付等。

3. 业务招待费报销业务

审核是否有审批手续文件、业务招待费发票、消费清单等。审核是否存在虚开发票、使用替票等与实际业务不符的情况。

4. 差旅费报销业务

审核是否有出差申请单、审批手续文件、差旅费报销清单、差旅发票、其他附件等。审核所附车票是否为应乘行程、车次车票，审核餐饮费、住宿费、其他交通费发票是否为出差地的发票，报销差旅费是否超出规定差旅标准，是否存在虚开发票、使用替票等情况。

5. 水电费报销业务

审核是否有水电表使用记录清单，发票上的金额是否与清单相符、是否与企业的实际使用情况吻合等。

> **注意**
> 费用业务的审核主要是对业务的真实性、准确性、合理性、合规性等方面进行审核。有些票据能直接报销，比如盖有财政监制章的行政事业单位（医院和学校、部队）统一收据，火车票及飞机票等。

【技能点二】审核发票

审核发票可以确保企业在财务管理和报税方面符合法律法规的要求，有利于企业进行资金管理和成本控制，还可以防止企业内部欺诈行为。审核发票是生成准确财务报告和进行经营决策的基础，合规的发票还可以保证企业享受符合法律规定的税收优惠政策。

【技能点三】整理费用业务票据，填制记账凭证

在日常经营活动中产生的各项费用支出，如办公用品费、交通费、通信费等，需要按规定流程进行票据整理和填制记账凭证。填制记账凭证是将这些费用业务票据的信息转化为会计记录的过程，一般包括将票据上的交易金额、日期、费用类型等内容按照会计科目归类，然后在记账凭证上进行相应的借贷记录，以记录费用支出的发生和资金的流动情况。这有助于企业对日常费用的支出进行准确的记载和分析，确保财务信息的准确性与及时性，从而为经营决策提供重要依据。

1. 摘要清晰准确
在凭证摘要中简明扼要地描述该笔费用业务的主要内容，以方便后续查阅和理解。

2. 科目编码正确
根据会计科目的编码体系，选择正确的科目编码填写到凭证中，确保凭证的科目分类准确。

3. 核算维度
如果涉及与其他往来单位或个人的往来款项，需要将其名称正确填写到凭证中。

4. 借贷方向正确
根据费用业务的性质和影响，确定借方和贷方，并在凭证中正确填写。

5. 金额填写准确
将费用业务的借方金额和贷方金额准确填写到相应的栏目中，确保借贷平衡。

6. 相关辅助信息
根据需要，在凭证中填写相关的辅助信息，如单位、单价、数量等。

【操作指导】

（一）业务信息整理

出纳根据 2023 年 10 月 3 日收到的张世然和孙福贵的费用报销单和相应附件，现金支付报销款后填制记账凭证，相应科目和金额等信息整理如表 3-7 所示。

表 3-7　　　　　　　　　　费用报销凭证信息　　　　　　　　　　单位：元

科目全名	核算维度	借方金额	贷方金额
管理费用	采购部；交通费	200.00	
管理费用	采购部；业务招待费	500.00	
销售费用	销售部；交通费	200.00	

续表

科目全名	核算维度	借方金额	贷方金额
销售费用	销售部；业务招待费	800.00	
销售费用	销售部；差旅费	1 136.38	
应交税费_应交增值税_进项税额		63.62	
库存现金			2 900.00

（二）操作步骤

（1）以会计身份登录金蝶云星空平台，执行【财务会计】—【总账】—【凭证管理】—【凭证录入】命令。

（2）设置凭证的日期为"2023/10/3"，凭证字为"记字"。在第一行填写摘要为"报销采购部张世然交通费、业务招待费，报销销售部孙富贵交通费、业务招待费、差旅费"，设置科目编码为"6602"、科目全名为"管理费用"，设置核算维度为"采购部"；交通费设置借方金额为"￥200.00"。在第二行设置相同的摘要，设置科目编码为"6602"、科目全名为"管理费用"，设置核算维度为"采购部"；业务招待费设置借方金额为"￥500.00"。在第三行设置相同的摘要，设置科目编码为"6601"、科目全名为"销售费用"，设置核算维度为"销售部"；交通费设置借方金额为"￥200.00"。在第四行设置相同的摘要，设置科目编码为"6601"、科目全名为"销售费用"，设置核算维度为"销售部"；业务招待费设置借方金额为"￥800.00"。在第五行设置相同的摘要，设置科目编码为"6601"、科目全名为"销售费用"，设置核算维度为"销售部"；差旅费设置借方金额为"￥1 136.38"。在第六行设置相同的摘要，设置科目编码为"2221.01.01"、科目全名为"应交税费_应交增值税_进项税额"，设置借方金额为"￥63.62"。在第七行设置相同的摘要，设置科目编码为"1001"、科目全名为"库存现金"，设置贷方金额为"￥2 900.00"。依次单击【保存】【提交】【审核】按钮，得到的凭证如图3-61所示。

图3-61　费用报销凭证参考

【技能点四】费用业务数字化分析

费用业务数字化分析是指将企业日常费用支出的相关数据进行可视化指标构建、指标分析和出具分析报告的过程。在金蝶云星空平台对企业费用业务的凭证数据进行数字化分析，可以帮助企业了解费用结构，发现潜在的费用节约机会，优化费用支出策略，提高财务效率和经营绩效，以更科学、精确的方式进行企业管理和决策。

思考

对费用业务进行数字化分析需要构建哪些数字化分析指标？

（一）指标构建

1. 费用总体分析

（1）2023 年实际费用总额。2023 年实际费用总额指企业在 2023 年实际支付的所有费用的总和，包括各种开支。了解实际费用总额对评估企业的财务状况和经营成本非常重要。

（2）2023 年费用趋势分析。观察费用在不同季度或月份的变化，可以确定企业的财务状况是否稳定，以及是否存在潜在的费用问题或节约机会。

2. 费用类型分析

（1）2023 年各类费用占比分析。这是指将不同类别的费用在 2023 年的总费用中进行比较和分析。常见的费用包括财务费用、管理费用、销售费用。通过对各类费用的占比进行分析，可以了解企业在哪些方面占据了最大的费用份额，并采取相应的优化措施。

（2）2023 年三大费用率分析。财务费用率表示财务费用占营业收入的比例，管理费用率反映管理费用占营业收入的比例，而销售费用率衡量销售费用与营业收入之间的关系。通过对这些费用率的分析，企业能够更好地了解不同费用在经营活动中的比重，有助于评估企业的财务稳健性、管理效率以及市场推广策略的有效性。

3. 部门或项目费用分析

（1）2023 年排名前五费用项目分析。这是指对企业在 2023 年消耗资金最多的前五个费用项目进行分析。这些项目可能是企业运营中不可或缺的支出，或者可能是某些方面的异常开支，值得进一步调查和优化。

（2）2023 年业务招待费分析。这是指对企业在 2023 年用于业务招待的费用进行分析。业务招待费通常用于招待客户、合作伙伴或员工等。该指标旨在了解各个部门在业务招待方面的开支情况，以及可能存在的差异和趋势。

思考
在金蝶云星空平台创建这些指标需要用到哪些数据？用什么图形呈现？

（二）撰写分析报告

分析报告的内容可以分为分析目的、分析内容、可能存在的问题和风险、问题和风险产生的原因、改进建议，也可以根据具体情况进行适当的调整和补充。

【操作指导】

（一）数据建模

（1）以会计身份登录金蝶云星空平台，执行【经营分析】—【轻分析】—【分析平台】—【轻分析】命令，进入【轻分析】页面。新建分类为"费用数字化分析"，在该分类下新建业务主题，命名为"费用数据可视化"，如图 3-62 所示。

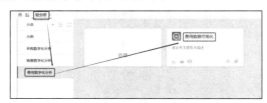

图 3-62　新建业务主题

操作视频

（2）单击"费用数据可视化"业务主题上的【数据建模】图标，进入【数据建模–费用数据可视化】页面，依次单击【新建数据表】【业务实体】【下一步】按钮，进入【新建数据表–选择实体】页面。

（3）在【新建数据表–选择实体】页面，在搜索框中输入"凭证"，勾选"总账"下的"凭证"，单击【下一步】按钮，进入【新建数据表–选择字段】页面。

（4）在【新建数据表–选择字段】页面，选中"凭证"，在右侧字段选择区域勾选"凭证编号""借方总金额""贷方总金额""业务日期"；选中"单据体"，在右侧字段选择区域勾选"摘要""科目编码""核算维度""借方金额""贷方金额""科目名称""科目全名""单价""单位""计量单位数量"。设置完成后单击【完成】按钮，如图 3-63 所示。

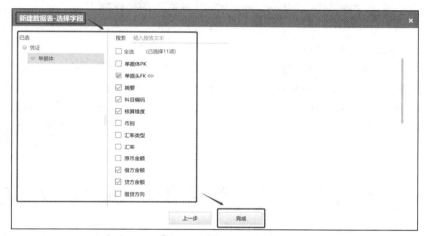

图 3-63 【新建数据表–选择字段】页面

（5）单击【保存】按钮完成数据建模，如图 3-64 所示。

图 3-64 完成数据建模

（二）可视化指标构建

1. 2023 年实际费用总额

（1）返回【轻分析】页面，选择"费用数据可视化"业务主题，单击【数据斗方】图标进入分析页面。选择图表类型为"业务指标"，将"字段"区域中的"业务日期"字段拖入"筛选器"栏，对"年"进行数据筛选，勾选"2023"，单击【确定】按钮，如图3-65所示。

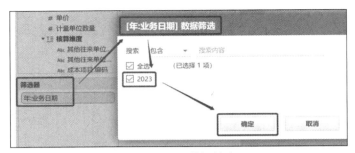

操作视频

图3-65 数据筛选

（2）选择"字段"区域中的"凭证"，然后单击"字段"后的快速功能按钮，选择"创建计算字段"选项。在【编辑计算字段】窗口中的名称栏输入"费用总额"，表达式栏输入"IF([单据体.科目全名]='财务费用_利息收入',[单据体.贷方金额],0)+IF([单据体.科目全名]='财务费用_利息支出',[单据体.借方金额],0)+IF([单据体.科目全名]='财务费用_手续费',[单据体.借方金额],0)+IF([单据体.科目全名]='管理费用',[单据体.借方金额],0)+IF([单据体.科目全名]='销售费用',[单据体.借方金额],0)"。

设置完成后单击【确定】按钮，如图3-66所示。

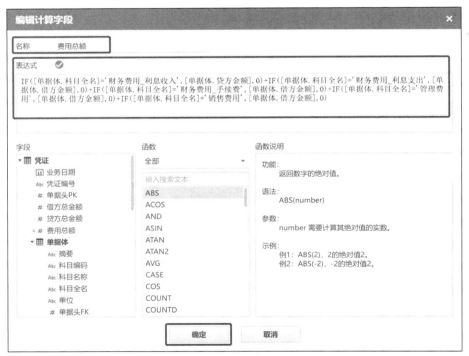

图3-66 【编辑计算字段】窗口

（3）将"字段"区域中刚刚创建的"费用总额"字段拖入"主指标"栏，选择预览尺寸为"卡片-壮硕"，设置主指标的后置文字为"元"，如图3-67所示。

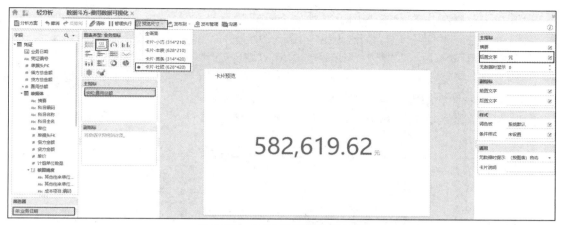

图 3-67 2023 年实际费用总额

（4）另存方案，设置方案名称为"2023 年实际费用总额"。

2. 2023 年费用趋势分析

（1）单击【清除】按钮，选择图表类型为"折线图"。将"字段"区域中的"业务日期"字段拖入"横轴"栏，设置维度为"年月"；将"费用总额"字段拖入"纵轴"栏。选择预览尺寸为"卡片-壮硕"，勾选右侧绘图区下的"数据标签"，设置纵轴下标题/单位为"费用总额/元"，设置数字格式为两位小数。

（2）另存方案，设置方案名称为"2023 年费用趋势分析"，指标设置完成后如图 3-68 所示。

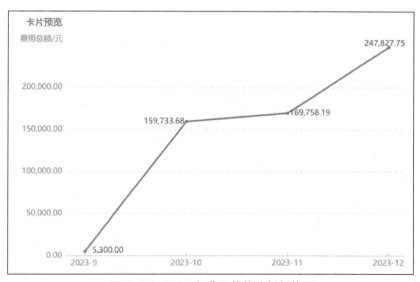

操作视频

图 3-68 2023 年费用趋势分析折线图

3. 2023 年各类费用占比分析

（1）选择"字段"区域中的"凭证"，然后单击"字段"后的快速功能按钮，选择"创建计算字段"选项。在【编辑计算字段】窗口中的名称栏输入"费用名称"，表达式栏输入"IF(OR([单据体.科目全名]='财务费用_利息支出',[单据体.科目全名]='财务费用_利息收入',[单据体.科目全名]='财务费用_手续费'),'财务费用',[单据体.科目全名])"，单击【确定】按钮。

（2）单击【清除】按钮，选择图表类型为"饼图"。将"字段"区域中的"业务日期"字段拖入"筛选器"栏，对"年"进行数据筛选，勾选"2023"；将"科目全名"字段拖入"筛选器"栏，勾选"财务费用_利息收入""财务费用_利息支出""财务费用_手续费""管理费用""销售费用"；将"费用总额"字段拖入"角度"栏；将"费用名称"字段拖入"颜色"栏。选择预览尺寸为"卡片-壮硕"，勾选右侧绘图区下的"数据标签"。

（3）另存方案，设置方案名称为"2023年各类费用占比分析"，指标设置完成后如图3-69所示。

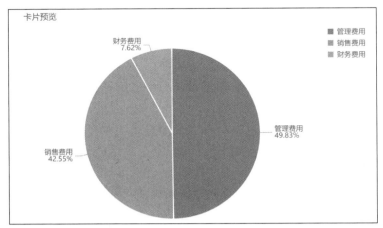

操作视频

图3-69　2023年各类费用占比分析饼图

4. 2023年三大费用率分析

（1）选择"字段"区域中的"凭证"，然后单击"字段"后的快速功能按钮，选择"创建计算字段"选项。在【编辑计算字段】窗口中的名称栏输入"财务费用率"，表达式栏输入"SUM(IF([单据体.科目全名]='财务费用_利息收入',[单据体.贷方金额],0)+IF([单据体.科目全名]='财务费用_利息支出',[单据体.借方金额],0)+IF([单据体.科目全名]='财务费用_手续费',[单据体.借方金额],0))/SUM(IF([单据体.科目全名]='主营业务收入',[单据体.贷方金额],0))"，单击【确定】按钮。

操作视频

选中"财务费用率"字段，单击快速功能按钮，设置数字格式中小数位数为两位小数，设置数量单位为"百分之一（%）"。

（2）选择"字段"区域中的"凭证"，单击快速功能按钮，选择"创建计算字段"选项。在【编辑计算字段】窗口中的名称栏输入"销售费用率"，表达式栏输入"SUM(IF([单据体.科目全名]='销售费用',[单据体.借方金额],0))/SUM(IF([单据体.科目全名]='主营业务收入',[单据体.贷方金额],0))"，单击【确定】按钮。

选中"销售费用率"字段，单击快速功能按钮，设置数字格式中小数位数为两位小数，设置数量单位为"百分之一（%）"。

（3）选择"字段"区域中的"凭证"，单击快速功能按钮，选择"创建计算字段"选项。在【编辑计算字段】窗口中的名称栏输入"管理费用率"，表达式栏输入"SUM(IF([单据体.科目全名]='管理费用',[单据体.借方金额],0))/SUM(IF([单据体.科目全名]='主营业务收入',[单据体.贷方金额],0))"，单击【确定】按钮。

选中"管理费用率"字段，单击快速功能按钮，设置数字格式中小数位数为两位小数，设置数量单位为"百分之一（%）"。

（4）单击【清除】按钮，选择图表类型为"多系列柱形图"。将"字段"区域中的"业务日期"字段拖入"筛选器"栏，对"年"进行数据筛选，勾选"2023"；将"财务费用率""销售费用率""管理费用率"字段依次拖入"纵轴"栏。选择预览尺寸为"卡片-壮硕"，勾选右侧绘图区下的"数据标签"，设置右侧纵轴下数字格式为两位小数，设置数量单位为"百分之一（%）"，后缀为"%"。

（5）另存方案，设置方案名称为"2023年三大费用率分析"，指标设置完成后如图3-70所示。

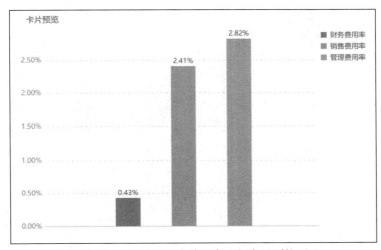

图 3-70　2023 年三大费用率分析多系列柱形图

5. 2023 年排名前五费用项目分析

（1）单击【清除】按钮，选择图表类型为"多系列柱形图"。将"字段"区域中的"业务日期"字段拖入"筛选器"栏，对"年"进行数据筛选，勾选"2023"；将"字段"区域中的"科目全名"字段拖入"筛选器"栏，勾选"财务费用_利息收入""财务费用_利息支出""财务费用_手续费""管理费用""销售费用""制造费用"；将"费用项目.名称"字段拖入"横轴"栏；将"借方金额"字段

操作视频

拖入"纵轴"栏。选择预览尺寸为"卡片-壮硕"，勾选右侧绘图区下的"数据标签"，设置右侧纵轴下标题/单位为"费用额/元"，设置数字格式为两位小数，设置数据下排序为"降序"，勾选"前N项"，设置条目数为"5"。

（2）另存方案，设置方案名称为"2023年排名前五费用项目分析"，指标设置完成后如图3-71所示。

6. 2023 年业务招待费分析

（1）单击【清除】按钮，选择图表类型为"多系列柱形图"。将"字段"区域中的"业务日期"字段拖入"筛选器"栏，对"年"进行数据筛选，勾选"2023"；将"字段"区域中的"费用项目.名称"字段拖入"筛选器"栏，勾选"业务招待费"；将"业务日期"字段拖入"横轴"栏，设置"维度"为"年月"；将"借方金额"字段拖入"纵轴"栏；将"部门.名称"拖入"系列"栏。选择预览尺寸为"卡片-壮硕"，勾选右侧绘图区下的"数据标签"，设置右侧纵轴下标题/单位为"费用额/元"，设置数字格式为两位小数。

操作视频

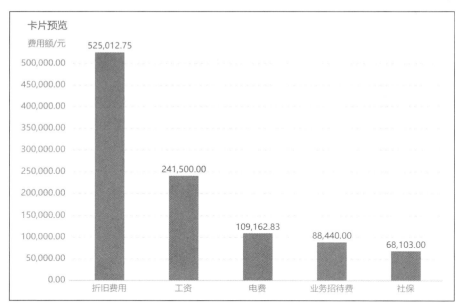

图 3-71　2023 年排名前五费用项目分析多系列柱形图

（2）另存方案，设置方案名称为"2023 年业务招待费分析"，指标设置完成后如图 3-72 所示。

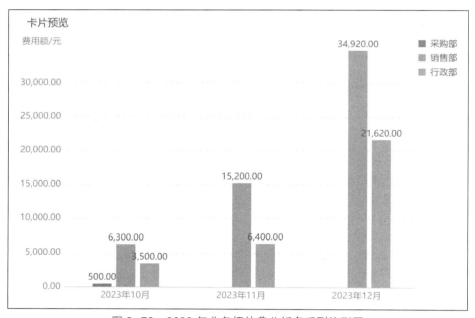

图 3-72　2023 年业务招待费分析多系列柱形图

（三）数字化仪表板

（1）返回【轻分析】页面，在"费用数字化分析"分类下新建仪表板，命名为"费用数字化仪表板"。单击【仪表板】图标，进入【仪表板-费用数字化仪表板】页面，在右侧属性设置区域设置尺寸为"1280*720（16：9）"，设置外观风格为"淡雅白"，如图 3-73 所示。

图 3-73 设置仪表板属性

（2）将左侧组件设置区域下"数据斗方"拖入中间画布区域，在【添加数据斗方-选择来源】窗口中，单击【下一步】按钮。

（3）在【添加数据斗方-选择业务主题】窗口中选择对应的业务主题，如"费用数据可视化"，单击【下一步】按钮。

（4）在【添加数据斗方-选择方案】窗口，选中"加载方案"，选择需要展示的指标，如"2023年实际费用总额"，单击【完成】按钮，如图 3-74 所示。参照这一步骤，将需要的所有指标逐一添加至画布区域。

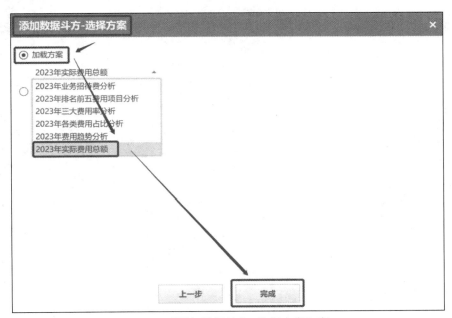

图 3-74 "添加数据斗方-选择方案"窗口

（5）待所有指标添加至画布区域后，可以拖曳指标上方的浅色条框将各项指标排序，也可以在右侧"属性"栏中设置指标的位置、大小、标题、定时刷新时间间隔等，使仪表板达到所要效果，如图 3-75 所示。

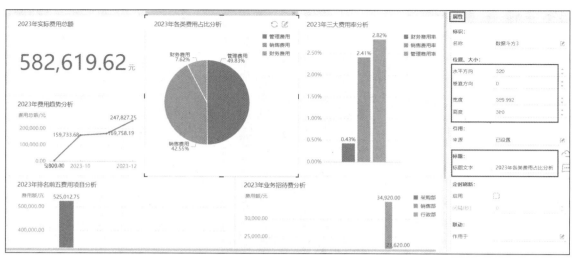

图 3-75　排列设置各项指标

（6）制作完成后的仪表板如图 3-76 所示。

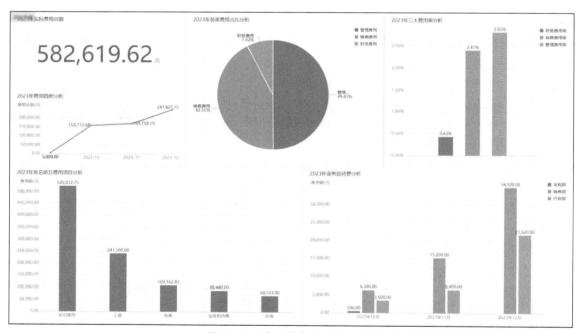

图 3-76　费用数字化分析大屏

【撰写分析报告】

（一）分析目的

分析 2023 年实际费用总额，可以了解公司在 2023 年的总费用支出。分析 2023 年费用趋势，可以分析不同月份的费用支出变化，以发现费用波动的原因和趋势。分析 2023 年各类费用占比，可以了解费用结构和分配情况。分析 2023 年三大费用率，可以衡量经营效率和成本控制水平。分析 2023 年排名前五费用项目，可以了解费用的主要构成和影响因素。分析 2023 年业务招待费，可以了解业务招待费的分配情况和可能存在的问题。对这些指标进行综合分析，可以了解公司费用的分布和变化情况，发现潜在的问题和风险，并提出相应的改进建议，为公司提供一个全面的视角，以做出更准确的决策和规划。

（二）分析内容

（1）2023 年实际费用总额。公司 2023 年经营活动所产生的费用总额为 582 619.62 元。

（2）2023 年费用趋势分析。9 月实际费用较低，为 5 300 元；10 月费用急剧增加，达到 159 733.68 元；11 月费用上升至 169 758.19 元；12 月费用进一步增加至 247 827.75 元。

（3）2023 年各类费用占比分析。管理费用占比 49.83%，销售费用占比 42.55%，财务费用占比 7.62%。这些比例显示了不同费用类别在总费用中的权重分配情况。管理费用和销售费用在总费用中占据了较大的比例，财务费用占比相对较小。

（4）2023 年三大费用率分析。2023 年财务费用率为 0.43%，销售费用率为 2.41%，管理费用率为 2.82%。这些比例显示了不同费用类别占营业收入的比例情况。管理费用率和销售费用率较高，财务费用率相对较低。

（5）2023 年排名前五费用项目分析。折旧费用 525 012.75 元，工资 241 500 元，电费 109 162.83 元，业务招待费 88 440 元，社保 68 103 元。

（6）2023 年业务招待费分析。10 月采购部的业务招待费较低，为 500 元，销售部和行政部的费用较高，分别为 6 300 元、3 500 元；11 月采购部的业务招待费为 0 元，而销售部和行政部的费用升高，分为 15 200 元、6 400 元；12 月采购部的业务招待费为 0 元，销售部、行政部的业务招待费继续上升，分别为 34 920 元、21 620 元。

（三）可能存在的问题和风险

（1）急剧增加的费用。2023 年 10 月到 12 月，公司的费用急剧增加，尤其是在 10 月。费用突然增加可能意味着公司在某些方面失去了成本控制，导致支出超出了预期或管理不善。这可能会对公司的盈利能力和财务状况产生负面影响。

（2）高比例的管理费用和销售费用。根据费用占比分析，管理费用和销售费用在总费用中占据较大比例。这意味着公司在管理和销售方面的开支较大，可能存在过度开支或效率低下的风险。公司可能需要审查和改进管理和销售流程，以降低成本并提高效率。

（3）较低的财务费用率。财务费用率为 0.43%，相对较低。这表明公司在财务管理方面相对高效，但也可能暗示着公司在投资或融资活动方面较为保守，错失了一些机会。公司需要进行综合评估，确保在财务管理方面取得平衡，既保持高效性又充分利用财务资源。

（4）折旧费用占比较高。折旧费用在排名前五的费用项目中居首位，且金额较大。这暗示了公司的固定资产投资较大，或者公司使用的资产正在逐渐老化。公司需要评估折旧费用的合理性，并考虑是否需要优化资产配置或进行维修更新，以减少长期折旧费用对财务状况的影响。

（5）业务招待费的差异和增长。业务招待费在不同部门和月份之间存在差异，并且销售部和行政部的业务招待费逐渐增加。这意味着一些部门在业务招待方面的支出较高，可能存在开支不合理或滥用的风险。公司需要审查和监控业务招待费的使用情况，确保合理性和符合成本控制的原则。

（四）问题和风险产生的原因

（1）不完善的成本控制机制。公司可能缺乏有效的成本控制机制，导致费用在一定时间内急剧增加。可能存在预算制定不合理、费用审批不严格或费用监控不及时等问题，这些问题可能导致费用超出了预期范围。

（2）管理和销售流程不合理。高比例的管理费用和销售费用暗示了公司在这些环节可能存在管理层级冗余、工作流程低效、过度依赖传统销售渠道等问题，导致成本增加且效果不佳。

（3）财务决策保守。较低的财务费用率反映出公司可能在投资或融资方面持较为保守的态度。这可能是公司对风险的忧虑较多，导致错失了一些收益机会。

（4）固定资产投资不合理。折旧费用占比较高可能是因为公司在过去一段时间内进行了较大规模的固定资产投资，或者公司的资产老化速度较快，涉及资产配置、维护保养、更新换代等方面的决策和执行不足等问题。

（5）部门之间的差异和滥用。业务招待费的差异和增长可能反映不同部门在费用控制和使用方面的差异。某些部门可能存在开支不合理或滥用的情况，需要加强对费用使用的监督和管理。

（五）改进建议

（1）优化成本控制机制。建立有效的成本控制机制，包括合理的预算制定、严格的费用审批和及时的费用监控机制；确保费用在可控范围内，并及时发现和纠正超出预期的情况；定期审查和优化预算和费用控制策略，确保其与公司目标和战略一致。

（2）优化管理和销售流程。评估公司的管理和销售流程，发现并消除冗余的管理层级和低效的工作流程；探索利用技术和自动化工具来提高工作效率，并减少相关成本；鼓励创新和探索新的销售渠道，以降低销售成本并扩大市场份额。

（3）改进财务决策。鼓励公司在投资和融资方面更具积极性，以寻求更好的回报机会；进行风险评估，并采取适当的风险管理策略，以平衡风险与收益；与专业的金融顾问合作，获取专业意见，帮助做出更明智的财务决策。

（4）优化固定资产投资。审查过去的固定资产投资决策，并评估其回报情况；确保未来的投资决策基于全面的资产规划和维护保养策略；考虑技术更新和资产替换计划，以减少折旧费用并延长资产寿命；评估资产配置的合理性，确保资产的使用率和效益最大化。

（5）加强部门间的协作和监督。建立跨部门的费用控制和使用标准，确保不同部门之间的一致性和公平性；加强对费用使用的监督和管理，通过定期审查和报告来发现异常开支或滥用情况；促进跨部门的协作和沟通，以实现更好的资源利用和协同效应。

三、任务拓展实训

【实训一】具体内容参见本书附录 10 月完整经济业务（4）（7）（10）（13）（32）（39）（45）（46）（47）（48）（50）。

【实训二】具体内容参见本书附录 11 月完整经济业务（5）（7）（25）（39）（40）（43）（50）（51）（52）（53）（54）。

【实训三】具体内容参见本书附录 12 月完整经济业务（1）（17）（31）（41）（43）（47）（48）（49）（50）（52）（74）。

任务四　出纳资金业务处理

出纳日记账是一种会计记录工具，用于记录和追踪企业的银行存款和库存现金的流动和交易情况。维护出纳日记账，可以确保账务准确性和透明度。出纳日记账是财务记录中的重要组成部分，同时是编制预算、出具报表和审计的重要依据。金蝶云星空平台为出纳提供了多种编制日记账的方式。手工新增日记账是指根据相关原始票据或已填制的相关凭证直接填制银行存款日记账或现金日记账，复核记账是指对已填制的凭证进行复核并登账从而生成日记账，引入日记账是指通过设置账簿、会计科目、会计期间等条件根据相关凭证数据批量生成相关日记账。这些方式的目的在于确保企业财务数据的准确性、可追溯性和合规性，为企业的财务管理和决策提供可靠的基础和依据。

一、任务情境

四川诚远股份有限公司财务部规定，会计登记完当月所有业务，包括期末业务和税费缴纳等业务后，由出纳在金蝶云星空平台选择合适的方式编制日记账。

二、技能训练

【业务案例】

以下业务案例中所有审核相关票据和填制相关记账凭证的部分，应参照前文相关内容完成。本任务只介绍这些业务案例中编制日记账的相关内容。

（1）2023 年 11 月 3 日，从工行高新支行账户划扣 10 月工厂电费 25 425 元，2023 年 11 月 4 日公司财务人员前往供电局开具增值税专用发票，增值税专用发票发票联如图 3-77 所示。

图 3-77　增值税专用发票发票联

（2）2023 年 11 月 22 日，提取备用金 49 000 元，银行现金支票存根如图 3-78 所示。

中国工商银行 ^(川)
现金支票存根
XV00000086

科　　目　库存现金

对方科目　银行存款

出票日期　2023年11月22日

收款人	四川诚远股份有限公司
金　额	49000 元
用　途	银行存款

单位主管　　　会计
李心怡　　　　王宏

图 3-78　银行现金支票存根

（3）2023 年 11 月 30 日，出纳银行转账支付 9 月采购生产设备部分尾款 200 万元，银行电子回单贷方回单如图 3-79 所示。

ICBC 中国工商银行

中国工商银行客户回单

凭证号码：CYFK2311005　　　　　　　2023 年 11 月 30 日

付款人	开户银行	中国工商银行成都分行高新支行		收款人	开户银行	招商银行成都分行高新支行	
	名称	四川诚远股份有限公司			名称	四川科电通讯技术有限公司	
	账号	9558921654325897			账号	6225109876543210	
发报行行号			汇出行行号		收报行行号		汇入行行号
委托日期	20231130	入账日期	20231130	业务种类	公司付款	业务序号	011
金额（大写）	贰佰万元整			金额（小写）	2000000.00		
用途摘要	付款			报文种类	无		
备注	摘要：合同付款 附言：支付四川科电通讯技术有限公司 　　　共计2000000元 时间戳：2023-11-30				中国工商银行 电子回单专用章 ebank 银行盖章		
经办柜员：高晶滢　　复核柜员：周淼莉　　打印柜员：邓兴怀							

贷方回单

补打次数：1　　　　　　　　　　　　　　　状态：
流水号：FK202311

图 3-79　银行电子回单贷方回单

【技能点一】手工新增日记账

金蝶云星空平台上手工新增日记账功能可以让出纳直接手工录入银行存款日记账或现金日记账，为出纳提供了一种方便而直接的手段。

1. 单据类型选择

根据具体情况选择正确的单据类型，如现金日记账或银行存款日记账。

2. 基本信息填写

在填写基本信息时，务必确保填写正确的业务日期和科目。业务日期是指发生该笔账务的日期，科目是指账务涉及的具体科目，如库存现金或银行存款。

3. 明细信息填写

在填写明细信息时，要仔细填写每一行的结算方式、借方金额、凭证字、凭证号等内容。确保准确记录资金流向和金额，并与实际情况相符。

4. 银行账号和账户名称核对

确保填写正确的银行账号和账户名称，以保证与实际银行账户一致。

5. 对方科目和核算维度设置

填写正确的对方科目和核算维度。对方科目是指与本账务发生往来的对方科目，核算维度是指需要特别核算的维度，如公司名称或部门等。

6. 摘要准确描述

在填写摘要时，要简明扼要地描述该笔账务的内容，确保准确传达账务的性质和目的。

7. 核对和验证

在完成操作之后，务必核对和验证新增日记账的信息，确保信息的准确性和完整性。

【操作指导】

1. 手工新增银行存款日记账

（1）以出纳身份登录金蝶云星空平台，执行【财务会计】—【出纳管理】—【日记账】—【手工日记账】命令，进入【手工日记账】页面。如图3-80所示，单击【新增】按钮，进入【手工日记账-新增】页面。

图3-80 【手工日记账】页面

（2）根据业务案例（1）的相关信息，在【基本】页签下单据类型选择"银行存款日记账"，设置业务日期为"2023/11/3"，设置科目为"银行存款"。在【明细】页签下设置第一行明细信息的结算方式为"电汇"，借方金额为"￥22 500.00"，凭证字为"记字"，凭证号为"10"，对方科目为"其他"，核算维度为"四川东恒物业管理公司"，摘要为"支付10月电费"。设置第二行明细信息的结算方式为"电汇"，借方金额为"￥2 925.00"，凭证字为"记字"，凭证号为"10"，对方科目为"进项税额"。设置第三行明细信息的结算方式为"电汇"，贷方金额为"￥25 425.00"，凭证字为"记字"，凭证号为"10"，对方科目为"银行存款"。设置完成后依次单击【保存】【提交】【审核】按钮。凭证填写如图3-81所示。

图 3-81　手工新增银行存款日记账

2.　手工新增现金日记账

（1）以出纳身份登录金蝶云星空平台，执行【财务会计】—【出纳管理】—【日记账】—【手工日记账】命令，进入【手工日记账】页面。如图 3-82 所示，单击【新增】按钮，进入【手工日记账-新增】页面。

图 3-82　【手工日记账】页面

（2）根据业务案例（2）的相关信息，在【基本】页签下单据类型选择"现金日记账"，设置业务日期为"2023/11/22"，设置科目为"库存现金"。在【明细】页签下设置第一行的结算方式为"现金"，借方金额为"￥49 000.00"，凭证字为"记字"，凭证号为"32"，对方科目为"库存现金"，摘要为"提取备用金"。设置第二行的结算方式为"现金"，贷方金额为"￥49 000.00"，凭证字为"记字"，凭证号为"32"，对方科目为"银行存款"。设置完成后依次单击【保存】【提交】【审核】按钮。凭证填写如图 3-83 所示。

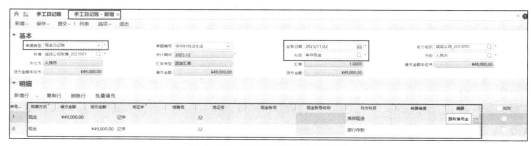

图 3-83　手工新增现金日记账

【技能点二】复核记账

复核记账的目的是对手工新增凭证进行审查和确认，并生成相应的手工日记账，确保凭证的准确性和合规性。复核记账过程中，审查人员可以对手工新增凭证的信息进行审查，核对交易的准确性和合规性，选择复核通过的凭证进行登账，系统会自动生成相应的手工日记账，这有助于减少错误和遗漏，提高账务处理的效率和准确性。

1. 审查凭证信息

仔细审查手工新增凭证的信息，包括凭证号码、日期、科目名称、借贷金额等，确保其准确性和合规性。

2. 核对交易准确性

对手工新增凭证所反映的交易进行核对，确认交易的准确性，包括核对金额是否一致、科目是否正确、日期是否符合规定等。

3. 确认合规性

确保手工新增凭证符合相关的法规和内部控制要求。检查凭证是否遵守了会计准则、税法规定和企业内部的记账政策等。

【操作指导】

（1）以出纳身份登录金蝶云星空平台，执行【财务会计】—【出纳管理】—【日记账】—【手工日记账】命令，进入【手工日记账】页面。单击【业务操作】按钮，选择"凭证登账设置"，设置凭证登账信息，如图 3-84 所示，然后单击【复核记账】按钮。

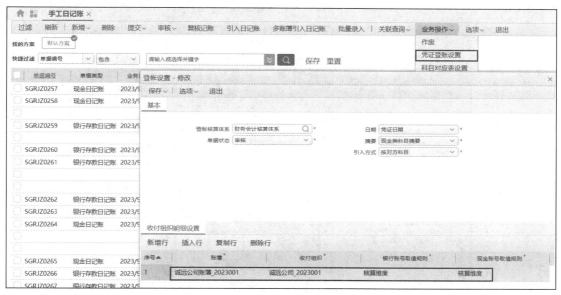

图 3-84　凭证登账设置

（2）根据业务案例（3）的相关信息，在【列表过滤-[凭证]】快捷条件设置窗口，设置账簿为"云会计数字化综合实训"，科目选择"银行存款"，会计年度为"2023"，会计期间为"11"，复核状态选择"未复核"，勾选"包含期末调汇凭证"，单据状态为"全部"。全部设置完成后单击【确定】按钮，如图 3-85 所示。

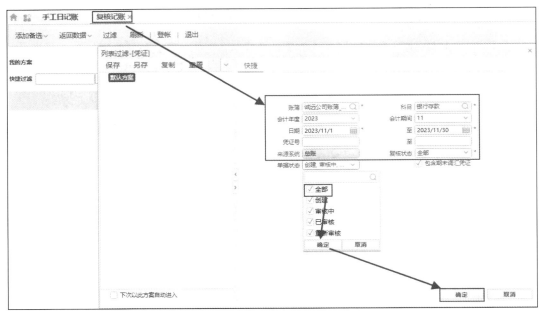

图 3-85　复核记账过滤条件设置

（3）根据业务案例（3）的相关信息，在【复核记账】页面根据相关原始票据核对摘要为"支付 9 月生产设备尾款 200 万元"的凭证，核对无误后勾选该凭证并单击【登账】按钮，如图 3-86 所示。

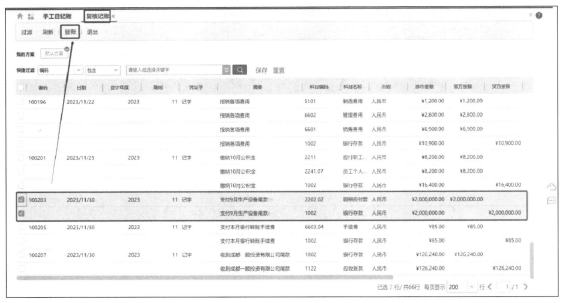

图 3-86　登账

【技能点三】引入日记账

引入日记账是指通过设置账簿、会计科目、会计期间等条件根据相关凭证数据批量生成相关日记账。这样做有助于简化数据处理流程，提高数据一致性，并确保财务数据的完整性和准确性。

科目类型可选择"现金科目"和"银行存款科目",分别对应引入现金日记账和银行存款日记账。设置正确的账簿和会计科目,选择正确的会计年度、会计期间、凭证日期范围、凭证字,设置审核状态、过账状态、复核状态为"全部",勾选"包含期末调汇凭证"。

【操作指导】

(1)以出纳身份登录金蝶云星空平台,执行【财务会计】—【出纳管理】—【日记账】—【手工日记账】命令,进入【手工日记账】页面,单击【引入日记账】按钮,如图3-87所示。

图3-87　【手工日记账】页面

(2)以引入2023年11月所有符合条件的现金日记账为例。在【引入日记账】条件设置窗口,设置账簿为"云会计数字化综合实训"、科目类型为"现金科目"、会计科目为"库存现金",设置会计年度为"2023",设置会计期间为"11",设置凭证字为"记字",设置审核状态、过账状态和复核状态为"全部",并勾选"包含期末调汇凭证"。全部设置完成后单击【引入】按钮,如图3-88所示。

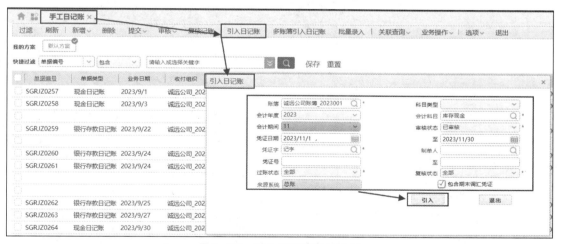

图3-88　引入日记账条件设置

三、任务拓展实训

【实训一】具体内容参见本书附录9月完整经济业务(1)(2)(3)(4)(5)(6)(10)(11)(12)。

【实训二】具体内容参见本书附录10月完整经济业务(9)(19)(42)。

【实训三】具体内容参见本书附录11月完整经济业务(10)(11)(35)(37)(38)(47)(48)。

【实训四】具体内容参见本书附录 12 月完整经济业务（4）（10）（30）（32）（33）（34）（36）（39）（42）（46）。

📖**会计之道**

孟子的会计思想

中国素以"礼仪之邦"著称于世，在儒家文化的影响下，伦理文化渗透在社会经济生活的各个层面、各个角落，社会文化整体表现出极强的伦理性。《孟子》是反映先秦儒家思想的代表著作，其仁政思想体系中融入了许许多多的会计思想，对战国时期会计文化建设做出了历史性的贡献。《孟子·离娄上》曰："离娄之明，公输子之巧，不以规矩，不能成方圆；师旷之聪，不以六律，不能正五音；尧舜之道，不以仁政，不能平治天下。"孟子指出，即使是有离娄那样敏锐的视力，有鲁班那样精巧的手艺，如果不使用圆规和曲尺，也画不出方形和圆形；即使是有师旷那样灵敏的听力，如果不根据六律，也不能校正五音；即使具备尧、舜那样的韬略，如果不施行仁政，也不能把天下治理好。这里，规矩既是规范、法则，也是标准、尺度。做人有行为规范，做事有制度规则。会计的"规矩"就是要建立会计制度，按照规章办事，制度面前人人平等。

在现代市场经济中，随着经济的快速发展和企业的日益壮大，会计工作的重要性愈发凸显。会计人员作为企业经济活动的记录者和监督者，其职业操守和道德水平直接关系到企业的声誉和利益。因此，遵循孟子的会计思想，坚持"规矩"和制度的重要性，对于维护市场经济的公平和秩序具有重要意义。

资料来源：赵丽生. 中国会计文化[M]. 2 版. 北京：高等教育出版社，2021.

项目四
期末业务核算与账务处理

知识目标

1. 了解薪酬业务核算的基本原理和流程，熟悉薪酬的计算方法和常用的会计准则。
2. 了解成本业务核算的基本原理和流程，熟悉生产费用的分类和归集方法，以及生产费用核算的流程和方法。
3. 了解增值税核算的基本原理，掌握增值税的账务处理方法。
4. 了解附加税费核算的基本原理，掌握附加税费的账务处理方法。
5. 了解印花税核算的基本原理，掌握印花税的账务处理方法。
6. 了解企业所得税核算的基本原理，熟悉企业所得税的账务处理方法。
7. 了解期末业务处理的基本原理、会计准则和相关法规，熟悉凭证审核、过账和期末结转损益等业务处理的步骤和流程。

能力目标

1. 能够正确进行员工薪酬和福利核算，并编制薪酬核算报表，具备初步的薪酬数据分析能力。
2. 能够正确进行成本业务的核算与账务处理，准确完成生产费用的分类和归集。
3. 能够根据税法规定正确进行增值税的核算与账务处理，包括计算当期应交增值税额等。
4. 能够正确进行城市维护建设税、教育费附加、地方教育附加等附加税费的核算与账务处理。
5. 能够根据税法规定进行不同类型的印花税的核算与账务处理。
6. 能够根据税法规定进行企业所得税的核算与账务处理。
7. 能够正确进行期末业务处理，包括凭证审核、过账和期末结转损益等。

素养目标

1. 培养学生注重细节和一丝不苟的习惯，确保账务处理的准确性。
2. 培养学生具备良好的沟通和协调能力，能够与各方有效合作。
3. 培养学生保持学习和不断更新的态度，关注法规和政策变化。
4. 培养学生具备保密意识，确保信息安全。
5. 培养学生具备团队合作精神，能够协同解决各种问题。

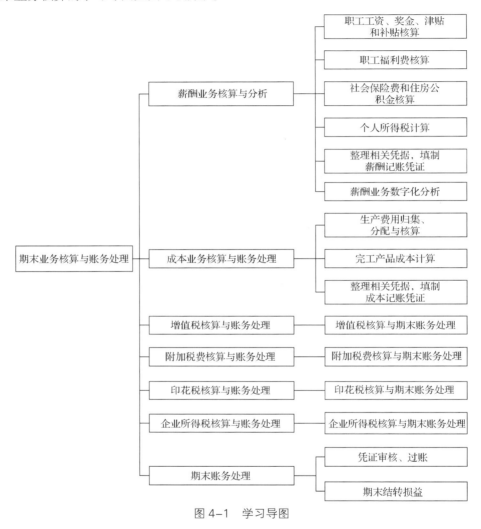

学习导图

期末业务核算的学习导图如图 4-1 所示。

图 4-1　学习导图

任务一　薪酬业务核算与分析

　　财务部门负责进行企业的薪酬业务账务处理和分析,根据企业的薪酬政策和员工的工作情况,准确计算每位员工的工资、奖金、津贴和补贴等,并确保及时发放,其中涉及核对员工的考勤记录、请假和加班情况,以及个人所得税和社保等相关款项的扣除问题。企业为员工提供一系列福利和补贴,如员工生日礼品、交通补贴等,财务部门及时记录、核算福利和补贴的发放情况,确保准确记录并按时支付。财务部门月末编制薪酬相关报表,如工资表、其他职工薪酬表,准确反映企业的各项薪酬支出和个人所得税缴纳情况。通过工资结算单,财务部门编制职工薪酬费用分配表,并编制记账凭证,出纳人员根据审核后的会计凭证登记日记账。财务部门最后通过对薪酬数据的搜集和整理进行数据分析，向管理层提供相关解释和建议。

一、任务情境

四川诚远股份有限公司于 2023 年 9 月 24 日从四川科电通讯技术有限公司（增值税一般纳税人）收购了一家手机生产企业的全部生产线，同时接管了全部人员。接管人员共 20 人，10 月开始发工资。公司为员工缴纳社保比例如下：养老保险 19%、医疗保险 6.5%、工伤保险 0.5%、生育保险 0.6%、失业保险 0.6%、大病补充保险 1%。员工个人缴纳社保比例如下：养老保险 8%、医疗保险 2%、失业保险 0.4%。公司为员工缴纳住房公积金的比例为 8%。社保和公积金的缴存基数为标准工资。接管人员及其标准工资如表 4-1 所示。

表 4-1　　　　　　　　　　四川诚远股份有限公司各部门人员标准工资　　　　　　　　单位：元

部门	姓名	标准工资
行政部	李昭	6 000.00
	王燕	3 500.00
财务部	王宏	8 000.00
	李心怡	3 500.00
采购部	张世然	5 000.00
技术部	李东升	10 000.00
	何平	5 000.00
生产部-管理人员	代佳禄	8 000.00
	赵平	4 000.00
生产部-工人	李和	4 000.00
	蒋代运	4 000.00
	刘可然	4 000.00
	马中立	3 500.00
	马二龙	3 500.00
	代于中	3 000.00
销售部	罗光荣	10 000.00
	孙福贵	6 000.00
	赵大勇	4 000.00
	叶子才	4 000.00
	胡甜	3 500.00
合计		102 500.00

二、技能训练

【业务案例】

（1）2023 年 10 月 30 日，计提本月工资。根据公司生产成本核算制度，投入人工按工时比例法进行分配，生产部工人的工资需要按生产工时分配到具体的产品上，M329 手机 10 月的生产工时为 359 小时，K668 手机 10 月的生产工时为 289 小时。填写表 4-2 所示的各个部门职工薪酬费用-工资分配表。

表 4-2　　　　　　　　　　职工薪酬费用–工资分配表

月份	成本或费用项目	产品名称	科目	部门	直接计入/元	分配计入 生产工时/小时	分配计入 分配率/（元/小时）	分配计入 分配金额/元	费用合计/元
10月	直接人工-工资	M329手机	基本生产成本	生产部-工人	—				
10月	直接人工-工资	K668手机	基本生产成本	生产部-工人	—				
10月	制造费用-工资	—	应付职工薪酬	生产部-管理人员					
10月	管理费用-工资	—	应付职工薪酬	采购部					
10月	管理费用-工资	—	应付职工薪酬	行政部					
10月	管理费用-工资	—	应付职工薪酬	技术部					
10月	管理费用-工资	—	应付职工薪酬	财务部					
10月	销售费用-工资	—	应付职工薪酬	销售部					
合计									

（2）2023年10月30日，计提本月社保和住房公积金。填写各个部门的社保计算表（见表4-3和表4-4）、社保分配表（见表4-5）、公积金计算表（见表4-6）和公积金分配表（见表4-7）。

表 4-3　　　　　　　　　　社保计算表1　　　　　　　　　　单位：元

月份	部门	姓名	缴纳社保合计	个人缴纳部分	单位缴纳部分
10月	行政部	李昭			
10月	行政部	王燕			
10月	财务部	王宏			
10月	财务部	李心怡			
10月	采购部	张世然			
10月	技术部	李东升			
10月	技术部	何平			
10月	生产部-管理人员	代佳禄			
10月	生产部-管理人员	赵平			
10月	生产部-工人	李和			
10月	生产部-工人	蒋代运			
10月	生产部-工人	刘可然			
10月	生产部-工人	马中立			
10月	生产部-工人	马二龙			
10月	生产部-工人	代于中			
10月	销售部	罗光荣			
10月	销售部	孙福贵			
10月	销售部	赵大勇			
10月	销售部	叶子才			
10月	销售部	胡甜			
合计					

表 4-4　　　　　　　　　　　　　　　　　　社保计算表 2　　　　　　　　　　　　　　　　　　单位：元

养老保险缴费基数	养老保险单位比例	养老保险个人比例	个人交养老保险	单位交养老保险	医疗保险单位比例	医疗保险个人比例	个人交医疗保险	单位交医疗保险	工伤保险单位比例	单位交工伤保险	失业保险单位比例	失业保险个人比例	个人交失业保险	单位交失业保险	生育保险单位比例	单位交生育保险	大病补充保险单位比例	单位交大病补充保险
6 000.00	19%	8%			6.5%	2%			0.5%		0.6%	0.4%			0.6%		1%	
3 500.00	19%	8%			6.5%	2%			0.5%		0.6%	0.4%			0.6%		1%	
8 000.00	19%	8%			6.5%	2%			0.5%		0.6%	0.4%			0.6%		1%	
3 500.00	19%	8%			6.5%	2%			0.5%		0.6%	0.4%			0.6%		1%	
5 000.00	19%	8%			6.5%	2%			0.5%		0.6%	0.4%			0.6%		1%	
10 000.00	19%	8%			6.5%	2%			0.5%		0.6%	0.4%			0.6%		1%	
5 000.00	19%	8%			6.5%	2%			0.5%		0.6%	0.4%			0.6%		1%	
8 000.00	19%	8%			6.5%	2%			0.5%		0.6%	0.4%			0.6%		1%	
4 000.00	19%	8%			6.5%	2%			0.5%		0.6%	0.4%			0.6%		1%	
4 000.00	19%	8%			6.5%	2%			0.5%		0.6%	0.4%			0.6%		1%	
3 500.00	19%	8%			6.5%	2%			0.5%		0.6%	0.4%			0.6%		1%	
3 500.00	19%	8%			6.5%	2%			0.5%		0.6%	0.4%			0.6%		1%	
3 000.00	19%	8%			6.5%	2%			0.5%		0.6%	0.4%			0.6%		1%	
10 000.00	19%	8%			6.5%	2%			0.5%		0.6%	0.4%			0.6%		1%	
6 000.00	19%	8%			6.5%	2%			0.5%		0.6%	0.4%			0.6%		1%	
4 000.00	19%	8%			6.5%	2%			0.5%		0.6%	0.4%			0.6%		1%	
4 000.00	19%	8%			6.5%	2%			0.5%		0.6%	0.4%			0.6%		1%	
3 500.00	19%	8%			6.5%	2%			0.5%		0.6%	0.4%			0.6%		1%	

注：实务中应将表 4-3 和表 4-4 合并为一张表。

表 4-5　　　　　　　　　　　　　　　　　　社保分配表

月份	成本或费用项目	产品名称	科目	部门	直接计入/元	分配计入			费用合计/元
						生产工时/小时	分配率/（元/小时）	分配金额/元	
10 月	直接人工-社保	M329 手机	基本生产成本	生产部-工人	—				
10 月	直接人工-社保	K668 手机	基本生产成本	生产部-工人	—				
10 月	制造费用-社保	—	应付职工薪酬	生产部-管理人员					
10 月	管理费用-社保	—	应付职工薪酬	采购部					
10 月	管理费用-社保	—	应付职工薪酬	行政部					
10 月	管理费用-社保	—	应付职工薪酬	技术部					
10 月	管理费用-社保	—	应付职工薪酬	财务部					
10 月	销售费用-社保	—	应付职工薪酬	销售部					
合计									

表 4-6　　　　　　　　　　　　　　公积金计算表　　　　　　　　　　　　　　单位：元

缴存月份	部门	姓名	缴存基数	单位缴存比例	单位缴纳公积金额	个人缴存比例	个人缴纳公积金额	公积金总额
10 月	行政部	李昭	6 000.00	8.00%		8.00%		
10 月	行政部	王燕	3 500.00	8.00%		8.00%		
10 月	财务部	王宏	8 000.00	8.00%		8.00%		
10 月	财务部	李心怡	3 500.00	8.00%		8.00%		
10 月	采购部	张世然	5 000.00	8.00%		8.00%		
10 月	技术部	李东升	10 000.00	8.00%		8.00%		
10 月	技术部	何平	5 000.00	8.00%		8.00%		
10 月	生产部-管理人员	代佳禄	8 000.00	8.00%		8.00%		
10 月	生产部-管理人员	赵平	4 000.00	8.00%		8.00%		
10 月	生产部-工人	李和	4 000.00	8.00%		8.00%		
10 月	生产部-工人	蒋代运	4 000.00	8.00%		8.00%		
10 月	生产部-工人	刘可然	4 000.00	8.00%		8.00%		
10 月	生产部-工人	马中立	3 500.00	8.00%		8.00%		
10 月	生产部-工人	马二龙	3 500.00	8.00%		8.00%		
10 月	生产部-工人	代于中	3 000.00	8.00%		8.00%		
10 月	销售部	罗光荣	10 000.00	8.00%		8.00%		
10 月	销售部	孙福贵	6 000.00	8.00%		8.00%		
10 月	销售部	赵大勇	4 000.00	8.00%		8.00%		
10 月	销售部	叶子才	4 000.00	8.00%		8.00%		
10 月	销售部	胡甜	3 500.00	8.00%		8.00%		
合计				—		—		

表 4-7　　　　　　　　　　　　　　公积金分配表

| 月份 | 成本或费用项目 | 产品名称 | 科目 | 部门 | 直接计入/元 | 分配计入 | | | 费用合计/元 |
						生产工时/小时	分配率/（元/小时）	分配金额/元	
10 月	直接人工-公积金	M329 手机	基本生产成本	生产部-工人	—				
10 月	直接人工-公积金	K668 手机	基本生产成本	生产部-工人	—				
10 月	制造费用-公积金	—	应付职工薪酬	生产部-管理人员					
10 月	管理费用-公积金	—	应付职工薪酬	采购部					
10 月	管理费用-公积金	—	应付职工薪酬	行政部					
10 月	管理费用-公积金	—	应付职工薪酬	技术部					
10 月	管理费用-公积金	—	应付职工薪酬	财务部					
10 月	销售费用-公积金	—	应付职工薪酬	销售部					
合计									

（3）为庆祝公司第一批产品顺利出厂，公司董事会决定给员工发放 M329 手机。每部手机价值 1 580 元，预计发放 20 部，其中销售部员工 5 部，采购部员工 1 部，技术部员工 2 部，生产部管理人员 2 部，生产部工人 6 部，财务部和行政部员工各 2 部，预计发放的情况如表 4-8 所示。根据公司生产成本核算制度，投入人工按工时比例法进行分配，生产部工人的福利费需要按生产

工时分配到具体的产品上，M329 手机 10 月的生产工时为 359 小时，K668 手机 10 月的生产工时为 289 小时。填写各个部门的福利费分配表（见表 4-9）。

表 4-8　　　　　　　　　　　　　　　手机预计发放情况

部门	手机数量/部	含税单价/（元/部）	金额/元
销售部	5	1 580	7 900
采购部	1	1 580	1 580
技术部	2	1 580	3 160
生产部-管理人员	2	1 580	3 160
生产部-工人	6	1 580	9 480
行政部	2	1 580	3 160
财务部	2	1 580	3 160
合计	20		31 600

表 4-9　　　　　　　　　　　　　　　福利费分配表

月份	成本或费用项目	产品名称	科目	部门	直接计入/元	分配计入			费用合计/元
						生产工时/小时	分配率/（元/小时）	分配金额/元	
10 月	直接人工-福利费	M329 手机	基本生产成本	生产部-工人	—				
10 月	直接人工-福利费	K668 手机	基本生产成本	生产部-工人	—				
10 月	制造费用-福利费	—	应付职工薪酬	生产部-管理人员					
10 月	管理费用-福利费	—	应付职工薪酬	采购部					
10 月	管理费用-福利费	—	应付职工薪酬	行政部					
10 月	管理费用-福利费	—	应付职工薪酬	技术部					
10 月	管理费用-福利费	—	应付职工薪酬	财务部					
10 月	销售费用-福利费	—	应付职工薪酬	销售部					
合计									

（4）2023 年 11 月 2 日，社保中心从工行高新支行账户扣款，社保缴费凭据如图 4-2 所示。

图 4-2　社保缴费凭据

（5）2023 年 11 月 2 日，发放上月福利品 20 部 M329 手机，确认收入，其他出库单如图 4-3 至图 4-9 所示。

其他出库单

客户：四川诚远股份有限公司 日期：2023年11月02日

领料部门：销售部 编号：CYQTCKD2311001

产品名称	规格型号	发货仓库	单位	数量	备注
手机	M329	成品仓	部	5	
合计				5	

审核：赵平 发货：代佳禄 领料：罗光荣 制单：代佳禄

图 4-3 销售部领取福利品

其他出库单

客户：四川诚远股份有限公司 日期：2023年11月02日

领料部门：采购部 编号：CYQTCKD2311002

产品名称	规格型号	发货仓库	单位	数量	备注
手机	M329	成品仓	部	1	
合计				1	

审核：赵平 发货：代佳禄 领料：张世然 制单：代佳禄

图 4-4 采购部领取福利品

其他出库单

客户：四川诚远股份有限公司 日期：2023年11月02日

领料部门：技术部 编号：CYQTCKD2311003

产品名称	规格型号	发货仓库	单位	数量	备注
手机	M329	成品仓	部	2	
合计				2	

审核：赵平 发货：代佳禄 领料：李东升 制单：代佳禄

图 4-5 技术部领取福利品

其他出库单

客户：四川诚远股份有限公司　　　　　　　　　　　　日期：2023年11月02日

领料部门：生产部-管理人员　　　　　　　　　　　　编号：CYQTCKD2311004

产品名称	规格型号	发货仓库	单位	数量	备注
手机	M329	成品仓	部	2	
合计				2	

审核：赵平　　　　发货：代佳禄　　　　领料：代佳禄　　　　制单：代佳禄

图4-6　生产部管理人员领取福利品

其他出库单

客户：四川诚远股份有限公司　　　　　　　　　　　　日期：2023年11月02日

领料部门：生产部-工人　　　　　　　　　　　　　　编号：CYQTCKD2311005

产品名称	规格型号	发货仓库	单位	数量	备注
手机	M329	成品仓	部	6	
合计				6	

审核：赵平　　　　发货：代佳禄　　　　领料：李和　　　　制单：代佳禄

图4-7　生产部工人领取福利品

其他出库单

客户：四川诚远股份有限公司　　　　　　　　　　　　日期：2023年11月02日

领料部门：财务部　　　　　　　　　　　　　　　　编号：CYQTCKD2311006

产品名称	规格型号	发货仓库	单位	数量	备注
手机	M329	成品仓	部	2	
合计				2	

审核：赵平　　　　发货：代佳禄　　　　领料：王宏　　　　制单：代佳禄

图4-8　财务部领取福利品

<u>其他出库单</u>

客户：四川诚远股份有限公司   日期：2023年11月02日

领料部门：行政部   编号：CYQTCKD2311007

产品名称	规格型号	发货仓库	单位	数量	备注
手机	M329	成品仓	部	2	
合计				2	

审核：赵平   发货：代佳禄   领料：李昭   制单：代佳禄

图 4-9　行政部领取福利品

（6）2023 年 11 月 5 日，从工行高新支行账户转账发放 10 月工资，银行回单如图 4-10 所示。四川诚远股份有限公司代扣代缴员工工资个人所得税（假定员工本年标准工资不变，据此计算累计应纳税所得额）。填写 11 月个人所得税计算明细表（见表 4-10）、职工工资结算表（见表 4-11）。

ICBC 中国工商银行

中国工商银行客户回单

凭证号码：1   2023 年 11 月 5 日

付款人	开户银行	中国工商银行成都分行高新支行	收款人	开户银行	中国工商银行成都分行高新支行
	名称	四川诚远股份有限公司		名称	中国工商银行成都分行高新支行
	账号	9558921654325897		账号	

发报行行号		汇出行行号		收报行行号		汇入行行号	
委托日期	20231105	入账日期	20231105	业务种类	无	业务序号	3
金额（大写）	人民币：捌万叁仟壹佰叁拾陆元柒角贰分			金额（小写）	¥83136.72		
用途摘要	工资发放			报文种类	无		

备注：摘要：工行高新支行转账发放工资
附言：无
时间戳：2023-11-05

中国工商银行
电子回单专用章
ebank
银行盖章

经办柜员：史芬璇   复核柜员：孟梦晨   打印柜员：徐甜恬

补打次数：0   状态：

流水号：94867194816

图 4-10　发放工资银行回单

表 4-10　个人所得税计算明细表　单位：元

| 工资发放月份 | 部门 | 姓名 | 收入额计算 | | 专项扣除 | | | 累计收入额 | 累计减除费用 | 累计专项扣除 | 累计应纳税所得额 | 累计应纳税额 | 累计已缴税款 | 本期申报税额 |
			应发工资	职工福利	养老保险	医疗保险	住房公积金							
11 月	行政部	李昭	6 000.00	1 580.00									0	
11 月	行政部	王燕	3 500.00	1 580.00									0	
11 月	财务部	王宏	8 000.00	1 580.00									412.56	
11 月	财务部	李心怡	3 500.00	1 580.00									0	
11 月	采购部	张世然	5 000.00	1 580.00									0	
11 月	技术部	李东升	10 000.00	1 580.00									853.20	
11 月	技术部	何平	5 000.00	1 580.00									0	
11 月	生产部	代佳禄	8 000.00	1 580.00									412.56	
11 月	生产部	赵平	4 000.00	1 580.00									0	
11 月	生产部	李和	4 000.00	1 580.00									0	
11 月	生产部	蒋代运	4 000.00	1 580.00									0	
11 月	生产部	刘可然	4 000.00	1 580.00									0	
11 月	生产部	马中立	3 500.00	1 580.00									0	
11 月	生产部	马二龙	3 500.00	1 580.00									0	
11 月	生产部	代于中	3 000.00	1 580.00									0	
11 月	销售部	罗光荣	10 000.00	1 580.00									853.20	
11 月	销售部	孙福贵	6 000.00	1 580.00									0	
11 月	销售部	赵大勇	4 000.00	1 580.00									0	
11 月	销售部	叶子才	4 000.00	1 580.00									0	
11 月	销售部	胡甜	3 500.00	1 580.00									0	

表 4-11　职工工资结算表　单位：元

| 部门 | 姓名 | 标准工资 | 福利费 | 代扣款 | | | 实发工资 |
				社保	公积金	个人所得税	
行政部	李昭	6 000.00	1 580.00				
行政部	王燕	3 500.00	1 580.00				
财务部	王宏	8 000.00	1 580.00				
财务部	李心怡	3 500.00	1 580.00				
采购部	张世然	5 000.00	1 580.00				
技术部	李东升	10 000.00	1 580.00				
技术部	何平	5 000.00	1 580.00				

部门	姓名	标准工资	福利费	代扣款			实发工资
				社保	公积金	个人所得税	
生产部-管理人员	代佳禄	8 000.00	1 580.00				
生产部-管理人员	赵平	4 000.00	1 580.00				
生产部-工人	李和	4 000.00	1 580.00				
生产部-工人	蒋代运	4 000.00	1 580.00				
生产部-工人	刘可然	4 000.00	1 580.00				
生产部-工人	马中立	3 500.00	1 580.00				
生产部-工人	马二龙	3 500.00	1 580.00				
生产部-工人	代于中	3 000.00	1 580.00				
销售部	罗光荣	10 000.00	1 580.00				
销售部	孙福贵	6 000.00	1 580.00				
销售部	赵大勇	4 000.00	1 580.00				
销售部	叶子才	4 000.00	1 580.00				
销售部	胡甜	3 500.00	1 580.00				
合计		102 500.00	31 600.00				

（7）2023 年 11 月 25 日，住房公积金中心从工行高新支行账户扣款，缴存凭证如图 4-11 所示。

住房公积金缴存凭证

2023 年 11 月 25 日 　　　　　　　附件 20 张

单位名称	四川诚远股份有限公司				汇缴		2023 年				11 月			
公积金账号	182465733				补缴				0 人					
缴存金额（大写）	壹万陆仟肆佰元整				千	百	十	万	千	百	十	元	角	分
							1	6	4	0	0	0	0
上月汇缴		本月增加		本月减少			本月缴存							
人数	金额	人数	金额	人数	金额		人数			金额				
							20			16400.00				

图 4-11　住房公积金缴存凭证

（8）2023 年 12 月 31 日，公司高层想了解在过去一年里公司薪酬管理是否存在问题和风险，要求财务部对 2023 年的薪酬数据进行收集、整理，并完成数字分析，形成分析报告，为公司 2024 年薪酬决策提供科学依据，帮助公司控制薪酬成本，评估薪酬的合理性。

【技能点一】职工工资、奖金、津贴和补贴核算

职工工资、奖金、津贴和补贴的核算是薪酬管理中重要的一部分。工资是按照员工的工作量、工作时间或者薪酬政策规定的标准计算的报酬。奖金是根据员工完成特定任务、实现业绩目标或者企业的利润等情况给予的额外报酬。津贴是为了补偿员工特定费用或提供特殊补贴而支付的额外款项。补贴是为了补偿员工在特定情况下发生的额外费用而支付的款项。

（一）熟悉薪酬政策和规定

熟悉企业的薪酬政策和规定，包括基本工资结构、奖金计算方式以及津贴和补贴的发放标准。

（二）数据收集和准确记录

收集员工的考勤记录、请假和加班信息等相关数据，确保核算的准确性。

（三）计算和核对薪酬项目

根据企业规定和员工的实际情况，准确计算工资、奖金、津贴和补贴等薪酬项目。注意核对计算过程和结果，确保无误。

知识拓展

薪酬政策和规定

（四）保密意识和合规性

对薪酬信息具有严格的保密意识，确保数据安全和员工隐私不泄露。同时，遵守劳动法、税法和社会保险相关法规，确保薪酬核算符合法律法规要求。

【技能点二】职工福利费核算

职工福利费核算是企业薪酬管理中的重要环节，它涉及对员工享受的各项福利和相应费用的计算、管理和报告。职工福利费核算的目的是确保员工福利的合理提供和费用的准确核算，同时确保遵守法律法规和内部规定。

职工福利费一般指的是企业为员工提供的其他福利项目和费用，例如员工培训、节日福利、员工活动等，通常还包括职工医药费、职工生活困难补助、职工及其供养直系亲属的死亡待遇、集体福利的补贴、其他福利待遇。这些福利项目和费用通常由企业自主决定，并不是法定的义务，不包括"五险一金"。

（一）了解福利项目

了解各种常见的福利项目，如餐补、健康保险补充计划、假日福利、节日福利、员工活动、员工培训和发展等。

（二）掌握福利费用计算方法

掌握不同福利项目的费用计算方法，包括按比例计算、按固定金额计算或按照员工工资的一定比例计算等。了解各种计算方法的应用场景和计算公式。

知识拓展

职工福利费划分
注意事项

（三）了解合规性要求

了解职工福利费核算的合规性要求，遵守相关法规和政策，以确保职工福利费的合法性和透明度。

【技能点三】社会保险费和住房公积金核算

社会保险费和住房公积金是企业依法应缴纳的法定费用，旨在保障员工的社会保险权益和提供住房保障。社会保险费是企业按照法律规定和相关政策为员工缴纳的费用，旨在保障员工在养老、医疗、失业、工伤和生育等方面的权益。住房公积金是由企业和员工共同缴纳的资金。住房公积金制度是为了帮助员工积累购房资金，提供住房保障而设立的制度。

（一）熟悉相关法律法规和政策

熟悉国家和地区相关的社会保险费和住房公积金的法律法规和政策规定，包括缴费比例、计算基数、缴费期限等。

（二）计算员工应缴纳的社会保险费和住房公积金

根据员工的工资基数和适用的缴费比例，准确计算员工应缴纳的社会保险费和住房公积金金额。

（三）计提和支付企业应缴纳的社会保险费和住房公积金

根据员工的应缴纳金额和相关比例，计算出企业应缴纳的社会保险费和住房公积金，并及时准确地计提和支付给相关机构。

（四）按时缴纳社会保险费和住房公积金

根据规定的时间要求，按时缴纳社会保险费和住房公积金，确保在法定期限内完成缴费义务。

（五）跟踪变化和调整

密切关注社会保险费和住房公积金政策的变化，及时调整计算和缴纳方式，确保符合最新的法律法规和政策要求。

（六）协调与沟通

与员工、人力资源部门和相关机构保持良好的沟通与协调，解答员工的问题，处理纠纷，确保顺利进行社会保险费和住房公积金的核算、缴纳工作。

【技能点四】个人所得税计算

个人所得税是一种针对个人所得征税的税种。个人所得税根据个人所得的多少，按照不同的税率进行计算和缴纳。个人所得税是国家财政收入的重要来源之一，用于支持公共事业建设和社会福利。

个人所得税的征收对象通常包括个人从各种来源获取的收入，如工资薪金、劳务报酬、经营所得、财产租赁所得、利息、股息、特许权使用费等。

个人所得税可以按照预扣预缴和年度汇算清缴两种方式进行征收。

（一）工资薪金所得个税计算公式

扣缴义务人向居民个人支付工资、薪金所得时，应当按照累计预扣法计算预扣税款，并按月办理扣缴申报。具体计算公式如下。

本期应预扣预缴税额=（累计预扣预缴应纳税所得额×预扣率-速算扣除数）-累计减免税额-累计已预扣预缴税额

累计预扣预缴应纳税所得额=累计收入-累计免税收入-累计减除费用-累计专项扣除-累计专项附加扣除-累计依法确定的其他扣除

注：① 累计减除费用，按照 5 000 元/月乘以纳税人当年截至本月在本单位的任职受雇月份数计算。

② 专项扣除，包括基本养老保险费、基本医疗保险费、失业保险费、住房公积金等。

③ 专项附加扣除，包括子女教育、继续教育、大病医疗、住房贷款利息或者住房租金、赡养老人、3 岁以下婴幼儿照护等支出。

（二）工资薪金所得适用税率

按照累计预扣法计算预扣税款，适用个人所得税预扣率表一，具体如表 4-12 所示。

表 4-12　　　　个人所得税预扣率表一（居民个人工资、薪金所得预扣预缴适用）

级数	全年应纳税所得额	税率/%	速算扣除数
1	不超过 36 000 元的	3	0
2	超过 36 000 元至 144 000 元的部分	10	2 520
3	超过 144 000 元至 300 000 元的部分	20	16 920
4	超过 300 000 元至 420 000 元的部分	25	31 920
5	超过 420 000 元至 660 000 元的部分	30	52 920
6	超过 660 000 元至 960 000 元的部分	35	85 920
7	超过 960 000 元的部分	45	181 920

【技能点五】整理相关凭据，填制薪酬记账凭证

整理薪酬相关凭据是为了记录和归档与薪酬相关的文件和凭证，以便后续的核对、审计和报告。

（一）工资单和工资支付凭据

收集和整理薪酬发放记录，包括员工姓名、工号、职位、应发工资、实发工资等信息。

（二）社会保险费缴纳凭据

收集和整理与社会保险费缴纳相关的凭据，包括社会保险费缴纳明细、缴费通知单、社会保险费收据等。

（三）住房公积金缴纳凭据

收集和整理与住房公积金缴纳相关的凭据，包括住房公积金缴纳明细、缴费通知单、住房公积金缴纳凭证等。

（四）福利费发放凭据

收集和整理与福利费发放相关的凭据，包括福利费发放记录、福利费收据等。

（五）提成和奖金发放凭据

收集和整理与提成、奖金发放相关的凭据，包括销售业绩、提成比例、提成计算记录、奖金发放记录等。

（六）其他薪酬相关凭据

根据具体情况，整理其他与薪酬相关的凭据，如职工津贴、补贴发放记录，年终奖金发放凭据，职业培训费、加班费、差旅费等的报销凭据等。

（七）在金蝶云星空平台填制薪酬记账凭证

确保摘要清晰准确、科目编码正确、核算维度准确、借贷方向正确、金额和相关辅助信息准确。

【操作指导】

（一）业务信息整理

（1）根据职工薪酬费用-工资分配表（见表 4-2）、社保分配表（见表 4-5）、公积金分配表（见表 4-7）和福利费分配表（见表 4-9）进行工资、社保、公积金和福利费分配，得出分配结果后填

制记账凭证，计提 10 月工资、社保、公积金和福利费。分配结果如图 4-12 至图 4-15 所示，相应科目和金额等信息如表 4-13 至表 4-16 所示。

月份	成本或费用项目	产品名称	科目	部门	直接计入	分配计入			费用合计
						生产工时	分配率	分配金额	
10月	直接人工-工资	M329手机	基本生产成本	生产部-工人	—	359	33.95062	12188.27	12188.27
10月	直接人工-工资	K668手机	基本生产成本	生产部-工人	—	289	33.95062	9811.73	9811.73
10月	制造费用-工资	—	应付职工薪酬	生产部-管理人员	12000				12000
10月	管理费用-工资	—	应付职工薪酬	采购部	5000				5000
10月	管理费用-工资	—	应付职工薪酬	行政部	9500				9500
10月	管理费用-工资	—	应付职工薪酬	技术部	15000				15000
10月	管理费用-工资	—	应付职工薪酬	财务部	11500				11500
10月	销售费用-工资	—	应付职工薪酬	销售部	27500				27500
				合计					102500.00

图 4-12　职工薪酬费用–工资分配结果

月份	成本或费用项目	产品名称	科目	部门	直接计入	分配计入			费用合计
						生产工时	分配率	分配金额	
10月	直接人工-社保	M329手机	基本生产成本	生产部-工人	—	359	9.574074	3437.09	3437.09
10月	直接人工-社保	K668手机	基本生产成本	生产部-工人	—	289	9.574074	2766.91	2766.91
10月	制造费用-社保	—	应付职工薪酬	生产部-管理人员	3384				3384
10月	管理费用-社保	—	应付职工薪酬	采购部	1410				1410
10月	管理费用-社保	—	应付职工薪酬	行政部	2679				2679
10月	管理费用-社保	—	应付职工薪酬	技术部	4230				4230
10月	管理费用-社保	—	应付职工薪酬	财务部	3243				3243
10月	销售费用-社保	—	应付职工薪酬	销售部	7755				7755
				合计					28905.00

图 4-13　职工薪酬费用–社保分配结果

月份	成本或费用项目	产品名称	科目	部门	直接计入	分配计入			费用合计
						生产工时	分配率	分配金额	
10月	直接人工-公积金	M329手机	基本生产成本	生产部-工人	—	359	2.716049	975.06	975.06
10月	直接人工-公积金	K668手机	基本生产成本	生产部-工人	—	289	2.716049	784.94	784.94
10月	制费用-公积金	—	应付职工薪酬	生产部-管理人员	960				960
10月	管理费用-公积金	—	应付职工薪酬	采购部	400				400
10月	管理费用-公积金	—	应付职工薪酬	行政部	760				760
10月	管理费用-公积金	—	应付职工薪酬	技术部	1200				1200
10月	管理费用-公积金	—	应付职工薪酬	财务部	920				920
10月	销售费用-公积金	—	应付职工薪酬	销售部	2200				2200
				合计					3200.00

图 4-14　职工薪酬费用–公积金分配结果

月份	成本或费用项目	产品名称	科目	部门	直接计入	分配计入			费用合计
						生产工时	分配率	分配金额	
10月	直接人工-福利费	M329手机	基本生产成本	生产部-工人	—	359	14.62963	5252.04	5252.04
10月	直接人工-福利费	K668手机	基本生产成本	生产部-工人	—	289	14.62963	4227.96	4227.96
10月	制造费用-福利费	—	应付职工薪酬	生产部-管理人员	3160				3160
10月	管理费用-福利费	—	应付职工薪酬	采购部	1580				1580
10月	管理费用-福利费	—	应付职工薪酬	行政部	3160				3160
10月	管理费用-福利费	—	应付职工薪酬	技术部	3160				3160
10月	管理费用-福利费	—	应付职工薪酬	财务部	3160				3160
10月	销售费用-福利费	—	应付职工薪酬	销售部	7900				7900
				合计					31600.00

图 4-15　职工薪酬费用–福利费分配结果

表 4-13　　　　　　　　　　　　　计提工资凭证信息　　　　　　　　　　　　　单位：元

科目全名	核算维度	借方金额	贷方金额
销售费用	销售部/工资	27 500.00	
管理费用	采购部/工资	5 000.00	
制造费用	工资	12 000.00	
管理费用	行政部/工资	9 500.00	
管理费用	技术部/工资	15 000.00	

续表

科目全名	核算维度	借方金额	贷方金额
管理费用	财务部/工资	11 500.00	
生产成本_基本生产成本	直接人工/M329 手机/工资	12 188.27	
生产成本_基本生产成本	直接人工/K668 手机/工资	9 811.73	
应付职工薪酬	工资		102 500.00

表 4-14　　　　计提社保凭证信息　　　　单位：元

科目全名	核算维度	借方金额	贷方金额
销售费用	销售部/社保	7 755.00	
管理费用	采购部/社保	1 410.00	
制造费用	社保	3 384.00	
管理费用	行政部/社保	2 679.00	
管理费用	技术部/社保	4 230.00	
管理费用	财务部/社保	3 243.00	
生产成本_基本生产成本	直接人工/M329 手机/社保	3 437.09	
生产成本_基本生产成本	直接人工/K668 手机/社保	2 766.91	
应付职工薪酬	社保		28 905.00

表 4-15　　　　计提公积金凭证信息　　　　单位：元

科目全名	核算维度	借方金额	贷方金额
销售费用	销售部/公积金	2 200.00	
管理费用	采购部/公积金	400.00	
制造费用	公积金	960.00	
管理费用	行政部/公积金	760.00	
管理费用	技术部/公积金	1 200.00	
管理费用	财务部/公积金	920.00	
生产成本_基本生产成本	直接人工/M329 手机/公积金	975.06	
生产成本_基本生产成本	直接人工/K668 手机/公积金	784.94	
应付职工薪酬	公积金		8 200.00

表 4-16　　　　计提福利费凭证信息　　　　单位：元

科目全名	核算维度	借方金额	贷方金额
销售费用	销售部/福利费	7 900.00	
管理费用	采购部/福利费	1 580.00	
制造费用	福利费	3 160.00	
管理费用	行政部/福利费	3 160.00	
管理费用	技术部/福利费	3 160.00	
管理费用	财务部/福利费	3 160.00	

续表

科目全名	核算维度	借方金额	贷方金额
生产成本_基本生产成本	直接人工/M329 手机/福利费	5 252.04	
生产成本_基本生产成本	直接人工/K668 手机/福利费	4 227.96	
应付职工薪酬	福利费		31 600.00

（2）根据 2023 年 11 月 2 日的社保缴费凭据（见图 4-2）填制记账凭证，相应科目和金额等信息整理如表 4-17 所示。

表 4-17　　　　　　　　　　　　缴纳社保凭证信息　　　　　　　　　　　　单位：元

科目全名	核算维度	借方金额	贷方金额
应付职工薪酬	社保	28 905.00	
其他应付款_员工个人承担社保部分		10 660.00	
银行存款	中国工商银行成都分行高新支行		39 565.00

（3）根据 2023 年 11 月 2 日发放上月福利品共 20 部 M329 手机的其他出库单（见图 4-3 至图 4-9）填制记账凭证，相应科目和金额等信息整理如表 4-18 所示。

表 4-18　　　　　　　　　　确认发放福利品视同销售凭证信息　　　　　　　　　　单位：元

科目全名	核算维度	借方金额	贷方金额
应付职工薪酬	福利费	31 600.00	
主营业务收入	M329 手机		27 964.60
应交税费_应交增值税_销项税额			3 635.40

（4）根据职工工资结算表（见表 4-11），进行个人所得税计算，得出实发工资后进行工资发放，然后填制记账凭证。个人所得税计算结果如图 4-16 所示，职工工资结算结果如图 4-17 所示，相应科目和金额等信息如表 4-19 所示。（注：为演示个人所得税计算过程，此处假设员工工资从 2023 年 1 月开始发放）。

序号	工资发放月份	部门	姓名	收入额计算		专项扣除				累计收入额	累计减除费用	累计专项扣除	累计应纳税所得额	累计应纳税额	累计已缴税款	本期申报税额
				应发工资	职工福利	养老保险	医疗保险	失业保险	住房公积金							
1	11月	行政部	李昭	6000.00	1580.00	480	120	24	480	61580	50000	11040	540	16.2	0	16.2
2	11月	行政部	王燕	3500.00	1580.00	280	70	14	280	36580	50000	6440	-19860	0	0	0
3	11月	财务部	王宏	8000.00	1580.00	640	160	32	640	81580	50000	14720	16860	505.8	412.56	93.24
4	11月	财务部	李心怡	3500.00	1580.00	280	70	14	280	36580	50000	6440	-19860	0	0	0
5	11月	采购部	张后然	4000.00	1580.00	400	100	20	400	51580	50000	9200	-7620	0	0	0
6	11月	技术部	李东丹	10000.00	1580.00	800	200	40	800	101580	50000	18400	33180	995.4	853.2	142.2
7	11月	技术部	何平	5000.00	1580.00	400	100	20	400	51580	50000	9200	-7620	0	0	0
8	11月	生产部-管理人员	代佳禄	8000.00	1580.00	640	160	32	640	81580	50000	14720	16860	505.8	412.56	93.24
9	11月	生产部-管理人员	赵平	4000.00	1580.00	320	80	16	320	41580	50000	7360	-15780	0	0	0
10	11月	生产部-工人	李和	4000.00	1580.00	320	80	16	320	41580	50000	7360	-15780	0	0	0
11	11月	生产部-工人	蒋代运	4000.00	1580.00	320	80	16	320	41580	50000	7360	-15780	0	0	0
12	11月	生产部-工人	刘可然	4000.00	1580.00	320	80	16	320	41580	50000	7360	-15780	0	0	0
13	11月	生产部-工人	马中立	3500.00	1580.00	280	70	14	280	36580	50000	6440	-19860	0	0	0
14	11月	生产部-工人	马二龙	3500.00	1580.00	280	70	14	280	36580	50000	6440	-19860	0	0	0
15	11月	生产部-工人	代子中	3000.00	1580.00	240	60	12	240	31580	50000	5520	-23940	0	0	0
16	11月	销售部	罗先荣	10000.00	1580.00	800	200	40	800	101580	50000	18400	33180	995.4	853.2	142.2
17	11月	销售部	孙福贵	6000.00	1580.00	480	120	24	480	61580	50000	11040	540	16.2	0	16.2
18	11月	销售部	赵大勇	4000.00	1580.00	320	80	16	320	41580	50000	7360	-15780	0	0	0
19	11月	销售部	叶了才	4000.00	1580.00	320	80	16	320	41580	50000	7360	-15780	0	0	0
20	11月	销售部	胡甜	3500.00	1580.00	280	70	14	280	36580	50000	6440	-19860	0	0	0

图 4-16　个人所得税计算结果

部门	姓名	标准工资	福利费	代扣款			实发工资
				社保	公积金	个人所得税	
行政部	李昭	6000	1580	624	480	16.2	4,879.80
行政部	王燕	3500	1580	364	280	0	2856
财务部	王宏	8000	1580	832	640	93.24	6434.76
财务部	李心怡	3500	1580	364	280	0	2856
采购部	张世然	5000	1580	520	400	0	4080
技术部	李东升	10000	1580	1040	800	142.2	8017.8
技术部	何平	5000	1580	520	400	0	4080
生产部-管理人员	代佳禄	8000	1580	832	640	93.24	6434.76
生产部-管理人员	赵平	4000	1580	416	320	0	3264
生产部-工人	李和	4000	1580	416	320	0	3264
生产部-工人	蒋代运	4000	1580	416	320	0	3264
生产部-工人	刘可然	4000	1580	416	320	0	3264
生产部-工人	马中立	3500	1580	364	280	0	2856
生产部-工人	马二龙	3500	1580	364	280	0	2856
生产部-工人	代于中	3000	1580	312	240	0	2448
销售部	罗光荣	10000	1580	1040	800	142.2	8017.8
销售部	孙福贵	6000	1580	624	480	16.2	4879.8
销售部	赵大勇	4000	1580	416	320	0	3264
销售部	叶子才	4000	1580	416	320	0	3264
销售部	胡甜	3500	1580	364	280	0	2856
公司合计		102500	31600	10660	8200	503.28	83136.72

图 4-17　职工工资结算结果

表 4-19　　　　　　　　　　　　发放工资凭证信息　　　　　　　　　　　　单位：元

科目全名	核算维度	借方金额	贷方金额
应付职工薪酬	工资	102 500.00	
其他应付款_员工个人承担社保部分			10 660.00
其他应付款_员工个人承担公积金部分			8 200.00
应交税费_应交个人所得税			503.28
银行存款	中国工商银行成都分行高新支行		83 136.72

（5）根据 2023 年 11 月 25 日的住房公积金缴存凭证（见图 4-11）填制记账凭证，相应科目和金额等信息整理如表 4-20 所示。

表 4-20　　　　　　　　　　　缴纳住房公积金凭证信息　　　　　　　　　　单位：元

科目全名	核算维度	借方金额	贷方金额
应付职工薪酬	公积金	8 200.00	
其他应付款_员工个人承担公积金部分		8 200.00	
银行存款	中国工商银行成都分行高新支行		16 400.00

（二）操作步骤

（1）以会计身份登录金蝶云星空平台，执行【财务会计】—【总账】—【凭证管理】—【凭证录入】命令，进入【凭证-修改】页面。

（2）修改凭证的日期为"2023-10-30"，凭证字为"记字"。在第一行填写摘要为"计提 10 月工资"，设置科目编码为"6601"、科目全名为"销售费用"，设置核算维度为"销售部和工资"，设置借方金额为"¥27 500.00"。在第二行填写摘要为"计提 10 月工资"，设置科目编码为"6602"、科目全名为"管理费用"，设置核算维度为"采购部和工资"，设置借方金额为"¥5 000"。按照同样的方式填制计提 10 月工资的完整凭证。依次单击【保存】【提交】【审核】按钮，得到的凭证如图 4-18 所示。

图 4-18　计提工资凭证参考

（3）参照以上操作填制计提社保和公积金的记账凭证，审核完成后如图 4-19 和图 4-20 所示。

图 4-19　计提社保凭证参考

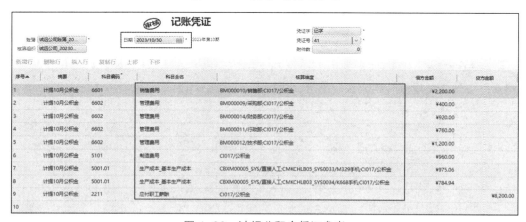

图 4-20　计提公积金凭证参考

（4）参照以上操作填制 10 月计提福利费和 11 月发放福利费的记账凭证，审核完成后如图 4-21 和图 4-22 所示。

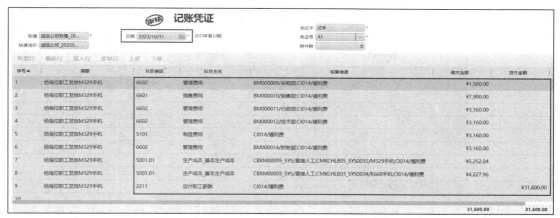

图 4-21 计提福利费凭证参考

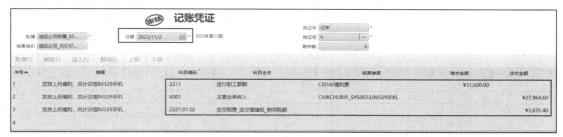

图 4-22 发放福利费凭证参考

（5）参照以上操作填制发放 10 月工资、缴纳社保和公积金的记账凭证，填制完成后如图 4-23、图 4-24 以及图 4-25 所示。

图 4-23 发放工资凭证参考

图 4-24 缴纳社保凭证参考

图 4-25　缴纳公积金凭证参考

【技能点六】薪酬业务数字化分析

薪酬业务数字化分析是指利用数字化工具和技术对薪酬数据进行收集、整理、分析和解读，以获取有关薪酬管理和效果的洞察和见解。数字化分析为企业薪酬决策提供了科学依据，有助于企业更加有效地管理和优化薪酬体系，促进员工满意度的提升，以支持企业的战略实施。

思考

对薪酬业务进行数字化分析需要构建哪些分析指标？

（一）指标构建

1. 薪酬业务总体分析

（1）薪资总额与人均薪资。分析薪资总额与人均薪资，即了解企业薪酬方面的开支情况，有助于制定薪酬政策和福利计划，确保员工满意度和忠诚度，从而评估企业成本效益和市场竞争力，确保薪酬支出与业绩和利润水平相符。（注：2023 年同类型企业人均月薪资为 4 500 元。）

（2）薪酬总额变化情况。分析薪酬总额变化，可以预测未来企业的人力成本，有助于制定预算和规划人力资源，为制定薪酬政策提供参考。

2. 人力效益分析

（1）薪资成本占比分析。薪资成本占比分析指将薪资支出与总成本进行比较，计算出员工薪酬在总成本中的比例。通过薪资成本占比分析，企业可以了解薪酬成本的结构和趋势，并进行预算规划和控制。在薪资成本占比中，总成本指的是企业的总经营成本或总费用，常见的总成本包括但不限于以下项目：直接成本、间接成本、销售费用、管理和行政费用、财务费用等。

（2）薪资成本占比趋势分析。通过分析薪资成本占比的趋势，企业可以了解员工薪酬对整体财务状况的影响。如果薪资成本占比持续上升，可能表明企业的薪酬支出在增加，需要审视薪酬结构和绩效评估机制，以保持财务健康。分析薪资成本占比趋势，还可以评估企业的经营效率。较高的薪资成本占比可能意味着员工效率不高，或者企业在人力资源管理方面存在问题。通过分析薪资成本占比的趋势，企业可以识别并改进人力资源管理和业务流程，以提高经营效率和竞争力。薪资成本占比的变化对人才招聘和员工留职率有着重要影响。较低的薪资成本占比可能意味着企业在薪酬上对员工不够有吸引力，难以吸引优秀人才。适度的薪资成本占比可能有助于提高员工满意度和忠诚度，增加员工留职率。

（3）人力成本比预警图。绘制人力成本比预警图，可以了解企业人力成本对整体业务收入的贡献。人力成本比预警图有助于企业管理者快速做出反应，当人力成本占比超过设定的阈值时，就会发出预警信号，使企业能够及早采取措施控制成本，避免财务风险。人力成本比的合适程度因行业、地区、企业规模和经济环境等因素而有所差异。一般来说，人力成本比在10%～50%是比较常见的，但具体的合适水平需要根据企业的特定情况进行评估。

（4）人力投入产出比趋势分析。人力投入产出比通常用于衡量一个企业的人力资源投入与产出之间的关系，可以反映企业或项目的运营效率。计算这个指标可以帮助企业或管理者评估人力资源的利用情况及效率水平。人力投入产出比＝产出总值÷人力投入总值，如果人力投入产出比大于1，表示产出大于投入，表明企业或项目的效率较高。如果人力投入产出比小于1，表示投入大于产出，意味着效率较低，可能需要优化人力资源的使用。

3．福利费用分析

（1）福利费用占比分析。福利费用占比指福利费用与总薪酬成本之间的比例。福利费用通常包括社会保险费、公积金、福利费等，合适的福利费用占总薪酬成本的比例因企业的规模、行业、地区以及企业的经营策略而异。通常来说，福利费用占总薪酬成本的比例在15%～30%是一个较为常见的范围。不同行业、企业规模和市场条件可能导致福利费用占比不同。一些高技术行业或竞争激烈的行业可能会在员工福利方面投入更多资源，以吸引和留住优秀的人才。相反，一些低成本行业或新兴行业可能会在福利费用上控制得更严格。

（2）福利费用结构分析。通过分析福利费用结构，企业可以了解各项福利费用在总费用中的占比，从而优化资源分配。如果某些福利费用占比较高，可能意味着在这些方面的资源投入较多，企业可以考虑进行合理调整，以便更好地分配资源，提高效率。

（3）福利费用变化趋势分析。通过对社会保险费、公积金和福利费的变化趋势进行分析，企业可以更好地预测未来的费用开支，并制订相应的预算计划。同时，及时发现费用的增长趋势，有助于企业采取有效的措施来控制成本，避免费用的不合理增长，保持企业财务稳健。

? 思考

在金蝶云星空平台创建这些指标需要用到哪些数据？用什么图形呈现？

（二）撰写分析报告

分析报告的内容可以分为分析目的、分析内容、可能存在的问题和风险、问题和风险产生的原因、改进建议，也可以根据具体情况进行适当的调整和补充。

（1）分析目的：明确分析指标的意义和目的。

（2）分析内容：对每个可视化分析指标进行描述。

（3）可能存在的问题和风险：分析指标呈现的趋势或现象，特别关注可能存在的问题和风险，帮助识别潜在挑战和隐患。

（4）问题和风险产生的原因：深入了解问题和风险的根源，分析导致其产生的原因。

（5）改进建议：根据分析结果，提出具体可行的改进建议，旨在改善现状、解决问题和降低风险。

【操作指导】

（一）数据建模

（1）以会计身份登录金蝶云星空平台，执行【经营分析】—【轻分析】—【分析平台】—【轻分析】命令，进入【轻分析】页面。新建分类为"薪酬数字

操作视频

化分析"，在该分类下新建业务主题，命名为"薪酬数据可视化"。

（2）单击"薪酬数据可视化"业务主题上的【数据建模】图标，进入【数据建模-薪酬数据可视化】页面，依次单击【新建数据表】【业务实体】【下一步】按钮，进入【新建数据表-选择实体】页面。

（3）在【新建数据表-选择实体】页面，在搜索框中输入"凭证"，勾选"总账"下的"凭证"，单击【下一步】按钮，进入【新建数据表-选择字段】页面。

（4）在【新建数据表-选择字段】页面，选中"凭证"，在右侧字段选择区域勾选"凭证编号""借方总金额""贷方总金额""业务日期"；选中"单据体"，在右侧字段选择区域勾选"摘要""科目编码""核算维度""借方金额""贷方金额""科目名称""科目全名""单价""单位""计量单位数量"。设置完成后单击【完成】按钮，如图 4-26 所示。

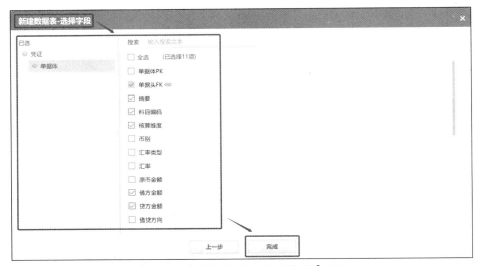

图 4-26 【新建数据表-选择字段】页面

（5）单击【保存】按钮完成数据建模，如图 4-27 所示。

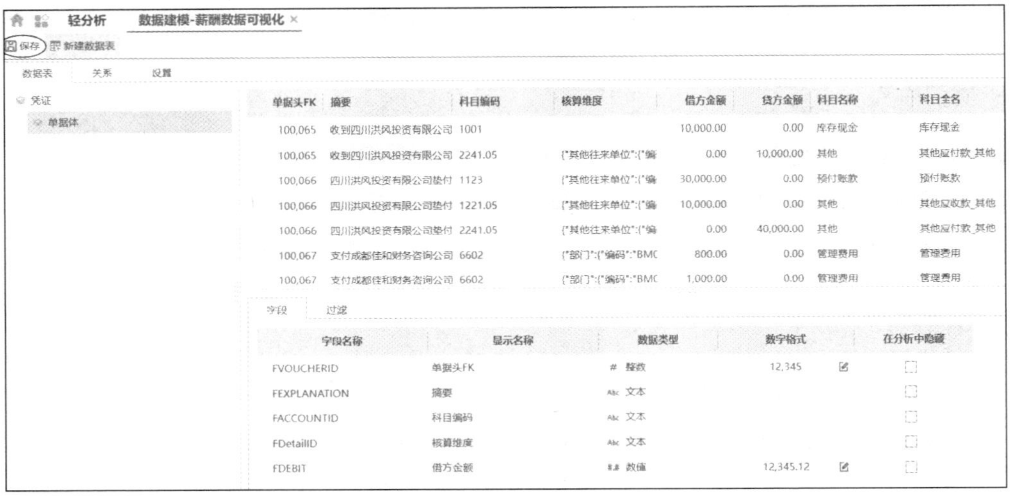

图 4-27 完成数据建模

（二）可视化指标构建

1. 薪资总额与人均薪资

（1）返回【轻分析】页面，选择"薪酬数据可视化"业务主题，单击【数据斗方】图标进入分析页面。选择预览尺寸为"全画面"后，选择图表类型为"业务指标"，将"字段"区域中的"科目全名"字段拖入"筛选器"栏，勾选"应付职工薪酬"，单击【确定】按钮，如图4-28所示。

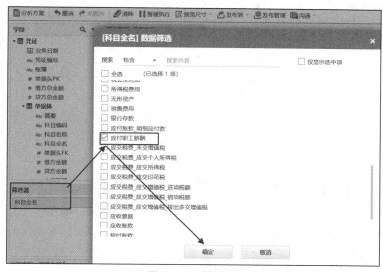

图4-28 筛选器

（2）选中"字段"区域中的"单据体"，单击快速功能按钮，选择"创建计算字段"选项。在【编辑计算字段】窗口中的名称栏输入"人均薪资"，表达式栏输入"sum(if(and([单据体.科目名称]='应付职工薪酬',[核算维度.费用项目.名称]='工资'),[单据体.贷方金额],0))/20/3"，单击【确定】按钮，如图4-29所示。

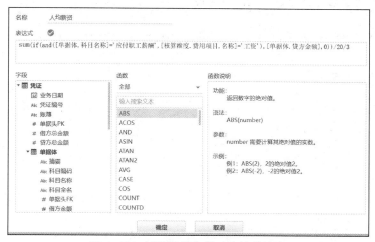

图4-29 创建计算字段（人均薪资）

（3）选择图表类型为"业务指标"，将"字段"区域中的"贷方金额"字段拖入"主指标"栏，将"人均薪资"字段拖入"副指标"栏，如图4-30所示。

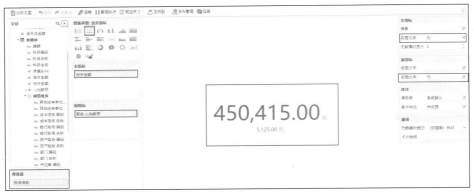

图 4-30　设置薪资总额与人均薪资业务指标

（4）另存方案，设置方案名称为"薪资总额与人均薪资"，单击【确定】按钮，如图 4-31 所示。

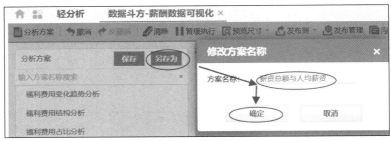

图 4-31　另存方案

2. 薪资总额变化情况

（1）单击【清除】按钮，选择图表类型为"多系列柱形图"。将"字段"区域中的"科目全名"字段拖入"筛选器"栏，勾选"应付职工薪酬"；将"业务日期"字段拖入"横轴"栏，按"年月"筛选；将"贷方金额"字段拖入"纵轴"栏。勾选右侧绘图区下的"数据标签"。

（2）另存方案，设置方案名称为"薪资总额变化情况"，指标设置完成后如图 4-32 所示。

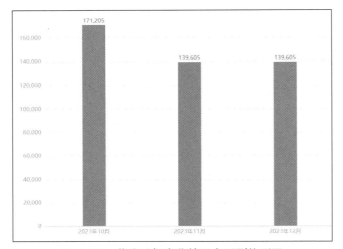

操作视频

图 4-32　薪资总额变化情况多系列柱形图

3. 薪资成本占比分析

（1）单击【清除】按钮，选中"字段"区域中的"单据体"，单击快速功能按钮，选择"创建计算字段"选项。在【编辑计算字段】窗口中的名称栏输入"薪资成本占比分析"，表达式栏输入"sum(if([单据体.科目名称]='应付职工薪酬',[单据体.贷方金额],0))/(sum(if([单据体.科目名称]='基本生产成本',[单据体.贷方金额],0))+sum(if([单据体.科目名称]='销售费用',[单据体.借方金额],0))+sum(if([单据体.科目名称]='管理费用',[单据体.借方金额],0))+sum(if([单据体.科目名称]='财务费用',[单据体.借方金额],0)))"，单击【确定】按钮，如图4-33所示。

操作视频

图4-33　创建计算字段（薪资成本占比分析）

（2）将"字段"区域中的"薪资成本占比分析"字段拖入"主指标"栏，单击主指标的【聚合:薪资成本占比分析】下拉按钮后，设置数字格式的小数位数为"2"，数量单位为"百分之一（%）"，单击【应用】按钮，如图4-34所示。

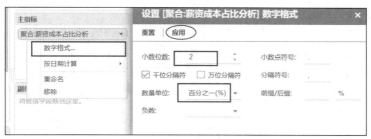

图4-34　设置数字格式

（3）另存方案，设置方案名称为"薪资成本占比分析"，指标设置完成后如图4-35所示。

5.52%

图4-35　薪资成本占比分析业务指标

4．薪资成本占比趋势分析

（1）单击【清除】按钮，选择图表类型为"折线图"。将"业务日期"字段拖入"横轴"栏，设置维度为"年月"；将"薪资成本占比分析"字段拖入"纵轴"栏。设置数字格式的小数位数为"2"，数量单位为"百分之一（％）"，勾选右侧绘图区下的"数据标签"。

操作视频

（2）另存方案，设置方案名称为"薪资成本占比趋势分析"，指标设置完成后如图 4-36 所示。

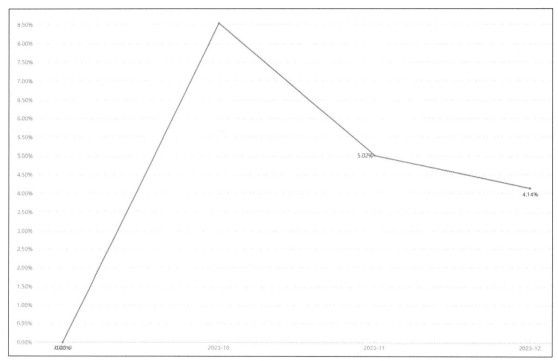

图 4-36　薪资成本占比趋势分析折线图

5．人力成本比预警图

（1）单击【清除】按钮，选择图表类型为"仪表图"。选中"字段"区域中的"单据体"，单击快速功能按钮，选择"创建计算字段"选项。在【编辑计算字段】窗口中的名称栏输入"人力成本比"，表达式栏输入"sum(if([单据体.科目名称]='应付职工薪酬',[单据体.贷方金额],0))/sum(if([单据体.科目名称]='主营业务收入',[单据体.贷方金额],0))"，单击【确定】按钮，然后将"人力成本比"字段拖入"指针值"栏。

（2）单击右侧属性设置区域"表盘"下的【分段】编辑按钮，在【分段】对话框中设置起始刻度值为"0"，结尾刻度值为"1"。单击【添加分刻度】按钮，设置 0～0.1 为蓝色，标签为"偏低"；设置 0.1～0.5 为绿色，标签为"正常"；设置 0.5～1 为红色，标签为"预警"。设置完成后单击【确定】按钮。

（3）设置表盘风格为"圆形线型"，勾选"刻度值"，设置刻度值格式为两位小数，数量单位为"百分之一（％）"。

（4）另存方案，设置方案名称为"人力成本比预警图"，指标设置完成后如图 4-37 所示。

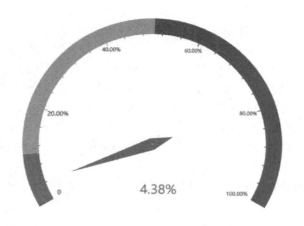

操作视频

图 4-37　人力成本比预警图

6. 人力投入产出比趋势分析

（1）单击【清除】按钮，选择图表类型为"折线图"。选中"字段"区域中的"单据体"，单击快速功能按钮，选择"创建计算字段"选项。在【编辑计算字段】窗口中的名称栏输入"人力投入产出比"，表达式栏输入"sum(if([单据体.科目名称]='主营业务收入',[单据体.贷方金额],0))/sum(if([单据体.科目名称]='应付职工薪酬',[单据体.贷方金额],0))"，单击【确定】按钮。将"人力投入产出比"字段拖入"纵轴"栏，将"业务日期"字段拖入"横轴"栏，选择维度为"年月"，勾选"数据标签"。

（2）另存方案，设置方案名称为"人力投入产出比趋势分析"，指标设置完成后如图 4-38所示。

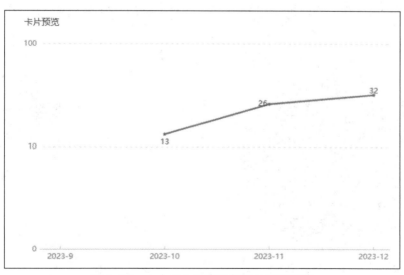

操作视频

图 4-38　人力投入产出比趋势分析折线图

7. 福利费用占比分析

（1）单击【清除】按钮，选择图表类型为"业务指标"。选中"字段"区域中的"单据体"，单击快速功能按钮，选择"创建计算字段"选项。在【编辑计算字段】窗口中的名称栏输入"福利费用占比"，表达式栏输入"(sum(if([核算维度.费用项目.名称]='福利费',[单据体.借方金额],0))+sum(if([核算维度.费用项目.名称]='社保',[单据体.借方金额],0))+sum(if([核算维度.费用项目.名称]='公积金',[单据体.借方金额],0)))/sum(if([单据体.科目名称]='应付职工薪酬',[单据体.贷方金额],0))"，单击【确定】按钮。继续选中"字段"区域中的"单据体"，按照前面的操作方法，在【编辑计算字段】窗口中的名称栏输入"平均费用"，表达式栏输入"(sum(if([核算维度.费用项目.名称]='福利费',[单据体.借方金额],0))+sum(if([核算维度.费用项目.名称]='社保',[单据体.借方金额],0))+sum(if([核算维度.费用项目.名称]='公积金',[单据体.借方金额],0)))/20"，单击【确定】按钮。

（2）将"字段"区域中的"福利费用占比"字段拖入"主指标"栏，将"平均费用"字段拖入"副指标"栏。

（3）另存方案，设置方案名称为"福利费用占比分析"，指标设置完成后如图 4-39 所示。

55.22%
12,436.25

操作视频

图 4-39　福利费用占比分析业务指标

8. 福利费用结构分析

（1）单击【清除】按钮，选择图表类型为"饼图"。将"字段"区域中的"科目全名"字段拖入"筛选器"栏，勾选"管理费用"和"销售费用"；将"费用项目.名称"字段拖入"筛选器"栏，勾选"社保""福利费""公积金"；将"借方金额"字段拖入"角度"栏；将"费用项目.名称"字段拖入"颜色"栏。勾选右侧绘图区下的"数据标签"。

（2）另存方案，设置方案名称为"福利费用结构分析"，指标设置完成后如图 4-40 所示。

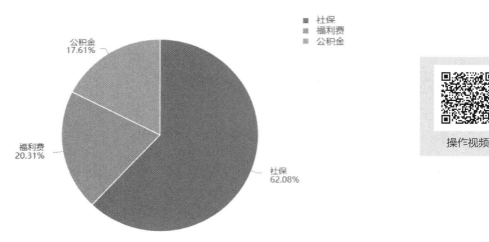

图 4-40　福利费用结构分析饼图

9. 福利费用变化趋势分析

（1）单击【清除】按钮，选择图表类型为"折线图"。将"字段"区域中的"科目全名"字段拖入"筛选器"栏，勾选"管理费用"和"销售费用"；将"费用项目.名称"字段拖入"筛选器"

栏，勾选"社保""福利费""公积金"；将"业务日期"字段拖入"横轴"栏，设置维度为"年月"；将"借方金额"字段拖入"纵轴"栏；将"费用项目.名称"拖入"系列"栏。勾选右侧绘图区下的"数据标签"。

（2）另存方案，设置方案名称为"福利费用变化趋势分析"，指标设置完成后如图 4-41 所示。

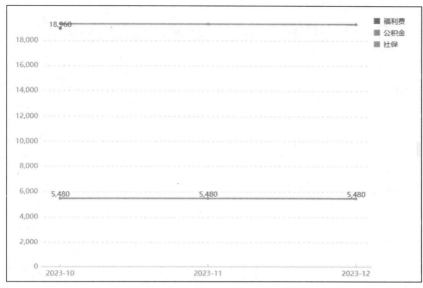

操作视频

图 4-41 福利费用变化趋势分析折线图

（三）数字化仪表板

（1）返回【轻分析】页面，在"薪酬数字化分析"分类下新建仪表板，命名为"薪酬业务数字化仪表板"。单击【仪表板】图标，进入【仪表板-薪酬业务数字化仪表盘】页面后，在右侧属性设置区域设置尺寸为"1024*768（4:3）"，设置外观风格为"淡雅白"，如图 4-42 所示。

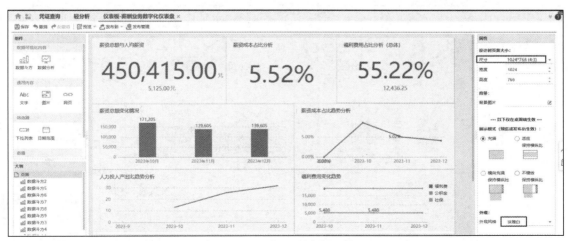

图 4-42 设置仪表板属性

（2）将左侧组件设置区域下"数据斗方"拖入中间画布区域，在【添加数据斗方-选择来源】窗口中，单击【下一步】按钮。

（3）在【添加数据斗方–选择业务主题】窗口中选择对应的业务主题，如"薪酬数据可视化"，单击【下一步】按钮。

（4）在【添加数据斗方–选择方案】窗口，选中"加载方案"，选择需要展示的指标，如"薪资总额与人均薪资"，单击【完成】按钮将指标添加至画布区域，如图4-43所示。参照这一步骤，将需要的所有指标逐一添加至画布区域。

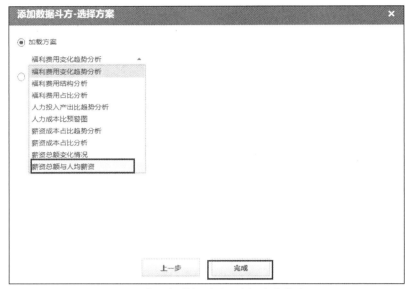

图4-43 【添加数据斗方–选择方案】窗口

（5）待所有指标添加至画布区域后，可以拖曳指标上方的浅色条框将各项指标排序，也可以在右侧"属性"栏中设置指标的位置、大小、标题、定时刷新时间间隔等，使仪表板达到预期效果，如图4-44所示。

图4-44 排列设置各项指标

（6）制作完成后的仪表板如图4-45所示。

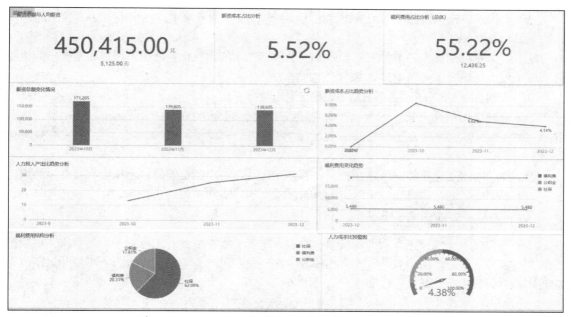

图 4-45 薪酬业务数字化分析大屏

【撰写分析报告】

（一）分析目的

分析薪酬业务总体指标、人力效益指标和福利费用指标，可以全面了解企业薪酬管理情况和人力资源效益，从而优化薪酬策略，提高员工满意度和绩效。对薪酬总额分析，可以了解企业对薪酬的整体投入水平，预测未来薪酬支出的趋势；了解平均薪酬，可与市场薪酬水平进行比较，评估企业在行业内的薪资水平。分析人力效益指标，可以评估员工薪资对企业产出的贡献程度，有助于企业了解人力资源与产出之间的关系，从而通过提高人力成本效益来优化资源配置和提升企业绩效。分析福利费用相关指标，可以了解企业在员工福利方面的投入水平，评估福利项目的效果和价值，优化福利策略，提高员工满意度。

（二）分析内容

（1）薪酬总额与人均薪资。薪酬总额为 450 415 元，人均薪资为 5 125 元，人均薪资水平高于行业水平（4 500 元）约 13.9%。由此可看出，公司在人才吸引力方面占据一定的优势，但也要综合考虑公司的财务状况、业务发展和员工的绩效表现，确保薪酬投入能够带来相应的回报和价值。

（2）薪资总额变化情况。公司 2023 年 10 月开始计发工资，11 月和 12 月薪酬支出持平，10月薪资总额较高是由于 10 月存在用自有产品发放福利的业务。

（3）薪资成本占比分析。2023 年公司的薪资成本占比为 5.52%，意味着公司在经营过程中，相对较少的成本用于员工薪酬，也可能归功于公司高效的人力管理、技术自动化或先进的业务模式等因素。

（4）薪资成本占比趋势分析。2023 年 10 月开始计发工资，9 月无薪资成本占比，从 10 月开始每月的薪资成本占比逐月下降。

（5）人力成本比预警图。人力成本比值为 4.38%，处于偏低水平。

（6）人力投入产出比趋势分析。从 2023 年 10 月开始，人力投入产出比呈现逐月上升的趋势，人力投入产出比每月均大于 1，分别为 13 倍、26 倍和 31 倍，意味着公司人力资源所产出的价值远远高于投入，反映了公司生产效率高、生产能力强。

（7）福利费用占比分析。福利费用占薪酬费用比例为 55.22%，每年人均福利费用为 12 436.25 元。

（8）福利费用结构分析。社保占整体福利费用的比例为 62.08%，公积金为 17.61%，福利费为 20.31%，可能原因在于公司除为员工缴纳"五险一金"外，还额外缴纳了大病补充医疗保险。

（9）福利费用变化趋势分析。2023 年，仅有 10 月存在福利费发放，公积金和社保缴纳保持稳定，主要原因可能是在成立公司后，未有新员工入职，福利费用趋于稳定。

（三）可能存在的问题和风险

（1）人力成本比低于正常水平。虽然人力成本比低意味着薪酬支出占总产值比重小，更少的薪酬支出带来更多的产出，但是可能会伴随着一些问题和风险，例如人才吸引力不足和员工留职率低、人力资源质量较低、产能和生产力受限等。

（2）人力投入产出比过高。虽然人力投入产出比高有一系列的好处，但是也可能会给员工带来过大的工作压力和负担，从而影响员工的工作满意度和健康，或者导致员工流失率高。过高的人力投入产出比可能会使公司过于注重现有业务的效率而忽略新业务发展，从而限制公司创新能力。

（3）过高的福利费用占比。过高的福利费用占比可能导致薪酬结构不平衡，员工薪酬的大部分被用于福利待遇，而基本工资相对较低。这可能导致员工对工资的满意度下降。过度的福利支出可能导致员工对绩效激励和奖励失去敏感性，员工可能会更加关注福利待遇而忽略工作绩效。

（四）问题和风险产生的原因

（1）人力成本比低可能是由于四川诚远股份有限公司是新成立的企业，从四川科电通讯技术有限公司接管人员后，暂无计划招聘新员工，待业务逐步稳定后考虑增加各个部门的人员。

（2）人力投入产出比过高可能是由于四川诚远股份有限公司在 10 月购买了专利技术，从技术自动化层面提高了生产效率，使得接到的销售订单能够按期按量交付，在现有人员的基础上，接到足够多的销售订单按期交付后，公司产出大，从而使得人力投入产出比高。

（3）过高的福利费用占比可能是 10 月末因完成第一批产品，公司奖励员工一人一部手机，公司是在 9 月开设的，所以短期看，会有一笔高额的福利费用。

（五）改进建议

（1）关注员工幸福感。关注员工的工作满意度和幸福感，确保员工身心健康，避免过度压力和高流失率对公司产生负面影响。

（2）合理薪酬策略。确保员工的薪酬水平能够与其产出价值相匹配。重点是找到平衡点，提高生产力和效率的同时关注员工的满意度和发展。

（3）资源优化。合理分配人力和财务资源，确保在薪酬和福利上有适度的投入，同时关注其他重要投资和业务发展。

三、任务拓展实训

【实训一】具体内容参见本书附录 10 月完整经济业务（49）（51）。
【实训二】具体内容参见本书附录 11 月完整经济业务（4）（6）（12）（44）。
【实训三】具体内容参见本书附录 12 月完整经济业务（8）（11）（38）（51）。

任务二　成本业务核算与账务处理

成本业务核算是指在企业运营过程中，对各项成本进行识别、归集、分配和核算的过程。成本业务账务处理是指根据成本业务核算的结果，进行相应的会计记录和凭证的处理。

一、任务情境

四川诚远股份有限公司月末进行成本业务核算与账务处理。首先是对各项成本进行准确的识别和归集，包括直接材料、直接人工和制造费用等方面的成本信息。其次，根据成本分配的方法，将制造费用合理地分配到不同的生产环节或产品上。最后进行成本核算。成本核算涉及对归集和分配后的成本数据进行计算和记录。企业通过成本核算，可以得出每项产品或服务的成本，包括直接成本和间接成本。这有助于企业了解产品的成本构成，为决策提供准确的依据。最后，进行账务处理，即根据成本核算的结果，进行相应的会计记录和凭证的处理，包括填制记账凭证和编制成本报表等。准确的账务处理能够将成本数据与财务报表相结合，为企业提供全面、准确的财务信息。

二、技能训练

【业务案例】

（1）2023 年 10 月 4 日，生产领料：M329 套料 400 套，K668 套料 200 套，手机显示系统 600套。生产领料单如图 4-46 所示。

生产领料单

领料部门：生产部　　　　　　日期：2023年10月4日　　　　编号：CYLLD2310001

物料名称	规格型号	发料仓库	单位	数量	备注
手机套料	M329型	原材料仓	套	400	
手机套料	K668型	原材料仓	套	200	
手机显示系统		原材料仓	套	600	
合计				1200	

审核：赵平　　　　领料：李和　　　　发料：代佳禄　　　　制单：代佳禄

图 4-46　生产领料单 1

（2）2023 年 10 月 15 日，生产领料：M329 套料 500 套，K668 套料 500 套，手机显示系统1 000 套。生产领料单如图 4-47 所示。

生产领料单

领料部门：生产部　　　　　日期：2023年10月15日　　　编号：CYLLD2310002

物料名称	规格型号	发料仓库	单位	数量	备注
手机套料	M329型	原材料仓	套	500	
手机套料	K668型	原材料仓	套	500	
手机显示系统		原材料仓	套	1000	
合计				2000	

审核：赵平　　　　领料：蒋代运　　　　发料：代佳禄　　　　制单：代佳禄

图 4-47　生产领料单 2

（3）2023 年 10 月 18 日，产成品入库：M329 手机 400 部，K668 手机 150 部。产成品入库单如图 4-48 所示。

产成品入库单

交货单位：生产部　　　　　日期：2023年10月18日　　　编号：CYCPRKD2310001

物料名称	规格型号	收货仓库	单位	数量		备注
				应收	实收	
手机	M329	成品仓	部	400	400	
手机	K668	成品仓	部	150	150	
合计				550	550	

审核：赵平　　　　验收：代佳禄　　　　保管：代佳禄　　　　制单：代佳禄

图 4-48　产成品入库单 1

（4）2023 年 10 月 26 日，产成品入库：M329 手机 450 部，K668 手机 450 部。产成品入库单如图 4-49 所示。

产成品入库单

交货单位：生产部　　　　　日期：2023年10月26日　　　编号：CYCPRKD2310002

物料名称	规格型号	收货仓库	单位	数量		备注
				应收	实收	
手机	M329	成品仓	部	450	450	
手机	K668	成品仓	部	450	450	
合计				900	900	

审核：赵平　　　　验收：代佳禄　　　　保管：代佳禄　　　　制单：代佳禄

图 4-49　产成品入库单 2

（5）月末，将当月的制造费用按照完工入库数量分配至产品的基本生产成本内，并填写相关凭证。

（6）月末，计算当月完工产品成本，包括直接材料、直接人工（按生产工时分配）、制造费用，并填写相关凭证。根据公司生产成本核算制度，采用品种法对产品成本进行计算，根据产品的耗用比例计算材料成本，M329 手机和 K668 手机的物料清单如图 4-50 所示。

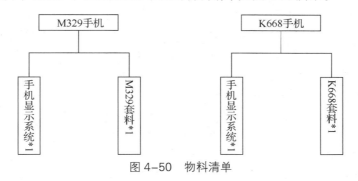

图 4-50　物料清单

【技能点一】生产费用归集、分配与核算

生产费用归集、分配与核算是指在企业的生产过程中，对各项生产费用进行收集、分配和核算的过程。其目的是准确计算和控制生产过程中的成本，了解产品成本、生产效益和资源利用情况，以支持经营决策和成本管理。这些过程需要依据企业的财务制度和会计准则进行操作，并结合实际生产情况进行灵活调整和应用。

【技能点二】完工产品成本计算

完工产品成本计算是指计算每个完工产品的成本，以便确定其生产成本和库存价值。这个过程涉及将直接材料、直接人工和制造费用等成本要素相加，得出每个完工产品的总成本。完工产品成本计算通常是生产费用归集、分配与核算的最后一步，用于确定每个完工产品的实际成本。在此过程中，还可能涉及其他因素如期末存货调整和销售成本的结转等，以确保成本计算的准确性。

【技能点三】整理相关凭据，填制成本记账凭证

在进行成本业务核算与账务处理时，整理相关凭据并填制记账凭证是关键的任务之一。成本业务核算中常见的相关凭据有采购凭证、生产凭证、人力资源凭证、费用凭证、销售凭证等，整理和归档这些凭据，可以提供成本计算和核算的依据，确保成本数据的准确性和可追溯性。同时，财务人员还需要遵守相关的会计准则和企业内部的凭据管理制度。

【操作指导】

（一）业务信息整理

（1）归集制造费用可在金蝶云星空平台内使用"核算维度余额表"筛选过滤条件：科目为"制造费用"，勾选"包含未过账"凭证，查看制造费用各项明细，通过选项下的"引出"功能将制造费用各个核算维度的余额数据导出为 Excel 表，方便进行制造费用的归集。

根据公司生产成本核算制度，制造费用采用完工产品比例分配法（按 M329 手机、K668 手

机完工数量）进行分配，制造费用需要按完工入库数量分配到具体的产品上。M329 手机 10 月的入库数量为 850 部，K668 手机 10 月的入库数量为 600 部，制造费用各项明细如表 4-21 所示，制造费用各项明细结果如表 4-22 所示，最后根据制造费用分配结果填写结转制造费用至生产成本凭证（见表 4-23）。

　　注：在做案例（5）前，应确保期末业务（计提固定资产折旧、摊销无形资产和摊销厂房房租）已经完成，否则会出现数据遗漏的情况。

表 4-21　　　　　　　　　　　　　　制造费用各项明细（10 月）　　　　　　　　　　　　单位：元

费用项目	（本期发生）借方
水费	400.00
厂房房租	14 400.00
手机通信费	1 800.00
电费	21 375.00
物业管理费	2 166.67
网络费	320.75
社保	3 384.00
福利费	3 160.00
无形资产摊销	3 930.82
公积金	960.00
工资	12 000.00
折旧费用	158 333.33
电话费	520.00
办公费	2 600.00
合计	225 350.57

表 4-22　　　　　　　　　　　　　　　制造费用各项明细结果

产品名称	分配计入		
	分配标准/部	分配率/（元/部）	分配金额/元
M329 手机	850	155.414 186 2	132 102.06
K668 手机	600	155.414 186 2	93 248.51

表 4-23　　　　　　　　　　　　　结转制造费用至生产成本凭证信息　　　　　　　　　　单位：元

科目全名	核算维度	借方金额	贷方金额
生产成本_基本生产成本	制造费用/M329 手机	132 102.06	
生产成本_基本生产成本	制造费用/K668 手机	93 248.51	
制造费用	水费		400.00
制造费用	手机通信费		1 800.00
制造费用	电费		21 375.00
制造费用	物业管理费		2 166.67
制造费用	网络费		320.75
制造费用	社保		3 384.00

续表

科目全名	核算维度	借方金额	贷方金额
制造费用	福利费		3 160.00
制造费用	无形资产摊销		3 930.82
制造费用	工资		12 000.00
制造费用	电话费		520.00
制造费用	办公费		2 600.00
制造费用	厂房房租		14 400.00
制造费用	公积金		960.00
制造费用	折旧费		158 333.33

（2）材料费用归集与分配

根据生产领料单填写领用原材料汇总表（见表 4-24），根据产成品入库单填写产品材料耗用成本表（见表 4-25），进行材料费用归集。具体计算方法是：查询"数量金额明细账"可得到当月材料入库后的加权平均单价，选择科目编码"1403-原材料"，勾选"显示核算维度明细"和"包括未过账凭证"，可归集 10 月领用原材料汇总表（单价保留 6 位小数），然后据此计算本月投入各个产品的材料耗用成本。最后填写本月材料费用分配表（见表 4-26，主要用于本月产品成本核算），完成本月生产领料凭证，相关信息如表 4-27 所示。

表 4-24　　　　　　　　　　10 月领用原材料汇总表

材料名称	本月领用量/套	单价/（元/套）	本月领用材料金额/元
手机显示系统	1 600	230.088 496	368 141.59
K668 套料	700	1 300.884 957	910 619.47
M329 套料	900	548.672 566	493 805.31
合计			1 772 566.37

表 4-25　　　　　　　　　　产品材料耗用成本表

成本中心名称	产品名称	物料名称	领用数量/套	单价/（元/套）	本月领用材料金额/元
手机生产车间	M329 手机	手机显示系统	900	230.088 496	207 079.64
手机生产车间		M329 套料	900	548.672 566	493 805.31
手机生产车间	K668 手机	手机显示系统	700	230.088 496	161 061.95
手机生产车间		K668 套料	700	1 300.884 957	910 619.47
合计					1 772 566.37

表 4-26　　　　　　　　　　材料费用分配表

月份	成本中心名称	业务类型	产品名称	成本项目名称	耗用材料名称	数量/套	单价/（元/套）	金额/元
10 月	手机生产车间	简单生产	M329 手机	直接材料	手机显示系统	850	230.088 496	195 575.22
10 月	手机生产车间	简单生产			M329 套料	850	548.672 566	466 371.68
10 月	手机生产车间	简单生产	K668 手机	直接材料	手机显示系统	600	230.088 496	138 053.10
10 月	手机生产车间	简单生产			K668 套料	600	1 300.884 957	780 530.97
合计								1 580 530.97

表 4-27　　　　　　　　　　　生产领料凭证信息表

科目全名	核算维度	单价/（元/套）	数量/套	借方金额/元	贷方金额/元
生产成本_基本生产成本	直接材料/M329 手机	—	—	700 884.95	
生产成本_基本生产成本	直接材料/K668 手机	—	—	1 071 681.42	
原材料	手机显示系统	230.088 496	1 600		368 141.59
原材料	K668 套料	1 300.884 957	700		910 619.47
原材料	M329 套料	548.672 566	900		493 805.31

（3）生产费用归集与分配

根据"薪酬业务核算账务处理及分析"业务案例，归集了生产成本-直接人工的工资、福利费、社保和公积金，以及本任务业务案例（5）制造费用归集与分配的结果，将生产费用分配结果填写至生产费用分配表内，如表 4-28 所示。

表 4-28　　　　　　　　　　　生产费用分配表　　　　　　　　　　　单位：元

月份	成本中心	业务类型	产品名称	来源	成本项目	子费用项目名称	金额
10 月	手机生产车间	简单生产	M329 手机	费用归集	直接人工	工资	12 188.27
10 月	手机生产车间	简单生产	M329 手机	费用归集	直接人工	社保	3 437.09
10 月	手机生产车间	简单生产	M329 手机	费用归集	直接人工	公积金	975.06
10 月	手机生产车间	简单生产	M329 手机	费用归集	直接人工	福利费	5 252.04
10 月	手机生产车间	简单生产	K668 手机	费用归集	直接人工	工资	9 811.73
10 月	手机生产车间	简单生产	K668 手机	费用归集	直接人工	社保	2 766.91
10 月	手机生产车间	简单生产	K668 手机	费用归集	直接人工	公积金	784.94
10 月	手机生产车间	简单生产	K668 手机	费用归集	直接人工	福利费	4 227.96
10 月	手机生产车间	简单生产	M329 手机	费用归集	制造费用	水费	234.48
10 月	手机生产车间	简单生产	M329 手机	费用归集	制造费用	厂房房租	165.52
10 月	手机生产车间	简单生产	M329 手机	费用归集	制造费用	手机通信费	8 441.38
10 月	手机生产车间	简单生产	M329 手机	费用归集	制造费用	电费	5 958.62
10 月	手机生产车间	简单生产	M329 手机	费用归集	制造费用	物业管理费	1 055.17
10 月	手机生产车间	简单生产	M329 手机	费用归集	制造费用	网络费	744.83
10 月	手机生产车间	简单生产	M329 手机	费用归集	制造费用	社保	12 530.17
10 月	手机生产车间	简单生产	M329 手机	费用归集	制造费用	福利费	8 844.83
10 月	手机生产车间	简单生产	M329 手机	费用归集	制造费用	无形资产摊销	1 270.12
10 月	手机生产车间	简单生产	M329 手机	费用归集	制造费用	公积金	896.55
10 月	手机生产车间	简单生产	M329 手机	费用归集	制造费用	工资	188.03
10 月	手机生产车间	简单生产	M329 手机	费用归集	制造费用	折旧费用	132.72
10 月	手机生产车间	简单生产	M329 手机	费用归集	制造费用	电话费	1 983.72
10 月	手机生产车间	简单生产	M329 手机	费用归集	制造费用	办公费	1 400.28
10 月	手机生产车间	简单生产	K668 手机	费用归集	制造费用	水费	1 852.41
10 月	手机生产车间	简单生产	K668 手机	费用归集	制造费用	厂房房租	1 307.59

续表

月份	成本中心	业务类型	产品名称	来源	成本项目	子费用项目名称	金额
10 月	手机生产车间	简单生产	K668 手机	费用归集	制造费用	手机通信费	2 304.27
10 月	手机生产车间	简单生产	K668 手机	费用归集	制造费用	电费	1 626.55
10 月	手机生产车间	简单生产	K668 手机	费用归集	制造费用	物业管理费	562.76
10 月	手机生产车间	简单生产	K668 手机	费用归集	制造费用	网络费	397.24
10 月	手机生产车间	简单生产	K668 手机	费用归集	制造费用	社保	7 034.48
10 月	手机生产车间	简单生产	K668 手机	费用归集	制造费用	福利费	4 965.52
10 月	手机生产车间	简单生产	K668 手机	费用归集	制造费用	无形资产摊销	92 816.09
10 月	手机生产车间	简单生产	K668 手机	费用归集	制造费用	公积金	65 517.24
10 月	手机生产车间	简单生产	K668 手机	费用归集	制造费用	工资	304.83
10 月	手机生产车间	简单生产	K668 手机	费用归集	制造费用	折旧费	215.17
10 月	手机生产车间	简单生产	K668 手机	费用归集	制造费用	电话费	1 524.14
10 月	手机生产车间	简单生产	K668 手机	费用归集	制造费用	办公费	1 075.86
合计							264 794.57

（4）产品成本核算

根据材料费用分配表和生产费用分配表，核算 M329 手机和 K668 手机的生产成本，填写产品成本明细账，如表 4-29 和表 4-30 所示。最后完成产成品成本汇总表（见表 4-31），填写完工产品成本结转的凭证，相关信息如表 4-32 和表 4-33 所示。

表 4-29　　　　　　　　　　　产品成本明细账–M329 手机

车间：手机生产车间

产品名称：M329 手机　　　　　　　　产量：850 部　　　　　　　　单位：元

摘要	直接材料	直接人工	制造费用	合计
月初在产品成本	0.00	0.00	0.00	0.00
本月生产费用	700 884.95	21 852.46	132 102.06	854 839.47
费用合计	700 884.95	21 852.46	132 102.06	854 839.47
结转完工产品成本	661 946.90	21 852.46	132 102.06	815 901.42
在产品成本	38 938.05	0.00	0.00	38 938.05

表 4-30　　　　　　　　　　　产品成本明细账–K668 手机

车间：手机生产车间

产品名称：K668 手机　　　　　　　　产量：600 部　　　　　　　　单位：元

摘要	直接材料	直接人工	制造费用	合计
月初在产品成本	0.00	0.00	0.00	0.00
本月生产费用	1 071 681.42	17 591.54	93 248.51	1 182 521.47
费用合计	1 071 681.42	17 591.54	93 248.51	1 182 521.47
结转完工产品成本	918 584.07	17 591.54	93 248.51	1 029 424.12
在产品成本	153 097.35	0.00	0.00	153 097.35

表 4-31 产成品成本汇总表 单位：元

产品名称	直接材料	直接人工	制造费用	合计
M329 手机	661 946.90	21 852.46	132 102.06	815 901.42
K668 手机	918 584.07	17 591.54	93 248.51	1 029 424.12

表 4-32 结转完工产品成本凭证信息表-M329 手机

科目全名	核算维度	单价/（元/部）	数量/部	借方金额/元	贷方金额/元
库存商品	M329 手机	959.884 024	850	815 901.42	
生产成本_基本生产成本	直接材料/M329 手机				661 946.90
生产成本_基本生产成本	直接人工/M329 手机/工资				12 188.27
生产成本_基本生产成本	直接人工/M329 手机/社保				3 437.09
生产成本_基本生产成本	直接人工/M329 手机/公积金				975.06
生产成本_基本生产成本	直接人工/M329 手机/福利费				5 252.04
生产成本_基本生产成本	制造费用/M329 手机				132 102.06

表 4-33 结转完工产品成本凭证信息表-K668 手机

科目全名	核算维度	单价/（元/部）	数量/部	借方金额/元	贷方金额/元
库存商品	K668 手机	1 715.706 867	600	1 029 424.12	
生产成本_基本生产成本	直接材料/K668 手机				918 584.07
生产成本_基本生产成本	直接人工/K668 手机/工资				9 811.73
生产成本_基本生产成本	直接人工/K668 手机/社保				2 766.91
生产成本_基本生产成本	直接人工/K668 手机/公积金				784.94
生产成本_基本生产成本	直接人工/K668 手机/福利费				4 227.96
生产成本_基本生产成本	制造费用/K668 手机				93 248.51

（5）结转销售产品成本，结果如图 4-51 所示。填写结转销售产品成本的凭证，相关信息如表 4-34 所示。

月份	产品名称	单位	期初结存			本期完工入库			期末余额			本期销售		
			数量	单位成本	总成本	数量	单位成本	总成本	数量	单位成本	总成本	数量	单位成本	总成本
10月	M329手机	部				850.00	959.884024	815901.42	850.00	959.884024	815901.42	800.00	959.884024	767907.22
10月	K668手机	部				600.00	1715.706867	1029424.12	600.00	1715.706867	1029424.12	500.00	1715.706867	857853.43

图 4-51 销售产品成本表

表 4-34 结转销售产品成本凭证信息

科目全名	核算维度	单价/（元/部）	数量/部	借方金额/元	贷方金额/元
主营业务成本	M329 手机	959.884 024	800	767 907.22	
库存商品	M329 手机				767 907.22
主营业务成本	K668 手机	1 715.706 867	500	857 853.43	
库存商品	K668 手机				857 853.43

（二）操作步骤

（1）以会计身份登录金蝶云星空平台，执行【财务会计】—【总账】—【凭证管理】—【凭证录入】命令，如图 4-52 所示，进入【凭证-修改】页面。

图 4-52 进入【凭证-修改】页面的操作命令

（2）修改凭证的日期为"2023-10-31"，凭证字为"记字"。在第一行填写摘要为"将制造费用转入基本生产成本"，设置科目编码为"5001.01"、科目全名为"生产成本_基本生产成本"，设置核算维度为"制造费用"和"M329手机"，设置借方金额为"¥132 102.06"。按照同样的方式填制制造费用转入生产成本的完整凭证。依次单击【保存】【提交】【审核】按钮，得到的凭证如图 4-53 所示。

序号	摘要	科目编码	科目全名	核算维度	借方金额	贷方金额
1	将制造费用转入基本生产成本	5001.01	生产成本_基本生产成本	CBXM00001/制造费用:CMKCHLB05_SYS0033/M329手机	¥132,102.06	
2	将制造费用转入基本生产成本	5001.01	生产成本_基本生产成本	CBXM00001/制造费用:CMKCHLB03_SYS0034/K668手机	¥93,248.51	
3	将制造费用转入基本生产成本	5101	制造费用	CI001/水费		¥400.00
4	将制造费用转入基本生产成本	5101	制造费用	CI009/手机通讯费		¥1,800.00
5	将制造费用转入基本生产成本	5101	制造费用	CI010/电费		¥21,375.00
6	将制造费用转入基本生产成本	5101	制造费用	CI011/物业管理费		¥2,166.67
7	将制造费用转入基本生产成本	5101	制造费用	CI012/网络费		¥320.75
8	将制造费用转入基本生产成本	5101	制造费用	CI013/社保		¥3,384.00
9	将制造费用转入基本生产成本	5101	制造费用	CI014/福利费		¥3,160.00
10	将制造费用转入基本生产成本	5101	制造费用	CI016/无形资产摊销		¥3,930.82
11	将制造费用转入基本生产成本	5101	制造费用	FYXM07_SYS/工资		¥12,000.00
12	将制造费用转入基本生产成本	5101	制造费用	FYXM12_SYS/电话费		¥520.00
13	将制造费用转入基本生产成本	5101	制造费用	FYXM14_SYS/办公费		¥2,600.00
					225,350.57	225,350.57

图 4-53 将制造费用转入生产成本凭证参考

（3）参照以上操作填制生产领用原材料、结转完工产品成本和结转销售出库产品成本的记账凭证，审核完成后如图 4-54 至图 4-57 所示。

序号	摘要	科目编码	科目全名	核算维度	单位	单价	数量	借方金额	贷方金额
1	生产领用原材料	5001.01	生产成本_基本生产成本	CBXM00001_SYS/直接材料:CMKCHLB05_SYS0033/M329手机				¥700,884.95	
2	生产领用原材料	5001.01	生产成本_基本生产成本	CBXM00001_SYS/直接材料:CMKCHLB03_SYS0034/K668手机				¥1,071,681.42	
3	生产领用原材料	1403	原材料	CMKCHLB01_SYS0030/手机显示系统	套	¥230.088496	1,600		¥368,141.59
4	生产领用原材料	1403	原材料	CMKCHLB01_SYS0031/K668套料	套	¥1,300.884957	700		¥910,619.47
5	生产领用原材料	1403	原材料	CMKCHLB01_SYS0032/M329套料	套	¥548.672566	900		¥493,805.31

图 4-54 生产领料凭证参考

图 4-55　结转完工产品成本-M329 手机凭证参考

图 4-56　结转完工产品成本-K668 手机凭证参考

图 4-57　结转销售出库产品成本凭证参考

三、任务拓展实训

【实训一】具体内容参见本书附录 10 月完整经济业务（8）（22）（27）（36）（55）（56）（57）。

【实训二】具体内容参见本书附录 11 月完整经济业务（9）（15）（16）（29）（45）（59）（60）（61）。

【实训三】具体内容参见本书附录 12 月完整经济业务（7）（14）（18）（27）（35）（56）（57）（58）。

任务三　增值税核算与账务处理

一、任务情境

增值税核算是企业在税务管理方面的重要工作。增值税账务处理是指根据增值税核算结果，进行相关的账务处理，如结转未交增值税等。

二、技能训练

【业务案例】

月末，在金蝶云星空平台填写凭证，结转当月未交增值税。查看"科目余额表"，过滤条件选择科目级别为"3"，勾选"包括未过账凭证"，查看"应交税费_应交增值税（2221.01）"科目余额数据，根据该科目的期末余额方向结转当月未交增值税：余额若在借方，则由"应交税费_应交增值税_转出多交增值税（2221.01.07）"科目转出至"应交税费_未交增值税（2221.15）"；余额若在贷方，则由"应交税费_应交增值税_转出未交增值税（2221.01.06）"转出至"应交税费_未交增值税（2221.15）"。

【技能点】增值税核算与期末账务处理

（一）计算当期应交增值税

增值税应纳税额＝当期销项税额－当期进项税额

＝不含税销售额×税率－当期准予抵扣进项税额

（小资料 增值税税率）

（二）编制会计分录

根据计算的增值税应纳税额，结合"应交税费——应交增值税"科目余额，编制相应的结转会计分录。

（三）监控余额

定期监控"应交税费——应交增值税"各明细账户的余额。

增值税期末账务处理主要是结转未交增值税。

【操作指导】

以9月为例，根据业务案例要求查询科目余额表获取增值税数据，查询结果如图4-58所示，相应科目和金额等信息如表4-35所示，录入结转未交增值税的凭证如图4-59所示。

账簿 云会计数字化综合实训 期间 2023.9 -- 2023.9 币别 人民币

科目编码	科目名称	期初余额 借方	期初余额 贷方	本期发生 借方	本期发生 贷方	本年累计 借方	本年累计 贷方	期末余额 借方	期末余额 贷方
1001	库存现金			40,000.00	5,300.00	40,000.00	5,300.00	34,700.00	
1002	银行存款			10,000,000.00	7,896,560.00	10,000,000.00	7,896,560.00	2,103,440.00	
1123	预付账款			1,112,000.00		1,112,000.00		1,112,000.00	
1221	其他应收款			26,000.00		26,000.00		26,000.00	
1221.05	其他			26,000.00		26,000.00		26,000.00	
1601	固定资产			10,000,000.00		10,000,000.00		10,000,000.00	
1801	长期待摊费用			384,000.00		384,000.00		384,000.00	
2202	应付账款				5,000,000.00		5,000,000.00		5,000,000.00
2202.02	明细应付款				5,000,000.00		5,000,000.00		5,000,000.00
2221	应交税费			1,334,560.00	5,833.03	1,334,560.00	5,833.03	1,328,726.97	
2221.01	应交增值税			1,334,560.00		1,334,560.00		1,334,560.00	
2221.01.01	进项税额			1,334,560.00		1,334,560.00		1,334,560.00	
2221.14	应交印花税				5,833.03		5,833.03		5,833.03
2241	其他应付款			50,000.00	50,000.00	50,000.00	50,000.00		
2241.05	其他			50,000.00	50,000.00	50,000.00	50,000.00		
4001	实收资本				10,000,000.00		10,000,000.00		10,000,000.00
4103	本年利润			11,133.03		11,133.03		11,133.03	
6403	税金及附加			5,833.03	5,833.03	5,833.03	5,833.03		

图4-58 查询增值税数据

表 4-35 结转未交增值税凭证信息 单位：元

科目全名	借方金额	贷方金额
应交税费_未交增值税	1 334 560.00	
应交税费_应交增值税_转出多交增值税		1 334 560.00

图 4-59 结转未交增值税凭证参考

三、任务拓展实训

【实训一】具体内容参见本书附录 9 月完整经济业务（13）。
【实训二】具体内容参见本书附录 10 月完整经济业务（58）。
【实训三】具体内容参见本书附录 11 月完整经济业务（61）。
【实训四】具体内容参见本书附录 12 月完整经济业务（59）。

任务四　附加税费核算与账务处理

一、任务情境

附加税费核算是指对企业发生的附加税费进行记录和处理的过程。附加税费包括各种与增值税相关的附加税费，如城市维护建设税、教育费附加、地方教育附加等。

二、技能训练

【业务案例】

月末，计算当月城市维护建设税、教育费附加、地方教育附加，在金蝶云星空平台填写计提附加税费的凭证。查看"科目余额表"，过滤条件选择科目级别为"3"，勾选"包括未过账凭证"，查看"应交税费_未交增值税（2221.15）"科目余额数据，根据该科目的期末余额方向计提当月税金及附加：余额若在借方，则不需要计提税金及附加；余额在贷方，则按城市维护建设税（7%）、教育费附加（3%）、地方教育附加（2%）计提税金及附加并填写相关凭证。

【技能点】附加税费核算与期末账务处理

（一）计算附加税费

附加税费通常包括城市维护建设税、教育费附加、地方教育附加。

城市维护建设税计算公式：应纳城建税=（增值税+消费税）×对应的城建税税率

教育费附加计算公式：应纳教育费附加=（增值税+消费税）×3%

地方教育附加计算公式：应纳地方教育附加=（增值税+消费税）×2%

（二）编制会计分录

根据计提的附加税费金额，编制相应的会计分录。

（三）监控余额和结转

定期监控"税金及附加""应交城市维护建设税""应交教育费附加""应交地方教育附加"账户的余额。在会计期末，根据相关规定，对未结转的税金和附加费用进行结转或调整。

【操作指导】

由于本案例 4 个月业务均无须缴纳增值税，因此也无须缴纳附加税费，学生只需了解计提附加税费的计算方法和记账凭证分录的编写。以 9 月为例，模拟填写的凭证如图 4-60 所示。

图 4-60　计提附加税费凭证示例

三、任务拓展实训

【实训一】具体内容参见本书附录 9 月完整经济业务（14）。

【实训二】具体内容参见本书附录 10 月完整经济业务（59）。

【实训三】具体内容参见本书附录 11 月完整经济业务（62）。

【实训四】具体内容参见本书附录 12 月完整经济业务（60）。

任务五　印花税核算与账务处理

一、任务情境

印花税是一种根据法律规定征收的税费，适用于特定的交易和文件，如合同、票据、证券交易等。印花税核算是指对企业缴纳的印花税进行计算和记录的过程。印花税账务处理是指对企业在交易中发生的印花税进行正确的记录和处理的过程。

二、技能训练

【业务案例】

月末，计提当月印花税，在金蝶云星空平台填写计提印花税凭证。

《财政部 税务总局关于进一步实施小微企业"六税两费"减免政策的公告》（财政部 税务总局公告 2022 年第 10 号）规定，对增值税小规模纳税人、小型微利企业和个体工商户在 50%的税额幅度内减征资源税、城市维护建设税、房产税、城镇土地使用税、印花税（不含证券交易印花税）、耕地占用税和教育费附加、地方教育附加，执行期限为 2022 年 1 月 1 日至 2024 年 12 月 31 日。对应的减免性质代码为 09049903，项目名称为小型微利企业印花税减征。

【技能点】印花税核算与期末账务处理

（一）计算印花税

印花税的计税依据如下：

小资料

印花税税率

（1）应税合同的计税依据，为合同所列的金额，不包括列明的增值税税款；

（2）应税产权转移书据的计税依据，为产权转移书据所列的金额，不包括列明的增值税税款；

（3）应税营业账簿的计税依据，为账簿记载的实收资本（股本）、资本公积合计金额；

（4）证券交易的计税依据，为成交金额；

（5）应税合同、产权转移书据未列明金额的，印花税的计税依据按照实际结算的金额确定。

计税依据按照前面规定仍不能确定的，按照书立合同、产权转移书据时的市场价格确定；依法应当执行政府定价或者政府指导价的，按照国家有关规定确定。

印花税计算公式：印花税应纳税额=应税凭证计税金额×适用税率

（二）编制会计分录

根据计提的印花税金额，编制相应的会计分录。

（三）监控余额和结转

定期监控"税金及附加"账户和"应交印花税"账户的余额。在会计期末，根据相关规定，对未结转的税金及附加费用进行结转或调整。

【操作指导】

以 9 月为例，根据业务案例所有数据，计算印花税后填制计提印花税的记账凭证。9 月印花税计算结果如图 4-61 所示，相应科目和金额等信息如表 4-36 所示，录入计提印花税的凭证如图 4-62 所示。

金额单位：元

月份	应税税目	计税依据	印花税税率	应纳税额	减免税额	印花税应缴税额
9月	租赁办公室合同	110091.74	0.100%	110.09	55.05	55.04
9月	购买生产线	10000000.00	0.030%	3000.00	1500.00	1500.00
9月	租赁厂房合同	384000.00	0.100%	384.00	192.00	192.00
9月	采购合同CYCG2309001	1150442.48	0.030%	345.13	172.57	172.56
9月	采购合同CYCG2309002	2743362.83	0.030%	823.01	411.51	411.50
9月	采购合同CYCG2309003	3902654.87	0.030%	1170.80	585.40	585.40
合计				5833.03	2916.53	2916.50

图 4-61 印花税计算

表 4-36 计提印花税凭证信息 单位：元

科目全名	借方金额	贷方金额
税金及附加	2 916.5	
应交税费_应交印花税		2 916.5

图 4-62 计提印花税凭证参考

三、任务拓展实训

【实训一】具体内容参见本书附录 9 月完整经济业务（15）。

【实训二】具体内容参见本书附录 10 月完整经济业务（60）。

【实训三】具体内容参见本书附录 11 月完整经济业务（63）。

【实训四】具体内容参见本书附录 12 月完整经济业务（61）。

任务六 企业所得税核算与账务处理

一、任务情境

企业所得税核算是企业财务管理中的重要环节，旨在确保企业依法履行纳税义务。企业所得税核算是指根据税法规定和税务部门的要求，计算企业应纳税额的过程。企业所得税账务处理是指将企业所得税核算结果准确地记录在企业的会计记录中。

二、技能训练

【业务案例】

月末，结转完成损益后，查看"科目余额表"，过滤条件选择科目编码为"4103"，勾选"包括未过账凭证"，计算本月利润总额（若贷方金额>借方金额，则本月利润总额为正）。根据本案例企业类型计算企业所得税，并填写相关凭证。

 注意

因结转损益属于期末业务处理的内容，企业所得税需要根据本月利润总额（科目余额表中"本年利润"科目贷方发生额减去借方发生额的余额），结合企业类型适用的企业所得税税率进行计提，学生可跳过该任务，先完成期末业务处理的结转损益业务后查看科目余额表数据再计提企业所得税。

对小型微利企业年应纳税所得额不超过 100 万元的部分，减按 25%计入应纳税所得额，按 20%的税率缴纳企业所得税。（政策有效日期为 2023 年 1 月 1 日至 2024 年 12 月 31 日）

对小型微利企业年应纳税所得额超过 100 万元但不超过 300 万元的部分，减按 25%计入应纳税所得额，按 20%的税率缴纳企业所得税。（政策有效日期为 2022 年 1 月 1 日至 2024 年 12 月 31 日）

【技能点】企业所得税核算与期末账务处理

（一）计算企业所得税

企业所得税的基本税率为 25%，符合条件的小型微利企业税率为 20%，高新技术企业、技术先进型服务企业税率为 15%。

企业所得税的征收方式有两种：查账征收和核定征收。两种征收方式的一般税率都是 25%。

1. 核定征收企业所得税

$$应纳所得税额=应纳税所得额×适用税率$$
$$应纳税所得额=应税收入额×应税所得率$$

2. 查账征收企业所得税

$$应纳税额=应纳税所得额×适用税率-减免税额-抵免税额$$
$$应纳税所得额=会计利润总额±纳税调整项目金额$$

（二）编制会计分录

根据计提的企业所得税金额，编制相应的会计分录。

（三）监控余额和结转

定期监控"所得税费用"账户和"应交所得税"账户的余额。在会计期末，根据相关规定，对未结转的所得税费用进行结转或调整。

【操作指导】

完成所有记账凭证录入后，进行凭证审核和过账，结转损益后按照业务案例信息计算企业所得税。以计算 10 月企业所得税为例，计算企业所得税后填制计提企业所得税的记账凭证。查询科目余额表"本年利润"科目本期借方和本期贷方的数据（结转损益后计提企业所得税前的科目余额表如图 4-63 所示），计算 10 月利润总额，按照对应的所得税政策和税率计算应纳税所得额和企业所得税。9 月至 12 月的计算结果如图 4-64 所示。然后根据表 4-37 所示的信息填写计提企业所得税凭证，如图 4-65 所示，审核和过账该凭证并进行结转损益（结转所得税费用的凭证如图 4-66 所示），可以查看科目余额表累计净利润数据和利润表数据（结转所得税费用后的科目余额表如图 4-67 所示）。

图 4-63　10 月结转损益后计提企业所得税前的科目余额表

月份	本月利润总额	累计利润总额	减按25%	应纳税所得额	税率	企业所得税	本月净利润	累计企业所得税	累计净利润
9月	(8216.50)	(8216.50)	0.00	0.00	0.20	0.00	(8216.50)	0.00	(8216.50)
10月	464636.24	456419.74	0.25	116159.06	0.20	23231.81	441404.43	23231.81	433187.93
11月	1000089.86	1456509.60	0.25	250022.47	0.20	50004.49	950085.37	73236.30	1383273.30
12月	1203262.27	2659771.87	0.25	300815.57	0.20	60163.11	1143099.16	133399.41	2526372.46

图 4-64 企业所得税及利润计算表

表 4-37　　　　　　　　　　　　计提企业所得税凭证信息　　　　　　　　　　　单位：元

科目全名	借方金额	贷方金额
所得税费用	23 231.81	
应交税费_应交所得税		23 231.81

图 4-65　计提企业所得税凭证参考

图 4-66　结转所得税费用凭证参考

图 4-67　结转所得税费用后的科目余额表

!!!提示

企业所得税及利润计算表（见图4-64）中10月相关数据与科目余额表（见图4-68）数据、利润表（见图4-69）数据的对应关系：科目余额表的期末余额与图4-64中10月"累计净利润"对应；利润表"本期金额"列的"营业利润"与图4-64中10月"本月利润总额"对应、"净利润"与"本月净利润"对应，利润表"本年金额"列的"营业利润"与图4-64中10月"累计利润总额"对应（包括了以前月度亏损情况）、"净利润"与"累计净利润"对应。

图 4-68　10 月科目余额表数据

利润表

2023年10月 编制单位：诚远公司 2023001			会企02表 单位：元
项目名称	本期金额	本年金额	上期金额
一、营业收入	2251061.95	2251061.95	0
减：营业成本	1625760.65	1625760.65	0
税金及附加	931.38	3847.88	2916.5
销售费用	64149.67	64149.67	0
管理费用	95584.01	100884.01	5300
研发费用			0
财务费用	0	0	0
其中：利息费用			0
利息收入			0
加：其他收益	0	0	0
投资收益（损失以"-"号填列）	0	0	0
其中：对联营企业和合营企业的投资收益			0
以摊余成本计量的金融资产终止确认收益（损			0
净敞口套期收益（损失以"-"号填列）	0	0	0
公允价值变动收益（损失以"-"号填列）	0	0	0
信用减值损失	0	0	0
资产减值损失	0	0	0
资产处置收益（损失以"-"号填列）	0	0	0
二、营业利润（亏损以"-"号填列）	464636.24	456419.74	-8216.5
加：营业外收入	0	0	0
减：营业外支出	0	0	0
三、利润总额（亏损总额以"-"号填列）	464636.24	456419.74	-8216.5
减：所得税费用	23231.81	23231.81	0
四、净利润（净亏损以"-"号填列）	441404.43	433187.93	-8216.5
（一）持续经营净利润（净亏损以"-"号填列）			0
（二）终止经营净利润（净亏损以"-"号填列）			0
五、其他综合收益的税后净额	0	0	0
（一）不能重分类进损益的其他综合收益	0	0	0
1.重新计量设定受益计划变动额			0
2.权益法下不能转损益的其它综合收益			0
3.其他权益工具投资公允价值变动			0

图 4-69　10 月利润表数据

三、任务拓展实训

【实训一】具体内容参见本书附录 9 月完整经济业务（18）。

【实训二】具体内容参见本书附录 10 月完整经济业务（63）。

【实训三】具体内容参见本书附录 11 月完整经济业务（66）。

【实训四】具体内容参见本书附录 12 月完整经济业务（64）。

任务七　期末账务处理

一、任务情境

期末结转损益通常是指结转收入、费用、利润，是会计中的一个重要过程，涉及将企业在一定会计期间内发生的收入和费用结转到损益表，以计算出期末的利润或亏损。期末结转损益的目的是确保收入、费用和利润的准确记录和计算，并为企业提供相关的财务信息和报表。这些信息可以用于业务决策、经营分析、税务申报和财务报告等方面。

知识拓展

期末结转损益的方法

二、技能训练

【业务案例】

（1）月末，按照年限平均法计提固定资产折旧，根据每个月固定资产需折旧的情况，计算固定资产折旧金额，并填写记账凭证。

（2）月末，摊销无形资产，根据无形资产需要摊销的情况，计算摊销金额，并填写记账凭证。

（3）月末，摊销厂房房租，根据9月租赁厂房2年的房租情况，计算摊销金额，并填写记账凭证。

（4）月末，完成所有业务的凭证填制工作后，将所有凭证进行审核并过账。

（5）月末，在金蝶云星空平台使用向导式结转损益将本月损益类科目结转到本年利润，并审核过账凭证。

（6）月末，在金蝶云星空平台使用向导式结转损益将所得税费用结转到本年利润，并审核过账凭证。

（7）年末，将本年利润结转至未分配利润。

注：业务案例（4）中需要将除了计提企业所得税业务以外的凭证全部进行审核、过账，然后进行业务案例（5），完成后方可计提企业所得税，最后再完成业务案例（6），中间存在审核、过账、结转损益反复进行的情况。

【技能点一】凭证审核、过账

凭证审核和过账是账务处理中的重要环节，旨在确保凭证的准确性和完整性，并将凭证中的交易信息正确地记录到会计系统中。

（一）核对凭证信息

核对凭证上的日期、凭证号、科目名称、金额等信息，确保凭证的准确性和完整性。

（二）审查凭证支持文件

审查凭证所依据的支持文件，如发票、合同等，确保凭证的支持文件真实可靠，并与凭证信息进行核对。

（三）遵循会计政策和准则

了解组织内部的会计政策和相关的会计准则，确保凭证符合规定。

（四）发现和纠正错误

在审核过程中，及时发现凭证中的错误或不符之处，并进行纠正。

（五）确认过账准确性

确认过账操作的准确性，确保数据反映了真实的交易情况。

（六）处理过账错误

如果发现过账错误或不符，及时进行纠正和调整，确保凭证过账的准确性和一致性。

【操作指导】

（1）以10月为例。根据固定资产折旧原则，当月购买的固定资产次月计提折旧，即9月购买的生产设备在10月计提固定资产折旧。10月购买了办公家具和计算机，在11月按照年限平均法计提折旧，每月折旧金额=（资产原值-净残值）/折旧月份。10月至12月的固定资产折旧明细如图4-70所示，相应科目和金额等信息如表4-38所示，在金蝶云星空平台填制的凭证如图4-71所示。

资产名称	金额（不含税）	折旧年限	净残值率	每月折旧金额	开始折旧月份	10月折旧金额	11月折旧金额	12月折旧金额
生产设备	10000000	5	0.05	158333.33	10月	158333.33	159986.72	206692.72
办公家具	26548.67	5	0.05	420.35	11月			
计算机	77876.04	5	0.05	1233.04	11月			
生产线	3539823.01	6	0.05	46706.00	12月			

图4-70 资产折旧明细

表4-38　　　　　　　　　　　计提固定资产折旧凭证信息　　　　　　　　　　　单位：元

科目全名	核算维度	借方金额	贷方金额
制造费用	折旧费用	158 333.33	
累计折旧	生产设备		158 333.33

图4-71 计提固定资产折旧凭证参考

（2）以10月为例。根据无形资产摊销的规则，当月购买的无形资产从当月开始进行摊销。10月购买了专利技术，在10月需要进行无形资产摊销，每月摊销金额=购买无形资产的不含税金额/摊销月份（6年=72个月），无形资产摊销金额=283 018.87/72=3 930.82元。相应科目和金额等信息如表4-39所示，在金蝶云星空平台填制的凭证如图4-72所示。

表4-39　　　　　　　　　　　摊销无形资产凭证信息　　　　　　　　　　　单位：元

科目全名	核算维度	借方金额	贷方金额
制造费用	无形资产摊销	3 930.82	
累计摊销			3 930.82

图4-72 摊销无形资产凭证参考

（3）以 10 月为例，摊销 10 月厂房房租（技术部 10%，生产部 90%），每月摊销金额为 16 000
元。相应科目和金额等信息如表 4-40 所示，在金蝶云星空平台填制的凭证如图 4-73 所示。

表 4-40　　　　　　　　　　　　　摊销厂房房租凭证信息　　　　　　　　　　　　单位：元

科目全名	核算维度	借方金额	贷方金额
制造费用	厂房房租	14 400.00	
管理费用	技术部/厂房房租	1 600.00	
长期待摊费用	厂房房租		16 000.00

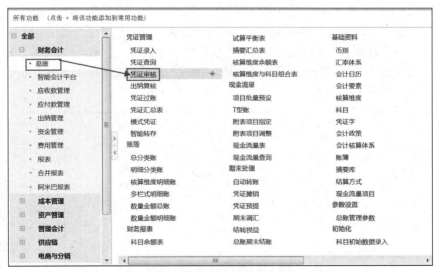

图 4-73　摊销厂房房租凭证参考

（4）以财务经理身份登录金蝶云星空平台，执行【财务会计】—【总账】—【凭证管理】—
【凭证审核】命令，如图 4-74 所示，进入【凭证录入-审核】页面。按照默认的过滤条件，单击【确
定】按钮，进入【凭证审核】页面。

图 4-74　进入【凭证审核】页面的操作命令

（5）进入【凭证审核】页面后，根据提供的原始票据信息仔细核对凭证上的日期、凭证号、
科目名称、金额等信息，确保凭证的正确性和完整性。确认无误，勾选对应的凭证，单击工具栏
的【审核】按钮，如图 4-75 所示，则该凭证已经审核完成。按照同样的方式，将其他凭证全部进
行审核。【凭证审核】页面无任何凭证，则代表该月凭证已全部审核完成，如图 4-76 所示。

图 4-75　凭证审核

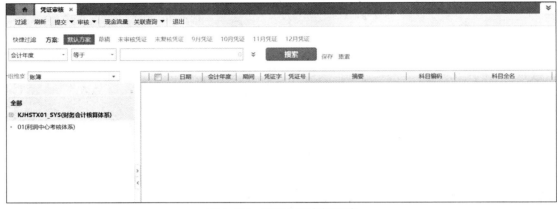

图 4-76　凭证全部审核完成

（6）审核完成所有凭证后，将本月所有凭证进行过账。以会计身份登录金蝶云星空平台，执行【财务会计】—【总账】—【凭证管理】—【凭证过账】命令，如图 4-77 所示，进入【凭证过账】页面。勾选要过账的账簿名称，单击【过账】按钮，根据弹出的提示，单击【是】按钮，提示凭证过账完成，如图 4-78 所示。

知识拓展

凭证反审核、反过账

图 4-77　进入【凭证过账】页面的操作命令

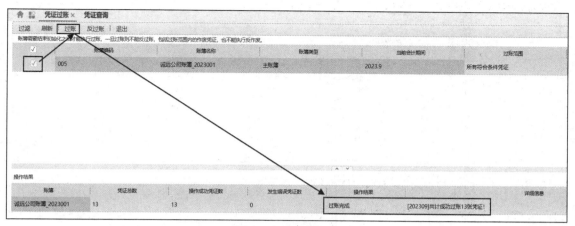

图 4-78　过账完成

【技能点二】期末结转损益

结转损益是指将企业在一定会计期间内产生的收入和费用计入损益表，并将净利润或净亏损进行结转处理。

（一）会计政策的应用和理解

了解企业所采用的会计政策，并能够根据其要求结转损益。理解不同会计政策对期末结转损益的影响，并能够合理应用相关政策。

（二）系统软件的运用

熟练掌握会计软件的操作，能够利用相应的软件工具进行期末结转损益的处理和记录，提高工作效率和准确性。

（三）损益项目的识别和分类

能够识别不同的损益项目，包括收入、费用、利润等。根据损益项目性质和发生时间，将其正确分类并进行相应的结转处理。

（四）利润分配

理解和掌握利润分配的规定和操作方法，包括将净利润分配给股东、留存利润等。

【操作指导】

（1）以会计身份登录金蝶云星空平台，执行【财务会计】—【总账】—【参数设置】—【总账管理参数】命令，如图 4-79 所示，进入【总账管理参数】页面。设置利润分配科目和本年利润科目，然后单击【保存】按钮，如图 4-80 所示。

（2）以会计身份登录金蝶云星空平台，执行【财务会计】—【总账】—【期末处理】—【结转损益】命令，如图 4-81 所示，进入【结转损益】页面。单击【向导式结转损益】按钮，如图 4-82 所示，按照指引，完成本期结转损益。勾选"审核并过账结转损益凭证"，单击【执行操作】按钮，完成后单击【完成】按钮关闭页面，如图 4-83 所示。

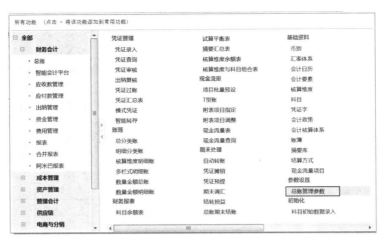

图 4-79　进入【总账管理参数】页面的操作命令

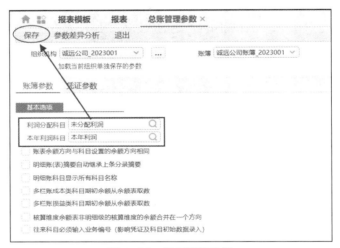

图 4-80　设置账簿参数

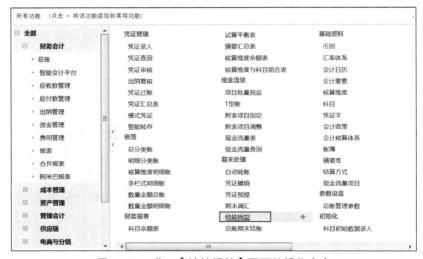

图 4-81　进入【结转损益】页面的操作命令

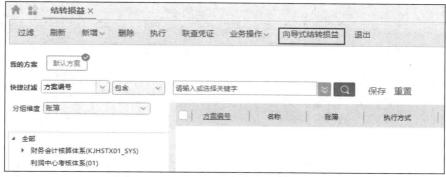

图 4-82　单击【向导式结转损益】按钮

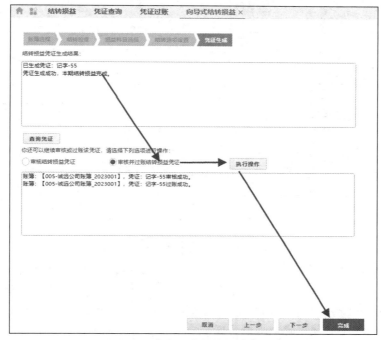

图 4-83　【向导式结转损益】页面

!!!提示

1. 结转损益可保证资产负债表平衡，若资产负债表不平衡，可能与未进行结转损益有关。

2. 每月在第一次结转损益后计提企业所得税，然后进行第二次结转损益，获取净利润数据。

3. 若记账凭证在结转损益后存在损益类科目的改动，需要删除结转损益凭证，重新结转损益。

（3）每年年末，将本年利润结转至未分配利润。将 9—12 月业务全部处理完成后，查询科目余额表 12 月的"本年利润"科目的期末余额（过滤科目和勾选"包括未过账凭证"），将本年利润期末余额结转至未分配利润。相应科目和金额等信息如表 4-41 所示，在金蝶云星空平台填制的凭证如图 4-84 所示。

表 4-41　　　　　　　　　　年末结转本年利润凭证信息　　　　　　　　　金额：元

科目全名	借方金额	贷方金额
本年利润	2 526 372.46	
利润分配_未分配利润		2 526 372.46

图 4-84　结转本年利润凭证参考

三、任务拓展实训

【实训一】具体内容参见本书附录 9 月完整经济业务（16）（17）（19）。

【实训二】具体内容参见本书附录 10 月完整经济业务（52）（53）（54）（61）（62）（64）。

【实训三】具体内容参见本书附录 11 月完整经济业务（55）（56）（57）（64）（65）（67）。

【实训四】具体内容参见本书附录 12 月完整经济业务（53）（54）（55）（62）（63）（65）（66）。

📖 **会计之道**

管仲的会计思想

　　管仲任齐相 40 年，对齐国的政治、经济进行了一系列改革。他注重实干，反对空谈，整顿内政，调整农业生产，创行盐铁专卖政策，极力发展手工业和商业，推行优惠政策招商引资，助力齐国走上了富国强兵之路，辅佐齐桓公"九合诸侯，一匡天下"，在政治上取得了很大成就，在理财思想上的贡献更是彪炳史册，值得后人崇敬。

　　管仲的理财思想在我国历史上具有深远的影响。对于一个国家而言，会计核算对财政、物资管理起着基础性的作用，任何财政政策、赋税政策、经济政策的贯彻和落实都离不开会计工作。从这个意义上看，会计本身是理财活动的一个重要部分。管仲的理财思想中包含着科学的会计思想，他的理财成就与其会计思想是分不开的。

　　《管子》一书通篇贯穿着对"数"和"计数"的议论。无论是盐专卖中"计口售盐"措施，还是以货币投放来稳定物价的货币政策；无论是实施铁矿国有，还是粮食买卖，其中都涉及数的计算问题。在我国古代很长一段时期内，会计、统计与算数是不作严格区分的，因此《管子》中这些数的计算问题，事实上是会计方面的问题。因为这些计数，都起到了现代会计所具有的核算、反映与决策、控制的职能。纵观我国会计发展史，管仲提出的"不知计数不可"的工作原则与现代会计的"可靠性""真实性"等原则的基本内涵一脉相通。这在当时人们文化水平普遍不高、科技水平低、经济落后的条件下，是非常难能可贵的。

　　资料来源：赵丽生. 中国会计文化[M]. 2 版. 北京：高等教育出版社，2021.

项目五

纳税申报

知识目标

1. 了解增值税及附加税费的税收政策和申报期限等，熟悉其申报流程。

2. 了解有关个人所得税的法律法规，熟悉个人所得税的所得项目分类、计算方法、代扣代缴的申报流程。

3. 了解有关企业所得税的法律法规，熟悉企业所得税的申报流程。

4. 了解有关印花税的法律法规，熟悉印花税的申报流程。

5. 了解企业税务风险类型，熟悉增值税、企业所得税等税种的风险分析指标、分析思路和分析方法。

能力目标

1. 具备整理和记录增值税及附加税费、个人所得税、企业所得税、印花税等相关财务数据的能力。

2. 能够准确填报增值税及附加税费、个人所得税、企业所得税、印花税的相关报表。

3. 能够正确完成增值税及附加税费、个人所得税、企业所得税、印花税的申报工作。

4. 能够对税务风险指标进行准确的分析，撰写税务策略优化报告。

素养目标

1. 培养学生遵守税收法律法规的意识。

2. 培养学生细致认真的工作态度和保密意识。

3. 培养学生对税务风险的管控意识。

4. 培养学生对税务数据的分析决策能力和书面表达能力。

学习导图

纳税申报的学习导图如图 5-1 所示。

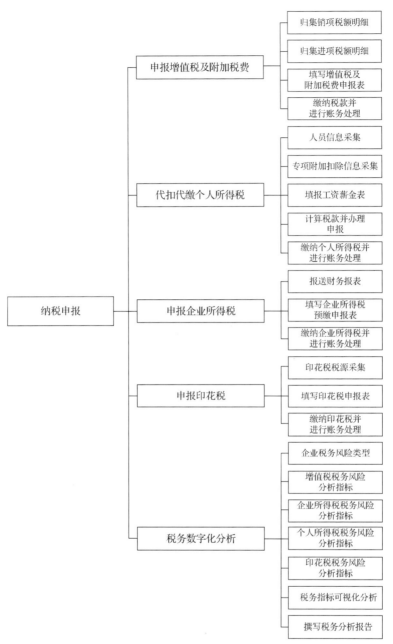

图 5-1 学习导图

任务一 申报增值税及附加税费

一、任务情境

缴纳增值税和附加税费是纳税人的纳税义务。每月月初，四川诚远股份有限公司的财务人员都非常忙碌，需要申报增值税和个人所得税等。财务人员在申报增值税及附加税费时，需要准确记录和汇总销售情况明细和进项税额明细，了解税收政策；还需要核对发票、凭证等相关凭据，确保数据的准确性和合规性；准确计算应缴纳的增值税和附加税费，按照规定填写申报表。

二、技能训练

【业务案例】

2023 年 11 月 10 日，四川诚远股份有限公司准备开始 10 月的增值税及附加税费申报、缴纳工作。财务人员从开票软件查询 2023 年 10 月 1 日至 2023 年 10 月 31 日开具的所有发票信息，包括增值税专用发票、增值税普通发票、增值税电子发票等，并将查询的所有发票数据导出为 Excel 文件，由于 10 月不存在无票销售收入情况（未开具发票取得销售收入），因此只需将下载的销项发票明细按照发票种类和税率进行销售额和销项税额的归集。之后财务人员从电子税务局网站将认证好的进项发票明细文件下载下来，并根据不同票据归集进项税额。财务人员完成销项税额和进项税额的归集工作之后，就开始填写增值税及附加税费申报表，按时提交申报表格，并缴纳应交的增值税和附加税费，根据缴纳情况进行账务处理。

【技能点一】归集销项税额明细

归集销项税额明细是指将企业在销售商品或提供劳务过程中产生的销项税额进行分类和汇总，以便准确填写增值税及附加税费申报表附列资料（一）和主表的相关数据。归集销项税额明细的步骤是：首先，对销售发票进行归集和分类，销售发票数据是企业从其开票系统或销售管理系统中下载的，分类指的是按照发票的日期、种类、税率和业务性质进行区分；其次，将未开具发票的金额进行归集和分类；最后，根据分类的发票金额和未开具发票的金额，正确计算出销售额和销项税额，避免不准确的税务申报，降低税务风险。

（一）开票日期

开票日期是归集销项税额的重要参考日期之一。企业一般在增值税纳税义务发生当月开具发票。

（二）发票归类

财务人员为了方便填写增值税及附加税费申报表附列资料（一），在归集销项发票时，会将增值税专用发票和增值税电子专用发票归类为"增值税专用发票"，将增值税普通发票、增值税电子普通发票、机动车销售统一发票和二手车销售统一发票归类为"其他发票"，按照这两大类归集销售额和销项税额。

（三）一般纳税人销项税额的计算方法

$$销项税额 = 不含税销售额 \times 税率$$

【操作指导】

从本书配套教学资源包中获取 10 月销项发票明细表。按照增值税专用发票、其他发票两大类及税率汇总销售额、销项税额，10 月销项税额明细归集结果如表 5-1 所示。

知识拓展

税务管理中的时间概念

表 5-1　　　　　　　　　　10 月销项税额明细归集结果　　　　　　　　　单位：元

开具增值税专用发票		开具其他发票	
销售额	销项税额	销售额	销项税额
2 251 061.95	292 638.05	0.00	0.00

【技能点二】归集进项税额明细

归集进项税额明细是将企业在采购货物或接受服务过程中产生的进项税额进行分类和汇总。企业在电子税务局上对发票进行抵扣勾选后，根据票据凭证和业务，分类汇总出可抵扣进项税额和进项税额转出额。分类汇总便于纳税申报和税务核算，确保企业按照税法规定合理、准确地抵扣进项税额。

知识拓展

可抵扣发票凭证及对应进项税额

（一）可抵扣票据及进项税额计算

由于不是所有的发票都可以做进项税额抵扣，因此，企业在归集进项税额明细时，需要收集可抵扣的票据进行分类，之后汇总计算出进项税额，便于纳税申报。

（二）进项税额转出

增值税进项税额转出是指将那些按税法规定不能抵扣，但购进时已作抵扣的进项税额如数转出。进项税额转出，在数额上是一进一出，进出相等。

知识拓展

进项税额转出举例

（三）发票抵扣勾选

当企业收到进项专用发票时，需要对发票上的货物或劳务是否用于生产经营进行确认。通过发票抵扣勾选，企业确认该发票上的增值税金额可用于抵扣销售商品或提供劳务时所产生的增值税。

在纳税申报时，企业需要根据进项专用发票上的抵扣情况来计算可抵扣的增值税金额。如果未勾选抵扣，该发票上的增值税将无法计入可抵扣金额。

一般纳税人在报税前需要在电子税务局网站上进行发票勾选才能抵扣进项税额。

【操作指导】

（1）登录电子税务局网站，选择【我要办税】-【税务数字账户】命令，在【税务数字账户】页面选择【发票勾选确认】，然后再选择【抵扣类勾选】，如图 5-2 所示。

图 5-2　发票抵扣勾选

（2）勾选状态选择"未勾选"，根据需要设置相关查询条件，然后单击【查询】按钮，选择要勾选的发票信息，单击【提交勾选】按钮，如图 5-3 所示。

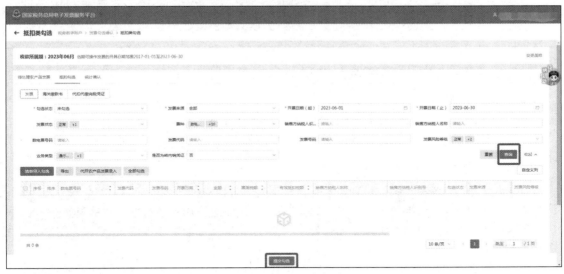

图 5-3　发票提交勾选

（3）提交成功后，依次单击【税务数字账户】【发票勾选确认】【抵扣类勾选】【统计确认】按钮，如果当前税款所属期还未生成勾选结果的统计报表，纳税人可单击【申请统计】按钮进行统计，统计确认后即可下载发票明细，如图 5-4 所示，后续可以根据进项发票明细填写增值税及附加税费申报表。

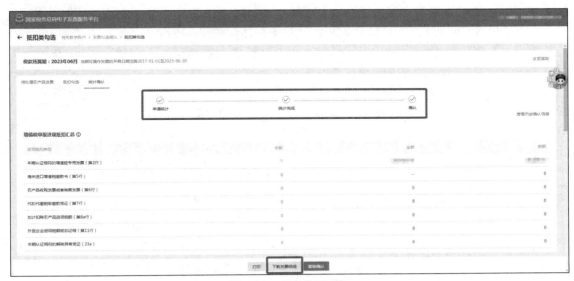

图 5-4　下载发票明细

从本书配套教学资源包中获取 10 月进项发票明细表。根据可抵扣票据类型汇总对应的票据份数、金额和进项税额，10 月进项税额明细归集结果如表 5-2 所示。

表 5-2   10 月进项税额明细归集结果

发票类型	抵扣		
	数量/份	金额/元	进项税额/元
增值税专用发票	13	2 453 272.75	298 382.05
旅客运输服务扣税凭证	6	2 406.7	193.3

【技能点三】填写增值税及附加税费申报表

（一）增值税申报

（1）一般纳税人的增值税按月申报，附加税费也按月申报。

（2）小规模纳税人的增值税按季度申报，附加税费也按季度申报。

（二）申报表单

一般纳税人的增值税及附加税费申报表包含主表及附列资料。

（1）增值税及附加税费申报（一般纳税人适用），即主表，用于填写本期应纳税额。

（2）增值税及附加税费申报表附列资料（一），用于填写本期销项税额明细。

（3）增值税及附加税费申报表附列资料（二），用于填写本期进项税额明细。

（4）增值税及附加税费申报表附列资料（三），用于填写本期服务、不动产和无形资产扣除项目明细。

（5）增值税及附加税费申报表附列资料（四），用于填写本期税额抵减情况。

（6）增值税及附加税费申报表附列资料（五），用于填写本期附加税费情况。

（7）增值税减免税申报明细表，用于填写减免税申报情况。

知识拓展

增值税及附加税费申报表附列资料（一）填写说明

【操作指导】

在电子税务局网站上填写增值税及附加税费申报表时一般先从附表开始，之后附表中的数据会自动汇总到主表，最后对主表数据进行核对即可。这里以填写 Excel 表为例，重点介绍如何填写表中各项目。

1. 填写增值税及附加税费申报表附列资料（一）

打开增值税及附加税费申报表附列资料（一），税款所属时间为 2023 年 10 月 1 日至 2023 年 10 月 31 日，将 10 月销项税额明细归集结果填写在一般计税方法计税对应的栏次，如图 5-5 所示。

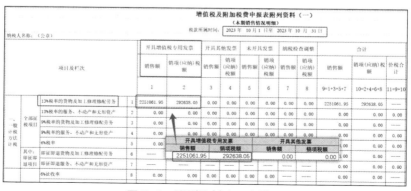

图 5-5   附列资料（一）填写

2. 填写增值税及附加税费申报表附列资料（二）

打开增值税及附加税费申报表附列资料（二），税款所属时间为 2023 年 10 月 1 日至 2023 年 10 月 31 日，填写 10 月进项税额明细归集结果，本期认证相符的增值税专用发票需要填写在栏次 2 和栏次 35，火车票和电子普通发票（运输服务）等运输服务扣税凭证需要填写在栏次 8b，所有旅客运输服务扣税凭证（包括增值税普通发票和增值税专用发票）需要填写在栏次 10，如图 5-6 所示。

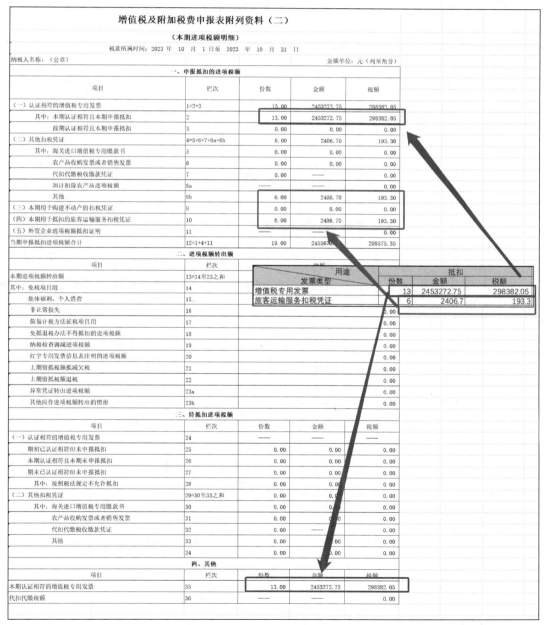

图 5-6　附列资料（二）填写

3. 填写增值税及附加税费申报表附列资料（三）

增值税及附加税费申报表附列资料（三）由服务、不动产和无形资产有扣除项目的营改增纳税人填写，其他纳税人不填写。

由于本案例企业不是营改增纳税人，故不用填写此表。

4. 填写增值税及附加税费申报表附列资料（四）

增值税及附加税费申报表附列资料（四）由税额抵减情况和加计抵减情况两部分构成。涉及发生增值税税控系统专用设备费及技术维护费、销售不动产预征缴纳税款等的纳税人，需要填写附列资料（四）的税额抵减情况；而加计抵减情况仅限适用加计抵减政策的纳税人填写，反映其加计抵减情况，其他纳税人不需要填写。

由于本案例企业没有发生税额抵减情况和加计抵减情况，故不用填写此表。

5. 填写增值税及附加税费申报表附列资料（五）

在增值税及附加税费申报表附列资料（五）中，附加税费以实际缴纳的增值税为依据，根据附加税费的计算公式填写各项附加税费的应纳税（费）额。

由于本案例企业的可抵扣进项税额大于销项税额，故不用填写此表。

6. 填写增值税减免税申报明细表

增值税减免税申报明细表由减税项目和免税项目两部分构成，有发生跨境服务的纳税人需要填写免税项目内容。（可通过国家税务总局网站的"纳税服务"栏目下载《减免税政策代码目录》，了解有关减免税项目。）

由于本案例企业不享受减免税政策，故不用填写此表。

知识拓展

增值税及附加税费
申报表（主表）填写
说明

7. 填写增值税及附加税费申报表（一般纳税人适用）主表

打开增值税及附加税费申报表（一般纳税人适用）主表，税款所属时间为2023年10月1日至2023年10月31日，根据案例企业的企业信息填写纳税人识别号、纳税人名称、所属行业等信息。

四川诚远股份有限公司2023年9月的主表信息为：销售额和销项税额为0元，进项税额为1 334 560元，期末留抵税额为1 334 560元。根据本月附表信息及上月主表信息填写主表中一般项目的数据如下。

（1）栏次1和栏次2：本月数等于附列资料（一）的合计销售额，即2 251 061.95元；本年累计等于各月与本月数之和，即0+2 251 061.95=2 251 061.95（元）。

（2）栏次11：本月数等于附列资料（一）的合计销项税额，即292 638.05元；本年累计等于各月与本月数之和，即0+292 638.05=292 638.05（元）。

（3）栏次12：本月数等于附列资料（二）的合计进项税额，即298 575.35元；本年累计等于各月与本月数之和，即1 334 560+298 575.35=1 633 135.35（元）。

（4）栏次13：本月数等于上一税款所属期申报表中"期末留抵税额"的本月数，即1 334 560元，本年累计不填写。

（5）栏次17、18、20的本月数均由公式计算得出，且本年累计不填写。

将以上信息录入主表，如图5-7所示。

附件 1

增 值 税 及 附 加 税 费 申 报 表

(一般纳税人适用)

根据国家税收法律法规及增值税相关规定制定本表。纳税人不论有无销售额，均应按税务机关核定的纳税期限填写本表，并向当地税务机关申报。

税款所属时间：自 2023 年 10 月 1 日至 2023 年 10 月 31 日　　填表日期：2023 年 11 月 10 日　　　　　　　　　金额单位：元（列至角分）

纳税人识别号（统一社会信用代码）：　91510100MA6TOG7D9C　　　　　　　　　　　　　　　　　所属行业：　其他电子设备制造

纳税人名称：四川诚远股份有限公司		法定代表人姓名	李昭	注册地址	四川省成都市锦江区人民中路245号	生产经营地址	省成都市锦江区人民中路24
开户银行及账号 中国工商银行成都分行高新支行 955892165432589			登记注册类型		股份有限公司		电话号码 028-62870000

项目		栏次	一般项目		即征即退项目	
			本月数	本年累计	本月数	本年累计
销售额	（一）按适用税率计税销售额	1	2251061.95	2251061.95	0.00	0.00
	其中：应税货物销售额	2	2251061.95	2251061.95	0.00	0.00
	应税劳务销售额	3	0.00	0.00	0.00	0.00
	纳税检查调整的销售额	4	0.00	0.00	0.00	0.00
	（二）按简易办法计税销售额	5	0.00	0.00	0.00	0.00
	其中：纳税检查调整的销售额	6	0.00	0.00	0.00	0.00
	（三）免、抵、退办法出口销售额	7	0.00	0.00	——	——
	（四）免税销售额	8	0.00	0.00	——	——
	其中：免税货物销售额	9	0.00	0.00	——	——
	免税劳务销售额	10	0.00	0.00	——	——
税款计算	销项税额	11	292638.05	292638.05	0.00	0.00
	进项税额	12	298575.35	1633135.35	0.00	0.00
	上期留抵税额	13	1334560.00		0.00	0.00
	进项税额转出	14	0.00	0.00	0.00	0.00
	免、抵、退应退税额	15	0.00	0.00	0.00	0.00
	按适用税率计算的纳税检查应补缴税额	16	0.00	0.00	0.00	0.00
	应抵扣税额合计	17=12+13-14-15+16	1633135.35	——	0.00	
	实际抵扣税额	18（如17<11，则为17，否则为11）	292638.05		0.00	
	应纳税额	19=11-18	0.00		0.00	
	期末留抵税额	20=17-18	1340497.30		0.00	
	简易计税办法计算的应纳税额	21	0.00	0.00	0.00	0.00
	按简易计税办法计算的纳税检查应补缴税额	22	0.00	0.00		
	应纳税额减征额	23	0.00	0.00	0.00	0.00
	应纳税额合计	24=19+21-23	0.00	0.00	0.00	0.00
税款缴纳	期初未缴税额（多缴为负数）	25	0.00	0.00	0.00	0.00
	实收出口开具专用缴款书退税额	26	0.00	0.00	——	——
	本期已缴税额	27=28+29+30+31	0.00		0.00	
	①分次预缴税额	28	0.00	——	0.00	
	②出口开具专用缴款书预缴税额	29	0.00	——	——	——
	③本期缴纳上期应纳税额	30	0.00	0.00	0.00	0.00
	④本期缴纳欠缴税额	31	0.00	0.00	0.00	0.00
	期末未缴税额（多缴为负数）	32=24+25+26-27	0.00	0.00	0.00	0.00
	其中：欠缴税额（≥0）	33=25+26-27	0.00			
	本期应补（退）税额	34=24-28-29	0.00		0.00	
	即征即退实际退税额	35	——	——	0.00	0.00
	期初未缴查补税额	36	0.00	0.00	——	——
	本期入库查补税额	37	0.00	0.00	——	——
	期末未缴查补税额	38=16+22+36-37	0.00	0.00	——	——
附加税费	城市维护建设税本期应补（退）税额	39	0.00	0.00	——	——
	教育费附加本期应补（退）费额	40	0.00	0.00	——	——
	地方教育附加本期应补（退）费额	41	0.00	0.00	——	——

声明：此表是根据国家税收法律法规及相关规定填写的，本人（单位）对填报内容（及附带资料）的真实性、可靠性、完整性负责。

图 5-7　主表填写

【技能点四】缴纳税款并进行账务处理

增值税及附加税费申报成功后，企业需要尽快清缴税款，以免产生滞纳金。同时，企业缴纳增值税及附加税费后还需根据缴纳情况编制记账凭证，以下是缴纳两种税费的会计分录。

（1）缴纳增值税的会计分录。

借：应交税费——未交增值税

　　贷：银行存款

（2）缴纳附加税费的会计分录。

借：应交税费——应交城市维护建设税

          ——应交教育费附加

          ——应交地方教育附加

    贷：银行存款

注：由于四川诚远股份有限公司 2023 年 10 月的增值税应纳税额为 0，无须缴纳税款，因此不用填制缴纳税费凭证。

三、任务拓展实训

【实训一】具体内容参见本书附录 10 月完整经济业务（15）。

【实训二】具体内容参见本书附录 11 月完整经济业务（21）。

【实训三】具体内容参见本书附录 12 月完整经济业务（21）。

任务二　代扣代缴个人所得税

代扣代缴个人所得税是企业按照税法规定，为员工从其收入中扣除应交个人所得税，并及时向税务机关缴纳的过程。扣缴义务人代扣代缴个人所得税的流程为：人员信息采集→专项附加扣除信息采集→填报工资薪金表→进行税款计算并办理申报→缴纳个人所得税并进行账务处理。

一、任务情境

四川诚远股份有限公司的财务人员负责收集员工的专项附加扣除信息和工资信息，准确计算个人所得税额，编制申报表并按时提交给税务部门，最后缴纳所代扣的个人所得税。通过严格遵守个人所得税代扣代缴的流程，公司履行了合规责任，不仅简化了员工纳税程序，确保员工纳税义务的履行，还维护了社会税收秩序的稳定和促进经济的可持续发展。

二、技能训练

【业务案例】

2023 年 12 月 10 日，四川诚远股份有限公司对 11 月发放的工资进行税款计算并完成个人所得税的填写申报工作。由于公司是 2023 年 9 月新成立的公司，11 月发放的是 10 月员工的工资，12 月是公司第一次申报个人所得税，因此财务人员需要在自然人电子税务局网站上进行人员信息的采集及专项附加扣除信息的采集。完成以上信息采集之后，在综合所得申报里，财务人员需要填写员工的工资收入、扣缴的"三险一金"等，根据填写的信息进行税款计算和纳税申报缴纳个人所得税并进行账务处理。

> ✒ 注意
>
> 个人所得税申报涉及工资发放期、税款所属期和税款申报期，与工资所属期无关。
>
> 工资发放期是指实际发放工资的日期，按照个人所得税法的规定，实际发放工资的日期所

属的月份即为税款所属期，税款所属期下月的征期为该所属期税款对应的申报期。

纳税人应当按照工资发放期计算税款，在税法规定的税款申报期内完成纳税申报。

【技能点一】人员信息采集

在申报个人所得税时，人员信息采集是第一步。人员信息采集是为了准确记录个人所得税相关的纳税人信息，确保纳税人身份的准确性和合规性。采集人员信息的过程包括收集纳税人的基本身份信息、工作情况和收入来源等，以确保个人所得税的准确计算和纳税义务的履行。通过采集人员信息，税务机关能够建立准确的纳税人档案，为纳税人提供合法的纳税证明，以维护税收秩序和保障纳税人的权益。

（一）人员信息采集方法

人员信息采集分为境内人员信息采集和境外人员信息采集，下面以境内人员信息采集操作为例。

在自然人电子税务局网站扣缴客户端依次单击【人员信息采集】和【添加】按钮，进入【境内人员信息】页面。根据实际情况录入人员基本信息，单击【保存】按钮即可添加成功，如图 5-8 所示。（无须操作，了解即可。）

图 5-8　境内人员信息采集

> **注意**
>
> 人员信息只需要采集一次，如果有新员工加入，则添加该员工信息即可；对离职、离退等不再从本单位取得所得的人员，可将人员状态设置为"非正常"并录入离职、离退日期；只有未报送的人员可以删除。

（二）人员信息报送验证

1. 报送

在扣缴客户端单击【报送】按钮，系统会将报送状态为"待报送"的人员信息报送至税务机关进行验证。

2. 获取反馈

报送成功后，可单击【获取反馈】按钮，税务机关会对居民身份信息进行验证。若自然人身份信息与公安机关的居民身份登记信息一致，则身份验证通过。

【技能点二】专项附加扣除信息采集

知识拓展

专项附加扣除

专项附加扣除信息采集是申报个人所得税的重要步骤之一，其目的是准确记录纳税人的专项附加扣除情况，以便计算个人所得税的应纳税额。专项附加扣除，包括子女教育、继续教育、大病医疗、住房贷款利息、住房租金、赡养老人、3 岁以下婴幼儿照护等支出。因为涉及个人隐私，企业通常鼓励员工自己录入。在填报过程中，纳税人根据自己的实际情况填报专项附加扣除信息，需提供相关资料，如子女教育信息、住房贷款合同、住房租金信息等。这些信息用于计算专项附加扣除金额，并在纳税申报中予以扣除。纳税人应如实填报，并确保纳税申报准确无误。

专项附加扣除信息需要纳税人在每年 12 月提交一次，如果第一年有填报信息且第二年扣除信息无变动，可将第一年的信息一键导入第二年。下面以纳税人首次填报住房租金专项附加扣除信息为例说明操作方法。

登录手机个人所得税 App，点击【专项附加扣除填报】，选择扣除年度为"2023"，填报前需要准备住房租赁资料，然后依次填写住房租金信息、工作城市信息，最后提交申报即可，如图 5-9 所示。

图 5-9　专项附加扣除信息填报

【技能点三】填报工资薪金表

根据员工工资表（从本书配套教学资源包中获取），在自然人电子税务局网站扣缴客户端，选择"综合所得申报"，填写"正常工资薪金"，如图 5-10 所示。

以填写员工李昭的工资薪金为例，输入其本期收入、扣缴的"三险一金"和专项附加扣除等，如图 5-11 所示。

	1.收入及减除填写	>>	2.税款计算	>>	3.附表填写	>>	4.申报表报送
人员信息采集							
专项附加扣除信息采集	综合所得预扣预缴表						
综合所得申报	所得项目名称	填写人数		收入额合计	状态		操作
分类所得申报	正常工资薪金	3		0.00	已填写		填写
非居民所得申报	全年一次性奖金收入	0		0.00	未填写		填写

图 5-10　综合所得申报

本期收入	本期免税收入	基本养老保险费	基本医疗保险费	失业保险费	住房公积金	累计子女教育	累计住房贷款利息	累计住房租金	累计赡养老人
7580.00	0.00	480.00	120.00	24.00	480.00	0.00	0.00	0.00	0.00

图 5-11　工资薪金表填写

【技能点四】计算税款并办理申报

申报工资薪金的个人所得税，应以纳税人取得收入的月份作为申报所属期。扣缴义务人每月或者每次预扣、代扣的税款，应当在申报所属期次月十五日内缴入国库。

【操作指导】

工资薪金表填写完成后，自然人电子税务局网站扣缴客户端会自动计算出应纳税额，财务人员只需核对，然后填写个人所得税扣缴申报表并发送申报、获取反馈。

个人所得税扣缴申报表主要由四部分构成：第一部分为员工的基本信息和所得项目；第二部分为本月（次）情况，填写收入、专项扣除和其他扣除信息；第三部分为累计情况，填写本年度截至当前月份累计的收入额、累计减除费用、累计专项扣除和累计专项附加扣除等信息；第四部分是税款计算，填写扣缴个人所得税款的计算情况。

由于案例企业四川诚远股份有限公司 2023 年 9 月成立，员工个人累计收入不能很好地演示个人所得税的扣缴申报。这里我们假设员工李昭每月的工资收入为 7 580 元，减除费用为 5 000 元，基本养老保险费为 480 元，基本医疗保险费为 120 元，失业保险费为 24 元，住房公积金为 480 元，1—10 月累计收入额为 61 580 元，累计减除费用为 50 000 元，累计专项扣除为 11 040 元。套用计算公式"应纳税所得额=累计收入-累计免税收入-累计减除费用-累计专项扣除-累计专项附加扣除-累计依法确定的其他扣除"，得出应纳税所得额=61 580-50 000-11 040=540（元）。根据个人所得税预扣率表一得出税率为 3%、速算扣除数为 0。因此，应纳税额=应纳税所得额×税率-速算扣除数=540×0.03-0=16.2（元）。将以上数据填入个人所得税扣缴申报表，如图 5-12 所示。

个人所得税扣缴申报表

税款所属期：　2023 年 11 月 1 日至　2023 年 11 月 30 日

扣缴义务人名称：四川诚远股份有限公司

扣缴义务人纳税人识别号（统一社会信用代码）：91510100MA6T0G7D9C

金额单位：人民币元（列至角分）

序号	姓名	身份证件类型	身份证件号码	纳税人识别号	是否为非居民个人	所得项目	本月（次）情况 收入额计算 收入	费用	免税收入	减除费用	专项扣除 基本养老保险费	基本医疗保险费	失业保险费	住房公积金	其他扣除 年金	商业健康保险	税延养老保险	财产原值	允许扣除的税费	其他	累计情况 累计收入额	累计减除费用	累计专项扣除	累计专项附加扣除 子女教育	继续教育	住房贷款利息	住房租金	赡养老人	3岁以下婴幼儿照护	累计其他扣除	减按计税比例	准予扣除的捐赠额	税款计算 应纳税所得额	税率/预扣率	速算扣除数	应纳税额	减免税额	已缴税额	应补/退税额	备注
1	2	3	4	5	6	7	8	9	10	11	12	13	14	15	16	17	18	19	20	21	22	23	24	25	26	27	28	29	30	31	32	33	34	35	36	37	38	39	40	41
1	李昭	居民身份证			否	正常工资薪金	7580			5000	480	120	24	480							6158	5000	1104										540	0.03	0	16.2	0	0	16.2	

图 5-12　个人所得税扣缴申报表

【技能点五】缴纳个人所得税并进行账务处理

个人所得税申报成功后，企业需要按时缴纳税款，避免产生滞纳金和罚款。同时，企业缴纳个人所得税后应根据缴纳情况编制记账凭证。以下是缴纳个人所得税的会计分录。

借：应交税费——应交个人所得税
　　贷：银行存款

2023 年 12 月 10 日，四川诚远股份有限公司完成个人所得税申报后，缴纳税款 503.28 元并取得税收完税证明，如图 5-13 所示。会计根据缴纳个人所得税票据在金蝶云星空平台填制凭证。

图 5-13　税收完税证明

【操作指导】

（一）业务信息整理

根据 2023 年 12 月 10 日取得的税收完税证明（见图 5-13）填制记账凭证，相应科目和金额等信息如表 5-3 所示。

表 5-3　　　　　　　　　　　　　缴纳个人所得税凭证信息　　　　　　　　　　　　　单位：元

科目全名	核算维度	借方金额	贷方金额
应交税费_应交个人所得税		503.28	
银行存款	中国工商银行成都分行高新支行		503.28

（二）操作步骤

以会计身份登录金蝶云星空平台，执行【财务会计】—【总账】—【凭证管理】—【凭证录入】命令，进入【凭证-修改】页面。修改凭证日期为"2023/12/10"，凭证字为"记字"。在第一行填写摘要为"申报并缴纳 11 月个税"，设置科目编码为"2221.13"、科目全名为"应交税费_应交个人所得税"，设置借方金额为"￥503.28"。在第二行填写摘要为"申报并缴纳 11 月个税"，设置科目编码为"1002"、科目全名为"银行存款"，核算维度为"中国工商银行成都分行高新支行"，贷方金额为"￥503.28"。依次单击【保存】【提交】【审核】按钮，得到的凭证如图 5-14 所示。

图 5-14　缴纳个人所得税凭证参考

三、任务拓展实训

【实训】具体内容参见本书附录 12 月完整经济业务（22）。

任务三　申报企业所得税

申报企业所得税是企业按照税法规定，向税务机关申报企业应缴纳的企业所得税的过程。一般的企业所得税申报流程为：财务报表报送→填写企业所得税预缴申报表→缴纳企业所得税并进行账务处理。

一、任务情境

缴纳企业所得税是企业履行纳税义务的一部分，也是企业合规经营的重要环节。四川诚远股份有限公司在申报企业所得税时，财务人员需要审核财务报表数据的准确性，根据税法规定计算税额，并按照规定的格式填写企业所得税预缴申报表。完成纳税申报后，企业应按时缴纳企业所得税。

二、技能训练

【业务案例】

2023 年 10 月 10 日，四川诚远股份有限公司开展企业所得税第三季度预缴申报工作。首先，财务人员编制出 9 月的财务报表（从本书配套教学资源包中获取）并核对财务数据无误后，在电子税务局网站报送相应的财务报表。其次，根据财务报表的数据填写季度预缴纳税申报表并报送、缴纳税款。最后，财务人员根据预缴的税款信息编制记账凭证。

【技能点一】报送财务报表

财务报表简称财报，是会计主体对外提供的反映会计主体财务状况和经营成果的会计报表。财务报表可以反映一家企业过去一段时间（主要是季度或年度）的资产状况和经营成果，包括资产负债表、利润表和现金流量表等。企业在申报企业所得税之前，需要先报送财务报表。

（一）申报时间

一般纳税人财务报表主要以季报为主，根据部分地区主管税务机关的规定，当地的一般纳税人也可以进行财务报表的月报。一般纳税人可以通过网上申报或前台申报的方式进行财务报表申报。

（二）报送流程

（1）登录电子税务局网站，执行【我要办税】—【税费申报及缴纳】命令。

（2）在【在线申报】页面，单击【财务报表】按钮进行财务报表申报与信息采集。

（3）根据企业的资产负债表、利润表、现金流量表数据填写相关信息，填写完成后单击【保存】按钮。确认无误后单击【申报】按钮完成财务报表申报。

【技能点二】填写企业所得税预缴申报表

企业所得税预缴申报表是企业根据税法规定，向税务部门申报和预缴企业所得税的表格。申报人应根据企业的经营情况和相关规定，准确计算预缴税款，并在规定的时间内提交申报表。

（一）纳税主体

企业和其他取得收入的组织（以下统称企业）为企业所得税的纳税人。企业所得税的纳税人包括各类企业、事业单位、社会团体、民办非企业单位和从事经营活动的其他组织，但不包括个人独资企业、合伙企业等。纳税主体的具体信息如表 5-4 所示。

表 5-4   纳税主体

组织形式	法人资格	税务处理
公司制企业	具有法人资格	须缴纳企业所得税
个体工商户、个人独资企业、合伙企业	不具有法人资格	不用缴纳企业所得税

（二）申报时间

企业所得税的缴纳方式为按月度（或按季度）预缴，年终汇算清缴。

1. 按月度（或按季度）预缴

企业应当自月度或者季度终了之日起十五日内，向税务机关报送预缴企业所得税纳税申报表，预缴税款。

2. 年终汇算清缴

企业应当自年度终了之日起五个月内，向税务机关报送年度企业所得税纳税申报表，并进行汇算清缴，结清应缴应退的税款。

例如，企业按月度预缴时，2023 年 1 月的企业所得税，要在 2023 年 2 月 15 日之前预缴；2023年的企业所得税汇算清缴应在 2024 年 5 月 31 日之前完成。

【操作指导】

四川诚远股份有限公司为 2023 年 9 月成立的适用查账征收的小型微利企业，其企业所得税按季度预缴。年度中间开业的纳税人，在首次月（季）度预缴纳税申报时，填报开始经营之日至税款所属月（季）度最后一日税款。

1. 优惠及附报事项有关信息

所有项目按季度填报；按月申报的纳税人，在季度最后一个属期的月份填报；企业类型为"跨地区经营汇总纳税企业分支机构"的，不填报"优惠及附报事项有关信息"所有项目。

根据案例信息，四川诚远股份有限公司于 2023 年 9 月成立，季初从业人数为 0、季末从业人数为 20，季初资产总额为 0、季末资产总额为 1 366.01 万元，公司为非国家限制或禁止行业，符合小型微利企业条件。根据以上信息填写优惠及附报事项内容，如图 5-15 所示。

A200000　中华人民共和国企业所得税月（季）度预缴纳税申报表（A 类）

税款所属期间：2023 年 9 月 1 日至 2023 年 9 月 30 日

截至本税款所属期末季度平均值 = 截至本税款所属期末各季度平均值之和 ÷ 相应季度数

纳税人识别号（统一社会信用代码）：91510100MA6T0G7D9C

纳税人名称：四川诚远股份有限公司

金额单位：人民币元(列至角分)

优惠及附报事项有关信息									
项　目	一季度		二季度		三季度		四季度		季度平均值
	季初	季末	季初	季末	季初	季末	季初	季末	
从业人数					0	20			10
资产总额（万元）					0	1366.01			683.01
国家限制或禁止行业	□是☑否				小型微利企业				☑是□否
	附报事项名称								金额或选项
事项 1	（填写特定事项名称）								
事项 2	（填写特定事项名称）								

图 5-15　优惠及附报事项有关信息填写

2. 附报事项名称

纳税人根据《企业所得税申报事项目录》，发生符合税法相关规定的特定事项时，填报事项名称、该事项本年累计享受金额或选择享受优惠政策的有关信息。

注：可在国家税务总局网站“纳税服务”栏目下查看最新的《企业所得税申报事项目录》。

根据案例信息，四川诚远股份有限公司并无发生符合税法规定的特定事项，因此不用填写“附报事项名称”这一栏内容。

3. 预缴税款计算

预缴方式为“按照实际利润额预缴”的纳税人，填报第 1 行至第 16 行；预缴方式为“按照上一纳税年度应纳税所得额平均额预缴”的纳税人，填报第 10、11、12、13、14、16 行；预缴方式为“按照税务机关确定的其他方法预缴”的纳税人，填报第 16 行。

四川诚远股份有限公司按照实际利润额进行预缴。根据公司利润表数据，公司 2023 年第三季度经营情况如下：营业收入为 0，营业成本为 0，利润总额为-8 216.5 元，享有小型微利企业所得税优惠政策。根据以上信息填写预缴税款计算内容，如图 5-16 所示。

	预缴税款计算	本年累计
1	营业收入　　取利润表中1—9月累计数据	0.00
2	营业成本	0.00
3	利润总额	-8216.5
4	加：特定业务计算的应纳税所得额	0.00
5	减：不征税收入	0.00
6	减：资产加速折旧、摊销（扣除）调减额（填写　A201020）	0.00
7	减：免税收入、减计收入、加计扣除（7.1+7.2+…）	0.00
8	减：所得减免（8.1+8.2+…）	0.00
9	减：弥补以前年度亏损	0.00
10	实际利润额（3+4-5-6-7-8-9）\ 按照上一纳税年度应纳税所得额平均额确定的应纳税所得额	-8216.5
11	税率(25%)　　利润为负数，不需要缴纳所得税，故应纳所得税额为0	0.00
12	应纳所得税额（10×11）	0.00
13	减：减免所得税额（13.1+13.2+…）	0.00
13.1	符合条件的小型微利企业减免企业所得税	0.00
14	减：本年实际已缴纳所得税额	0.00
15	减：特定业务预缴（征）所得税额	0.00
16	本期应补（退）所得税额（12-13-14-15）\ 税务机关确定的本期应纳所得税额	0.00

图 5-16　预缴税款计算

4. 汇总纳税企业总分机构税款计算

属于“跨地区经营汇总纳税企业总机构”的纳税人，填报第 17、18、19、20 行；属于“跨地区经营汇总纳税企业分支机构"的纳税人，填报第 21、22 行。

根据案例信息，四川诚远股份有限公司并未设立总分机构，因此不用填写"汇总纳税企业总分机构税款计算"这一栏内容。

5. 实际缴纳企业所得税计算

本栏适用于民族自治地区纳税人填报，可享受部分减征或免征政策。根据案例信息，四川诚远股份有限公司不是民族自治地区企业，因此不用填写此栏内容。

【技能点三】缴纳企业所得税并进行账务处理

企业所得税申报成功后，企业需要按时缴纳税款，避免产生滞纳金。同时，企业缴纳企业所得税后还需根据缴纳情况编制记账凭证，以下是缴纳企业所得税的会计分录。

借：应交税费——应交所得税
　　贷：银行存款

注：由于四川诚远股份有限公司第三季度无须预缴税款，因此不用填制缴纳税费记账凭证。

三、任务拓展实训

【实训】具体内容参见本书附录 10 月完整经济业务（16）。

任务四　申报印花税

申报印花税是企业按照税法规定，向税务机关申报应缴纳的印花税的过程。一般的印花税申报流程为：印花税税源采集→填写印花税申报表→缴纳印花税并进行账务处理。

一、任务情境

四川诚远股份有限公司在申报印花税时，财务人员需要了解《印花税法》和相关规定，仔细审查涉及印花税的合同和交易文件，计算应缴纳的印花税税额，并按照税务局的规定进行印花税的申报缴纳。

二、技能训练

【业务案例】

2023 年 10 月 10 日，四川诚远股份有限公司开展印花税第三季度申报工作。财务人员整理好相关应税凭证：租赁合同 2 份（办公室租赁合同和厂房租赁合同），合同所列价款（不包括列明的增值税税款）共计 494 091.74 元；买卖合同 4 份（生产设备采购合同 1 份和原材料采购合同 3 份），合同所列价款（不包括列明的增值税税款）共计 17 796 460.18 元。据此，四川诚远股份有限公司在电子税务局网站按期申报印花税。首先需要进行印花税税源采集，根据整理好的应税凭证录入相关信息，包括应税凭证名称、税目、计税金额等。之后系统会自动带出已采集的税源信息，财务人员核对数据无误后，可进行报表申报、缴纳税款。最后，财务人员根据缴款信息编制记账凭证。

【技能点一】印花税税源采集

在中华人民共和国境内书立应税凭证，进行证券交易的单位和个人，应缴纳印花税。税源信息是财产和行为税各税种纳税申报和后续管理的基础数据来源，是生成纳税申报表的主要依据。纳税人通过填报印花税税源明细表提供税源信息，包括应税凭证名称、计税金额等。通过印花税税源采集，税务部门能够准确计算纳税人的印花税，确保税收公平和有效征收。

印花税计征方式分为按期申报和按次申报。

（1）按期申报：已进行印花税按期申报税（费）种核定的纳税人可以选择按期申报（按季、年）。

（2）按次申报：未认定印花税税种，选择按次申报。

> **✐ 注意**
>
> 应税合同、产权转移书据印花税可以按季或者按次申报缴纳，应税营业账簿印花税可以按年或者按次申报缴纳，具体纳税期限由各省、自治区、直辖市、计划单列市税务局结合征管实际确定。

本案例企业已核定过印花税税种，因此在申报印花税时要选择"按期申报"。根据企业第三季度发生的应税行为填写印花税税源明细表。

【操作指导】

以四川诚远股份有限公司于 2023 年 9 月签订的房屋租赁合同为例填写印花税税源明细表。2023 年 9 月 3 日，四川诚远股份有限公司向四川西汇投资有限公司租赁了 1 000 平方米办公室，租赁合同如图 5-17 所示。合同约定租赁期限为 2023 年 10 月 1 日至 2024 年 9 月 30 日，每月租金为 10 000 元（含税），支付方式为押一付三。

房屋租赁合同

出租方：四川西汇投资有限公司

承租方：四川诚远股份有限公司

根据《中华人民共和国民法典》及有关规定，为明确出租方与承租方的权利义务关系，经双方协商一致，签订本合同。

第一条　房屋坐落、间数、面积、房屋质量（略）。

第二条　租赁期限：租赁期限自 2023 年 10 月 01 日起，至 2024 年 09 月 30 日止。

第三条　租金和租金的交纳期限：租金按季度缴纳，于每年 01 月 01 日，04 月 01 日，07 月 01 日，10 月 01 日缴纳 30000 元/季度，押一付三。

第四条　本合同未尽事宜，一律按《中华人民共和国民法典》的有关规定，经合同双方共同协商，做出补充规定，补充规定与本合同具有同等效力。

第五条　本合同经双方签字生效。

出租方　合同专用章　　　承租方　合同专用章

代表人签字：杨婉娜　　　代表人签字：李昭

签约时间：2023 年 09 月 03 日

图 5-17　房屋租赁合同

公司签订的房屋租赁合同，属于印花税税目——租赁合同，需要按照租金（不包括列明的增值税税款）的千分之一缴纳印花税，因此计税金额=含税金额/（1+增值税税率）=120 000/1.09=110 091.74(元)。因为该业务发生时间为 2023 年第三季度，所以该税目的税款所属期为"2023-07-01 至 2023-09-30"。同时，企业为小型微利企业，享有印花税减征政策（按 50%减征印花税），需要填写减免性质代码为"09049903"、项目名称为"小型微利企业印花税减征"。根据以上信息，填写该业务对应的印花税税源明细表，如图 5-18 所示。

印花税税源明细表

纳税人识别号（统一社会信用代码）：91510100MA6T0G7D9C

纳税人（缴费人）名称：四川诚远股份有限公司　　　　　　　　　　　　　　　　　金额单位：人民币元（列至角分）

序号	应税凭证税种编号	应税凭证编号	*应税凭证名称	*申报期限类型	应税凭证数量	*税目	子目	*税款所属期起	*税款所属期止	*应税凭证书立日期	*计税金额	实际结算日期	实际结算金额	*税率	减免性质代码和项目名称	对方书立人名称	对方书立人纳税人识别号（统一社会信用代码）	对方书立人涉及金额
1			租赁合同	按期申报	1	租赁合同	房屋租赁合同	2023-07-01	2023-09-30	2023-09-03	110091.74			0.001	09049903，小型微利企业印花税减征			

图 5-18　印花税税源明细表（租赁合同）

【技能点二】填写印花税申报表

印花税税源信息保存成功后，财务人员在电子税务局网站核对数据无误后，即可申报；系统会自动导出已采集的税源信息，财务人员核对数据无误后即可申报、缴纳税款。以下通过手工填写财产和行为税纳税申报表，学习印花税的计算方式和申报表的填写方法。

【操作指导】

根据图 5-18 印花税税源明细表填写财产和行为税纳税申报表及相关附表，税种为"印花税"，税目为"租赁合同"，税款所属期起为"2023-07-01"，税款所属期止为"2023-09-30"，计税依据为"110 091.74"，税率为"0.001"，小微企业可按 50%减征印花税，已缴税额为"0"，根据"应纳税额=计税依据×税率""减免税额=应纳税额×减征率""应补（退）税额=应纳税额-减免税额-已缴税额"等公式，计算出应纳税额为"110.09"，减免税额为"55.05"，应补（退）税额为"55.04"。具体信息填写如图 5-19 和图 5-20 所示。

财产和行为税纳税申报表

纳税人识别号（统一社会信用代码）：91510100MA6T0G7D9C

纳税人名称：四川诚远股份有限公司　　　　　　　　　　　　　金额单位：人民币元（列至角分）

序号	税种	税目	税款所属期起	税款所属期止	计税依据	税率	应纳税额	减免税额	已缴税额	应补（退）税额
1	印花税	租赁合同	2023-07-01	2023-09-30	110091.74	0.001	110.09	55.05	0	55.04

图 5-19　财产和行为税纳税申报表信息

财产和行为税减免税明细申报附表

纳税人识别号（统一社会信用代码）：91510100MA6T0G7D9C

纳税人名称：四川诚远股份有限公司　　　　　　　　　　　　　　金额单位：人民币元（列至角分）

本期是否适用增值税小规模纳税人减征政策		□是 ☑否	本期适用增值税小规模纳税人减征政策起始时间		年　　月
			本期适用增值税小规模纳税人减征政策终止时间		年　　月
合计减免税额				55.05	

城镇土地使用税					
序号	土地编号	税款所属期起	税款所属期止	减免性质代码和项目名称	减免税额
1					
2					
小计	—			—	

房产税					
序号	房产编号	税款所属期起	税款所属期止	减免性质代码和项目名称	减免税额
1					
2					
小计	—			—	

车船税					
序号	车辆识别代码/船舶识别码	税款所属期起	税款所属期止	减免性质代码和项目名称	减免税额
1					
2					
小计	—			—	

印花税					
序号	税目	税款所属期起	税款所属期止	减免性质代码和项目名称	减免税额
1	租赁合同	2023-07-01	2023-09-30	09049903,小型微利企业印花税减征	55.05
2					
小计	—	2023-07-01	2023-09-30		55.05

图 5-20　财产和行为税减免税明细申报附表信息

【技能点三】缴纳印花税并进行账务处理

印花税申报成功后，企业需要按时缴纳税款，避免产生滞纳金和罚款。同时，企业缴纳印花税后应根据缴纳情况编制记账凭证，以下是缴纳印花税的会计分录。

借：应交税费——应交印花税

贷：银行存款

2023 年 10 月 10 日，四川诚远股份有限公司完成印花税申报后，缴纳税款 2 916.5 元并取得税收完税证明，如图 5-21 所示。会计根据缴纳印花税票据在金蝶云星空平台填制凭证。

中华人民共和国

税收完税证明

NO.351745291943

查验码 756516388491	填发日期: 2023 年 10 月 10 日		税务机关：国家税务总局成都市锦江区税务局		
纳税人识别号	91510100MA6T0G7D9C		纳税人名称	四川诚远股份有限公司	
原凭证号	税种	品目名称	税款所属时期	入（退）库日期	实缴（退）金额
320160804000005082	印花税		2023-07-01至2023-09-30	2023-10-10	2916.5
金额合计	（大写）贰仟玖佰壹拾陆元伍角			￥2916.5	
（盖章）征税专用章		填票人：四川省电子税务局	备注：		

图 5-21　印花税完税证明

【操作指导】

（一）业务信息整理

根据 2023 年 10 月 10 日取得的印花税完税证明（见图 5-21）填制记账凭证，相应科目和金额等信息整理如表 5-5 所示。

表 5-5　　　　　　　　　　　　缴纳印花税凭证信息　　　　　　　　　　　　单位：元

科目全名	核算维度	借方金额	贷方金额
应交税费_应交印花税		2 916.5	
银行存款	中国工商银行成都分行高新支行		2 916.5

（二）操作步骤

以会计身份登录金蝶云星空平台，执行【财务会计】—【总账】—【凭证管理】—【凭证录入】命令，进入【凭证-修改】页面。修改凭证日期为"2023/10/10"，凭证字为"记字"。在第一行填写摘要为"申报并缴纳第三季度印花税"，设置科目编码为"2221.14"、科目全名为"应交税费_应交印花税"，设置借方金额为"￥2 916.50"。在第二行填写摘要为"申报并缴纳第三季度印花税"，设置科目编码为"1002"、科目全名为"银行存款"，核算维度为"中国工商银行成都分行高新支行"，贷方金额为"￥2 916.50"。依次单击【保存】【提交】【审核】按钮，得到的凭证如图 5-22 所示。

图 5-22　缴纳印花税凭证参考

三、任务拓展实训

【实训】具体内容参见本书附录 10 月完整经济业务（17）。

任务五　税务数字化分析

税务数字化分析是指利用数字化技术和数据分析方法来处理、解释和应用税务相关数据，以改善税务管理和决策的过程。分析人员只有具备一些税务风险知识，才能更好地构建相关的税务风险指标，之后通过对税务数据的收集、建模、指标可视化和分析等过程，帮助企业优化税务策略。

一、任务情境

随着数字化时代的到来，我国的税务信息化建设已步入高速通道。分析人员利用适当的数据分析工具和技术，对企业内部的税务数据进行深入分析和建模，以识别税务趋势、风险和潜在机会，并提供优化建议和决策支持。税务数字化分析涉及税务数据的收集与整理、数据分析与建模、出具税务策略优化报告等任务。通过金蝶云星空平台对四川诚远股份有限公司的税务数据进行数字化分析，能够帮助公司降低税务风险、提高合规性，并优化税务策略以实现利润最大化。

二、技能训练

【业务案例】

2023 年 12 月 31 日，公司高层想了解在过去的一年里公司在税务方面是否存在问题和风险，要求财务部对 2023 年的税务数据进行数字化分析，并形成分析报告。

思考
企业可能存在哪些税务风险？可以构建哪些税务风险分析指标？

【技能点一】企业税务风险类型

企业税务风险是指企业在税务管理过程中可能面临的各种潜在风险。以下是一些常见的企业税务风险类型。

（1）合规风险：企业未按照相关税法的规定进行纳税申报和缴税，如漏报、错报等，可能导致产生不必要的罚款、滞纳金。

（2）审计风险：企业在税务审计过程中可能被税务机关发现违规行为，如虚开发票、重复抵扣、偷漏税款等，导致面临违法犯罪、罚款等风险。

（3）跨国税务风险：涉及跨国经营的企业可能面临不同国家税法规定的复杂性和不确定性，如跨国利润转移、避税筹划等问题。企业应遵守各国税法规定，防范跨国税务风险。

（4）税收政策风险：税收政策的变化可能对企业产生重大影响，如税率调整、税收优惠政策的取消或限制等，企业需要及时了解和适应税收政策的变化，以降低风险。

（5）企业重组与并购风险：企业进行重组、合并或收购时，可能涉及税务优惠政策的适用、资产评估和跨地区税务问题等，需要进行充分的税务尽职调查和风险评估。

（6）跨行业税务风险：不同行业之间税收政策和规定存在差异，企业跨行业经营或转型时需要注意相关税法规定，避免因税收政策不符合而引发的税务风险。

【技能点二】增值税税务风险分析指标

增值税税务风险分析可以采用单项指标分析和指标配比分析两种方法。下面列举几个常用的分析指标。

（一）增值税税负变动率与销售额变动率配比分析

1. 指标值

增值税税负率也叫增值税税收负担率，是指增值税纳税义务人本期应纳税额占本期销售额的比例。计算公式如下：

$$增值税税负率=（本期应纳税额÷本期销售额）×100\%$$

增值税税负变动率=（本期增值税税负率-上期增值税税负率）÷上期增值税税负率×100%。

销售额变动率=（本期销售额-上期销售额）÷上期销售额×100%

2. 增值税税负变动率指标预警值

正常区间：-30%～30%。

3. 分析思路

以下 3 种情况可能会列入疑点范围。

（1）销售额变动率高于正常峰值且增值税税负变动率低于正常峰值，或销售额变动率正常而增值税税负变动率低于正常峰值。税务机关会以进项税额为评估重点，查证有无扩大进项抵扣范围、虚抵进项税额、不按规定申报抵扣等问题。

（2）销售额变动率与增值税税负变动率均低于正常峰值。税务机关会核实销项税额计算的正确性。对销项税额的评估，税务机关会侧重查证有无账外经营，瞒报、迟报计税销售额，错用税率等问题。

（3）销售额变动率及增值税税负变动率均高于正常峰值。税务机关会重点核实虚开发票、重复抵扣或其他不合规行为等问题。

（二）进项税额变动率与销项税额变动率配比分析

1. 指标值

（1）进项税额变动率=（本期进项税额-上期进项税额）÷上期进项税额×100%

（2）销项税额变动率=（本期销项税额-上期销项税额）÷上期销项税额×100%

（3）指标值=（进项税额变动率-销项税额变动率）÷销项税额变动率×100%

2. 指标预警值

正常区间：-10%～10%。

3. 分析思路

进项税额和销项税额是相互关联的，因此在理想状态下，进项税额变动率和销项税额变动率的幅度基本上会保持一致。当进项税额变动率高于销项税额变动率时，企业可能会被税务机关怀疑存在虚抵进项税额或少计收入等问题。

【技能点三】企业所得税税务风险分析指标

企业所得税税务风险分析可以采用单项指标分析和指标配比分析两种方法。下面列举几个常用的分析指标。

（一）所得税税负率

所得税税负率=应纳所得税额÷销售额×100%

将所得税税负率与行业税负标准相比，若所得税税负率低于行业税负标准，可能存在少计销售收入、虚假列支成本费用、扩大税前扣除范围等问题。此时，可运用其他相关指标（如主营业务收入变动率、主营业务成本变动率等）深入评估分析。

（二）所得税税负变动率

所得税税负变动率=（本期所得税税负率-上期所得税税负率）÷上期所得税税负率×100%

所得税税负变动率正常区间为-30%～30%。当所得税税负变动率过大时，企业可以对当期的收入和成本费用自行检查。对收入，检查是否存在账外收入、无票收入，是否存在谎报、迟报乃至不报销售收入的问题，是否存在用错税率的问题等。对成本，检查是否存在扩大进项抵扣范围、骗抵进项税额的问题，是否存在不按规定申报抵扣的问题，是否存在虚假列支成本费用的问题等。

（三）主营业务收入变动率与主营业务成本变动率之比

主营业务收入变动率=（本期主营业务收入-上期主营业务收入）÷上期主营业务收入×100%

主营业务成本变动率=（本期主营业务成本-上期主营业务成本）÷上期主营业务成本×100%

在正常情况下，主营业务收入变动率与主营业务成本变动率的比值应该接近1。

主营业务收入变动率和主营业务成本变动率应该是同步增长的，当出现以下三种情况时需要注意：

（1）当比值>1，且主营业务收入变动率和主营业务成本变动率相差较大、两者都为负时，企业可能存在少计销售收入、多列成本费用、扩大税前扣除范围等问题；

（2）当比值<1，且主营业务收入变动率和主营业务成本变动率相差较大、两者都为正时，企业可能存在少计销售收入、多列成本费用、扩大税前扣除范围等问题；

（3）当比值为负数，且主营业务收入变动率为负、主营业务成本变动率为正时，企业可能存在少计销售收入、多列成本费用、扩大税前扣除范围等问题。

【技能点四】个人所得税税务风险分析指标

个人所得税税务风险分析指标可以帮助评估个人所得税纳税人是否存在违规或风险情况。下面列举几个常用的分析指标。

（一）平均工资

平均工资=工资总额÷总人数

工资总额是指税前工资，包括单位从个人工资中直接为其代扣或代缴的个人所得税、社会保险费和住房公积金，以及房费、水电费等。

将平均工资与同地区同行业的人均工资比较，如果平均工资低于同地区同行业的人均工资，可能存在隐匿个人收入问题；将平均工资与本企业前三年平均工资比较，如果平均工资低于本企业前三年平均工资，可能存在隐匿个人收入问题。

（二）个人所得税申报工资总额与企业所得税申报工资总额之比

当个人所得税申报工资总额与企业所得税申报工资总额的比值<1，个人所得税申报工资总额小于企业所得税申报工资总额，企业可能存在少扣缴个人所得税或企业所得税虚列工资薪金问题。

【技能点五】印花税税务风险分析指标

对于涉及印花税的合同和交易，企业需要注意相关的税务风险。下面列举几个常用的分析指标。

（一）印花税负担率与印花税税负变动系数

印花税负担率=印花税应纳税额÷计税收入×100%

印花税税负变动系数=本期印花税负担率÷上年同期印花税负担率

将本期印花税负担率与上年同期对比，在正常情况下，两者的比值应接近1。若比值小于1，可能存在未足额申报印花税问题。

（二）印花税同步增长系数

印花税同步增长系数=印花税应纳税额增长率÷主营业务收入增长率

印花税应纳税额增长率=（本期累计应纳税额−上年同期累计应纳税额）÷上年同期累计应纳税额×100%

主营业务收入增长率=（本期累计主营业务收入额−上年同期累计主营业务收入额）÷上年同期累计主营业务收入额×100%

印花税同步增长系数用于分析印花税应纳税额增长率与主营业务收入增长率的关系，评估纳税人申报（贴花）纳税情况的真实性。在正常情况下，印花税应纳税额增长率与主营业务收入增长率应基本同步增长，比值应接近1。比值小于1，可能存在未足额申报印花税问题。

【技能点六】税务指标可视化分析

税务指标可视化分析是指使用可视化工具和图表对税务相关数据指标进行分析。这种分析方法将抽象的数据转化为直观的图形，使得税务数据更易于理解、比较和解释。在税务指标可视化分析中，可以使用各种图表和可视化方式，如折线图、饼图、散点图、热力图等，来呈现不同税务指标的变化趋势、分布情况和关联性。通过可视化分析，财务人员、决策者及其他相关人员可以更容易地发现数据中的趋势、模式和异常，从而做出正确的决策。

1. 税务情况总体分析

（1）计提总税费，是指企业在特定时期内计提的全部税款总额，包括各种类型的税费，如增值税、个人所得税、企业所得税、印花税等。分析计提总税费，可以了解企业税务负担和财务能力，进而评估其财务健康状况。

（2）各税费占比，是指企业在特定时期内所计提的不同类型税费在计提总税费中的占比。这一指标用于了解不同税种对整体税收的贡献情况。

（3）月度各税费计提情况，是指企业在特定月份内计提各种类型税费的情况。这个指标记录了企业某个月份内计提不同税费的金额，可用于分析各种税费在特定时间段内的分布情况。

（4）月度各税费趋势，是指在一段时间内，不同类型的税费在各个月份的变化趋势。

2. 增值税税务风险分析

（1）进项税额变动率，是指某个时间段内，企业的进项税额相对于前一个时间段的变化百分比。进项税额变动率可以反映企业增值税申报的合规性。较高的进项税额变动率意味着企业增值税申报出现了较大的波动，可能存在虚开发票的问题。企业可以利用该指标评估自身的税务合规性和财务健康状况，及时纠正可能存在的风险问题。

（2）销项税额变动率，是指某个时间段内，企业的销项税额相对于前一个时间段的变化百分比。销项税额变动率可以反映企业增值税申报的合规性。较高的销项税额变动率意味着企业增值税申报可能存在错误或遗漏，或者可能存在潜在的逃税行为。将销项税额变动率与进项税额变动率进行对比，查看销项税额与进项税额是否匹配，两者不一致意味着企业可能存在虚开发票、偷漏税等问题。

3. 预警分析

所得税税负率，是指企业在一定时期内所缴纳的所得税税额与销售额之间的比率。将企业的所得税税负率与行业平均水平进行比较，可以发现企业是否存在税务风险。显著低于行业平均水平的所得税税负率，意味着企业在所得税方面可能存在潜在的风险或异常情况。

注：由于案例企业税务数据量问题，其他税种的预警指标暂时无法计算。

思考
在金蝶云星空平台创建上述指标需要用到哪些数据？用什么图形呈现？

【操作指导】

操作视频

（一）数据建模

（1）以会计身份登录金蝶云星空平台，执行【经营分析】—【轻分析】—【分析平台】—【轻分析】命令，进入【轻分析】页面。新建分类为"税务数字化分析"，在该分类下新建业务主题，命名为"税务指标可视化"。

（2）单击"税务指标可视化"业务主题上的【数据建模】图标，进入【数据建模-税务指标可视化】页面。依次单击【新建数据表】【业务实体】【下一步】按钮，进入【新建数据表-选择实体】页面。

（3）在搜索框中输入"凭证"，勾选"总账"下的"凭证"，单击【下一步】按钮，进入【新建数据表-选择字段】页面。

（4）在【新建数据表-选择字段】页面，选中"凭证"，在右侧字段选择区域勾选"日期""借方总金额""贷方总金额"；选中"单据体"，在右侧字段选择区域勾选"摘要""科目编码""借方金额""贷方金额""科目名称"。设置完成后单击【完成】按钮，如图 5-23 所示。

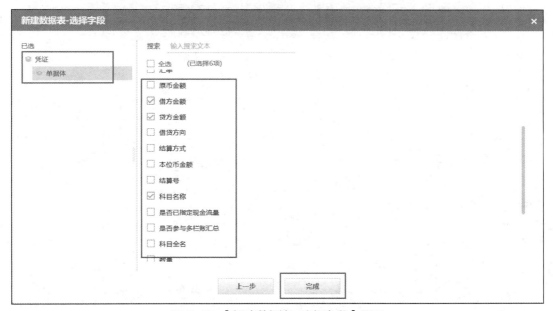

图 5-23 【新建数据表-选择字段】页面

（5）单击【保存】按钮完成数据建模，如图 5-24 所示。

图 5-24 完成数据建模

（二）可视化指标构建

1. 计提总税费

（1）返回【轻分析】页面，选择"税务指标可视化"业务主题，单击【数据斗方】图标进入分析页面，选择图表类型为"业务指标"。将"字段"区域中的"科目名称"字段拖入"筛选器"栏，勾选"未交增值税""应交个人所得税""应交所得税""应交印花税"，单击【确定】按钮，如图 5-25 所示。

操作视频

图 5-25 筛选器

（2）将"字段"区域中的"贷方金额"字段拖入"主指标"栏，度量为"求和"，选择预览尺寸为"卡片-小巧"，设置右侧主指标后置文字为"元"，如图 5-26 所示。

图 5-26　计提总税费业务指标

（3）另存方案，设置方案名称为"2023 年计提总税费"，如图 5-27 所示。

图 5-27　另存方案

2．各税费占比

（1）单击【清除】按钮，选择图表类型为"饼图"。将"字段"区域中的"科目名称"字段拖入"筛选器"栏，勾选"未交增值税""应交个人所得税""应交所得税""应交印花税"；将"贷方金额"字段拖入"角度"栏；将"科目名称"字段拖入"颜色"栏。选择预览尺寸为"卡片-壮硕"，勾选右侧绘图区下的"数据标签"。

（2）另存方案，设置方案名称为"各税费占比分析"，指标设置完成后如图 5-28 所示。

3．月度各税费计提情况

（1）单击【清除】按钮，选择图表类型为"多系列柱形图"。将"字段"区域中的"科目名称"字段拖入"筛选器"栏，勾选"未交增值税""应交个人所得税""应交所得税""应交印花税"；将"字段"区域中的"日期"字段拖入"横轴"栏，并设置维度为"年月"；将"字段"区域中的"贷方金额"字段拖入"纵轴"栏，并设置度量为"求和"；将"字段"区域中的"科目名称"字段拖入"系列"栏。选择预览尺寸为"卡片-壮硕"，勾选右侧绘图区下的"数据标签"，设置纵轴的标题/单位为"计提税费/元"。

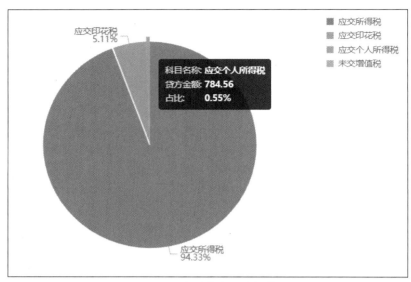

操作视频

图 5-28　各税费占比分析饼图

（2）另存方案，设置方案名称为"月度各税费计提情况"，指标设置完成后如图 5-29 所示。

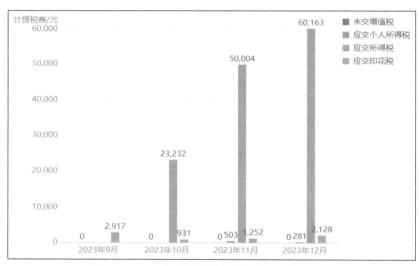

操作视频

图 5-29　月度各税费计提情况多系列柱形图

4. 月度各税费趋势

（1）单击【清除】按钮，选择图表类型为"折线图"。将"字段"区域中的"科目名称"字段拖入"筛选器"栏，勾选"未交增值税""应交个人所得税""应交所得税""应交印花税"；将"字段"区域中的"日期"字段拖入"横轴"栏，并设置维度为"年月"；将"字段"区域中的"贷方金额"字段拖入"纵轴"栏，并设置度量为"求和"；将"字段"区域中的"科目名称"字段拖入"系列"栏。选择预览尺寸为"卡片-壮硕"，勾选右侧绘图区下的"数据标签"，设置纵轴的标题/单位为"计提税费/元"。

（2）另存方案，设置方案名称为"月度各税费趋势"，指标设置完成后如图 5-30 所示。

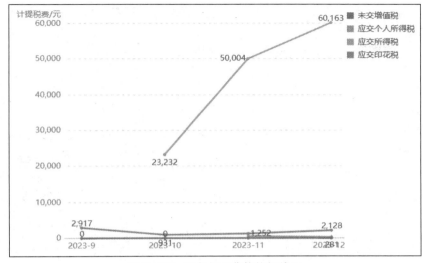

操作视频

图 5-30　月度各税费趋势折线图

5. 进项税额变动率

（1）单击【清除】按钮，选择图表类型为"折线图"。将"字段"区域中的"科目名称"字段拖入"筛选器"栏，勾选"进项税额"；将"字段"区域中的"日期"字段拖入"横轴"栏，并设置维度为"年月"；将"字段"区域中的"借方金额"字段拖入"纵轴"栏，并设置度量为"求和"，按日期计算为"环比"。选择预览尺寸为"卡片-壮硕"，勾选右侧绘图区下的"数据标签"，设置数字格式中小数位数为两位小数、数量单位为"百分之一（%）"。

（2）另存方案，设置方案名称为"进项税额变动率"，指标设置完成后如图 5-31 所示。

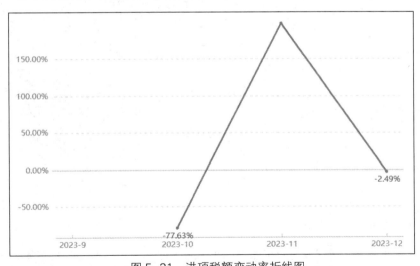

操作视频

图 5-31　进项税额变动率折线图

6. 销项税额变动率

（1）单击【清除】按钮，选择图表类型为"折线图"。将"字段"区域中的"科目名称"字段拖入"筛选器"栏，勾选"销项税额"；将"字段"区域中的"日期"字段拖入"横轴"栏，并设置维度为"年月"；将"字段"区域中的"贷方金额"字段拖入"纵轴"栏，并设置度量为"求和"，按日期计算为"环比"。选择预览尺寸为"卡片–壮硕"，勾选右侧绘图区下的"数据标签"，设置数字格式中小数位数为两位小数、数量单位为"百分之一（％）"。

（2）另存方案，设置方案名称为"销项税额变动率"，指标设置完成后如图 5-32 所示。

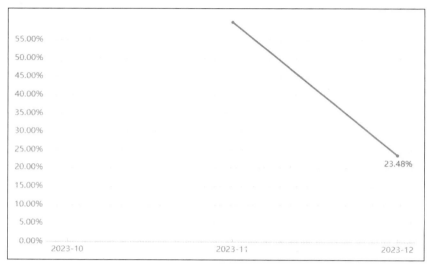

操作视频

图 5-32　销项税额变动率折线图

7. 所得税税负率

（1）单击【清除】按钮，先单击"字段"区域中的【单据体】按钮，再单击【▽】图标，选择"创建计算字段"，如图 5-33 所示。

操作视频

图 5-33　创建计算字段

（2）根据计算公式"所得税税负率=应纳所得税额÷销售额×100%"，输入计算字段的名称和表达式，如图 5-34 所示，单击【确定】按钮。

表达式"sum(if([单据体.科目名称]='所得税费用',[单据体.贷方金额],0))/sum(if([单据体.科目名称]='主营业务收入',[单据体.贷方金额],0))"的含义为：将所得税费用的贷方金额总和除以主营业务收入的贷方金额总和得出所得税税负率。

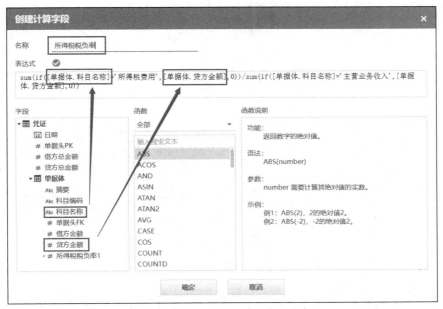

图 5-34　新建"所得税税负率"字段

（3）选择图表类型为"仪表图"，将"字段"区域中的"所得税税负率"字段拖入"指针值"栏，选择预览尺寸为"卡片-壮硕"。根据该行业的平均企业所得税税负率，所得税税负率控制在1%～2%的范围内为正常，低于或高于这个范围则异常预警。在右侧表盘进行分段设置：0～0.01为预警，0.01～0.02为正常，0.02～0.03为预警。设置指针的名称为"所得税税负率"，数字格式中小数位数为两位小数、数量单位为"百分之一（%）"。

（4）另存方案，设置方案名称为"所得税税负率预警"，指标设置完成后如图 5-35 所示。

图 5-35　所得税税负率预警仪表图

（三）数字化仪表板

（1）返回【轻分析】页面，在"税务数字化分析"分类下新建仪表板，命名为"税务数字化仪表板"，单击【仪表板】图标进入【仪表板-税务数字化仪表板】页面，在右侧属性设置区域设置尺寸为"1280*720（16:9）"，设置外观风格为"淡雅白"，如图 5-36 所示。

图 5-36　设置仪表板属性

（2）将左侧组件设置区域下"数据斗方"拖入中间画布区域，在【添加数据斗方-选择来源】窗口中，单击【下一步】按钮。

（3）在【添加数据斗方-选择业务主题】窗口中，选择"税务指标可视化"业务主题，单击【下一步】按钮。

（4）在【添加数据斗方-选择方案】窗口，选中"加载方案"，选择需要展示的指标，如"所得税税负率预警"，单击【完成】按钮将指标添加至画布区域。参照这一步骤，将需要的所有指标逐一添加至画布区域。

（5）待所有指标添加至画布区域后，可以拖曳指标上方的浅色条框将各项指标排序，也可以在右侧"属性"栏中设置指标的位置、大小、标题、定时刷新情况等，使仪表板达到所要效果，如图 5-37 所示。

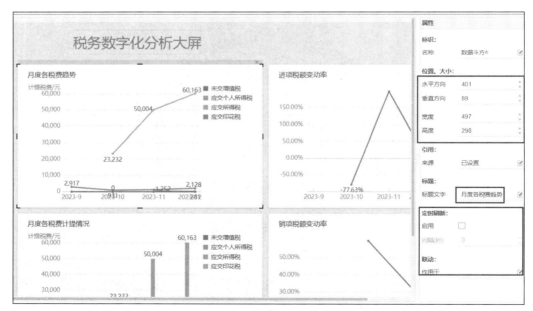

图 5-37　排列设置各项指标

（6）制作完成后的仪表板如图 5-38 所示。

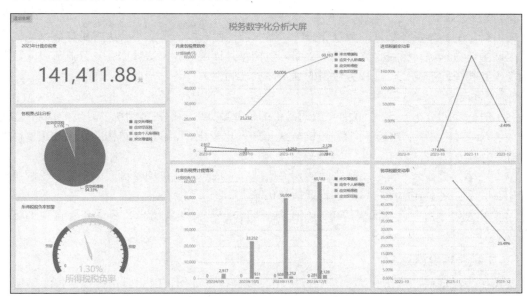

图 5-38　税务数字化分析大屏

【技能点七】撰写税务分析报告

税务分析报告有助于企业更好地了解税务情况，识别潜在风险，优化税务筹划，支持决策制定，并履行相关报告义务。通过科学的数据分析和合理的结论，税务分析报告能够为企业的税务管理提供有价值的参考和支持。一般的税务分析报告应包含以下要点。

（1）报告目的和背景：简要说明报告的目的和编写背景，明确报告的主要任务是什么。

（2）数据来源和分析方法：说明所采用的数据来源和分析方法，以保证数据的可信度和分析的合理性。

（3）税费情况概述：总体概述企业的税费情况，包括纳税义务、税费计提总额等。

（4）各项税费计提情况：对企业的税费计提情况进行详细分析，可以使用表格或图表呈现各项税费的具体金额和占比。

（5）税务风险分析：针对企业可能存在的税务风险，进行风险评估和分析，指出可能的问题和潜在影响。

（6）税务筹划建议：根据分析结果，提供针对性的税务筹划建议，帮助企业优化税务结构，合理减轻税负。

【税务分析报告模板】

（一）报告目的和背景

税务管理作为公司运营中的重要方面，直接关系到公司的经济效益和合法合规经营情况。因此，财务部作为公司税务数据的管理者，应积极响应公司高层的要求，对 2023 年的税务数据进行数字化分析，并撰写分析报告，旨在提供全面准确的税务数据信息，帮助高层及时发现潜在的问题和风险，提供相应的建议和对策，确保公司在税务合规性方面能够稳健运营。

（二）数据来源和分析方法

1. 数据来源

为进行 2023 年税务数据的数字化分析，财务部使用金蝶云星空平台进行税务数据采集和建模，因此主要数据源自系统录入的凭证数据，包括每月计提的各税费数据、主营业务收入数据及其他与税务相关的数据，保证税务数据的真实性和准确性。

2. 分析方法

（1）时间序列分析：对比 2023 年不同月份的税务数据，了解税务情况的月度波动和趋势。

（2）纵向对比分析：比较不同税费在 2023 年的占比变化，了解税费结构的变化和重要税费的贡献。

（3）比率分析：计算税务指标之间的相关比率，如税负率、进项税额变动率等，了解税务情况的相对关系，对潜在的税务风险进行评估和预警。

（4）可视化分析：使用图表等可视化工具，将税务数据呈现出来，帮助高层直观了解税务情况。

（三）税费情况概述

公司作为增值税一般纳税人，且完成了相关税种核定工作，因此公司按月申报缴纳增值税及附加税费、个人所得税，按季申报缴纳企业所得税和印花税。在 2023 年，公司计提税费共计 141 411.88 元。

（四）各项税费计提情况

（1）增值税。公司计提增值税共计 0 元。由于公司在 9 月有大量采购业务，且 10 月签订了入股协议（以原材料作为实收资本），所以进项税额较高，存在较多的留抵税额，因此公司在增值税方面不用计提税费。

（2）企业所得税。公司计提企业所得税共计 133 399.41 元，占计提总额的 94.33%。企业所得税在 2023 年呈稳步上升的趋势，这与公司的业务盈利逐渐增加有关。企业所得税是公司的主要税种，其占比高反映了公司的盈利水平较高。

（3）个人所得税。公司代扣代缴个人所得税共计 784.56 元，占计提总额为 0.55%。11—12 月的个人所得税税额有下降的趋势，这跟 10 月发放职工福利有关。

（4）印花税。公司计提印花税共计 7 227.91 元，印花税占计提总额的 5.11%。印花税每月都有计提，9 月计提最多且呈先下降后上升的趋势。这意味着公司在不同月份的业务交易额有波动，导致印花税应纳税额的变化。

（五）税务风险分析

1. 进项税额变动率与销项税额变动率配比分析

进项税额变动率在 10—12 月呈先上升后下降的趋势，且 10 月和 12 月的进项税额变动率为负数，意味着公司在 10 月和 12 月采购或投资等支出大大减少。

销项税额变动率在 11—12 月呈下降的趋势，且销项税额变动率为正数，说明在这个时间段内公司的销售额虽然有所增加但增幅变小，销项税额整体仍有所增加。

结合进项税额变动率和销项税额变动率进行分析，公司可能存在以下增值税税务风险。

（1）进项税额波动。进项税额变动率在 10—12 月出现波动，意味着公司的采购、投资或其他支出方面可能出现了不稳定的情况，需要对公司的采购管理、成本控制等做进一步的分析。

（2）销项税额异常。销项税额变动率为正数，意味着在某些销售交易中涉及的税额相对增加，公司需要确保销项税额的准确性和合规性，避免涉及虚开发票或其他不当税务行为。

2. 企业所得税税负率分析

企业所得税税负率为 1.30%，处于正常范围内（1%~2%），通常来说，这意味着公司企业所得税比例较为合理，没有明显超出或低于正常水平。

（六）税务筹划建议

针对以上可能存在的税务风险，以下是一些税务筹划建议，帮助公司降低税务风险和优化税务管理。

（1）合规性管理：确保公司的税务行为合规，避免涉及虚假记账、漏报税款等情况。

（2）优化进项支出和销项收入：对进项支出和销项收入进行合理规划和预测，降低波动风险，以减少税负率的不稳定性。

（3）深入了解税收政策：及时了解和适应税收政策的变化，确保公司能够享受符合条件的税收优惠，减轻税负。

（4）增加营收渠道：积极拓展产品线、服务范围和市场，增加营收渠道，降低对特定市场或产品的依赖，降低因市场变化而导致的税务风险。

（5）资金流优化：合理规划资金流动，确保及时足额缴纳税款，避免产生滞纳金和罚款，同时保障公司的资金周转和稳健经营。

（6）税务调查与预警：定期进行税务风险评估，及时发现和解决潜在的税务风险，确保公司在税务方面的合规性和稳健经营。

（7）利用税收优惠政策：积极利用符合条件的税收优惠政策，如减税、免税等，合理规划公司的税费结构，最大限度地降低税负。

（8）风险管理：在经营决策中充分考虑税务风险因素，制定风险管理措施，减少潜在税务风险对公司经营的影响。

三、任务拓展实训

【实训】具体内容参见本书附录 12 月完整经济业务（76）。

📖 会计之道

马靖昊：从中国税收史看民众福祉

税收是一个非常古老的经济现象。最早出现在夏朝的税收雏形——贡，距今已有 4 000 多年的历史。当时并无严格的法律规定，因此贡品的种类、数量、缴纳方式完全凭各诸侯、藩属的意愿随意制定。在长达 2 000 多年的封建社会里，我国的税收制度一直停留在古老、简单的直接税阶段，而这一阶段的税收制度随意性较大，尚不具备现代税收的特征。

中华人民共和国成立后，我国基本上确立了以所得税、流转税为主体税，辅之以其他税种的复合税制体系。在 1950 年至 1978 年的计划经济时期，为了便于征税，合并、简化税种成为此阶段税制发展的主要趋势。1973 年开展的简化税制彻底将中华人民共和国成立初期确立的复合税制简化为工商税独大的单一税制，税收的经济杠杆作用难以发挥。1978 年至 1993 年，我国处在计划经济和商品经济双轨制时期，改革开放的大背景使得涉外税制获得了发展与完善。截至1993年，我国已开征37种税。虽然繁多的税种在一定程度上起到了调节经济的作用，但是却带来了征收与监管的双重困扰。

在"简税制、宽税基、低税率、严征管"的税改原则指导下，1994年，我国开启了规模大、范围广的税制改革。截至目前，我国的税制有18个税种（分别是增值税、消费税、关税、个人所得税、企业所得税、房产税、契税、车船税、船舶吨税、车辆购置税、资源税、土地增值税、城镇土地使用税、耕地占用税、印花税、城市维护建设税、烟叶税、环境保护税，这些税可以分为五类，即流转税、所得税、财产税、资源税、行为税），较税种繁多时期的37种少了一半多。值得一提的是，我国于2006年取消了农业税、牧业税和农业特产税。这极大地减轻了农民的税负，为农村经济的发展奠定了基础。

从目前我国的税收收入情况来看，所得税和流转税的主体税种地位毋庸置疑。2010年至2012年的三年间，流转税收入总额占当年税收总额的比重呈现下降的趋势。所得税收入总额占当年税收总额的比重，除2012年受2011年9月个人所得税费用扣除标准上调的影响而略有下降外，基本呈现上升趋势。

自2013年以后，我国进入了全面深化改革时期，税制改革随之全面深化。税制进一步简化、规范，税负更加公平并有所减轻，税收的宏观调控作用进一步增强，在促进经济持续稳步增长的基础上实现了税收收入的持续稳步增长，有力地支持了中国的改革开放和各项建设事业的发展。

税收改革不是税务部门或者税务专家一家之事，它更需要广大民众建言献策。让更多的人读懂税收，让更多的人可以从书中走进看似深奥、神秘的税收世界，从而关注税收、重视税收，并加入税收改革的讨论，最终建立起"取之于民、用之于民、造福于民"的现代税收制度。

项目六
财务报表编制

知识目标

1. 了解期末对账的概念、目的、方法，掌握出纳管理结账、总账系统结账的基本原则和操作流程。

2. 熟悉资产负债表、利润表的基本结构、内容。

能力目标

1. 能够准确完成期末对账、出纳管理结账、总账系统结账操作。

2. 能够熟练编制资产负债表、利润表，具备解读和分析资产负债表、利润表的能力，理解其中的财务信息和指标。

素养目标

1. 培养学生具备逻辑思维和问题解决能力。

2. 培养学生具备良好的学习能力、压力管理能力。

学习导图

财务报表编制的学习导图如图 6-1 所示。

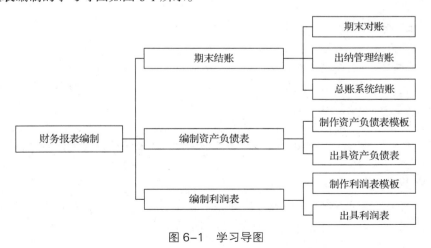

图 6-1　学习导图

任务一　期末结账

期末结账是指在把一定时期内发生的全部经济业务登记入账的基础上，计算并记录本期发生额和期末余额后，将余额结转下期或新的账簿的会计行为。按时结账有利于及时了解会计期间的资产、负债、所有者权益的增减变化，掌握企业经营结果的情况，同时为编制会计报表提供所需数据。

一、任务情境

月底，四川诚远股份有限公司为了总结当月经济活动的财务收支状况，保证账簿记录的真实、正确、可靠，由出纳进行期末结账。

> **注意**
> 期末结账的操作前提：①账簿当前期间没有未过账的凭证；②账簿当前期间已记账凭证不存在断号。

二、技能训练

【业务案例】

（1）月末，在金蝶云星空平台使用出纳对账功能进行期末对账。
（2）月末，对出纳系统进行期末结账处理，结账至下一期间。
（3）月末，对总账系统进行期末结账处理，结账至下一期间。

【技能点一】期末对账

期末对账是指出纳在会计期末对银行账户和现金账户的交易记录与财务记录进行核对的过程。出纳通过期末对账，可以验证账户余额的准确性，发现未记录的收支、错账、重复记账等问题，并及时进行调整和纠正，保证企业财务的稳健性和合规性。

1. 对账准备工作
（1）确保所有银行存款和现金相关的凭证均已编制日记账。
（2）准备财务记录，包括账户余额、收支明细等信息。
2. 对账操作
（1）在金蝶云星空平台对账模块中，按照指引选择期末对账操作，以实现对账的目的。
（2）逐一核对出纳系统中的交易记录与总账系统中的财务记录，检查是否存在差额。
3. 差异处理与调整
（1）如果发现差异，记录差异的性质和金额。
（2）根据差异的原因，进行相应的处理和调整操作，以纠正错误或调整账务记录。

【操作指导】

（1）以出纳身份登录金蝶云星空平台，执行【财务会计】—【出纳管理】—【期末处理】—【出纳期末对账】命令，在弹出的【期末对账报表过滤条件】窗口，设置查询条件下账簿为当前账簿，设置银行和银行账号为待对账银行和银行账号，设置会计年度和会计期间为当前会计年度和当前会计期间，勾选"包含未过账的凭证"，单击【确定】按钮，如图6-2所示。

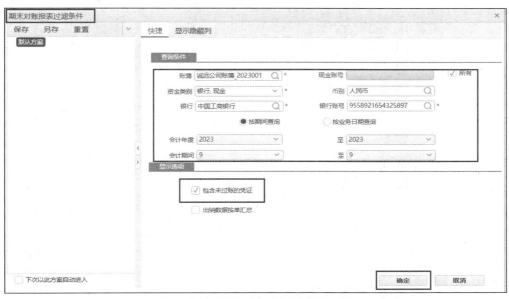

图6-2 期末对账报表过滤条件设置

（2）在【出纳期末对账】页面，核对"出纳管理"列数据与"总账"列数据是否存在差额，无误后结束出纳期末对账，如图6-3所示。

图6-3 【出纳期末对账】页面

【技能点二】出纳管理结账

按月结账，可以及时核对、整理银行存款和库存现金的记录。结账过程中，进行银行存款和库存现金的结转，以确保财务报表的准确性和一致性。

1. 结账准备

（1）确认账期。账期通常是按月或按季度设定的，确保选择与实际业务相符的账期。

（2）核对账户余额。在结账之前，仔细核对所有相关的银行账户和现金账户的余额，确保账户余额的准确性，以便正确反映财务状况。

（3）处理未结项。结账前应该处理所有未结项，如未对账、未记账的收支项等，确保所有交易都已正确记录，并且没有漏项。

（4）确认账目准确性。在结账过程中，仔细核对所有的账目，确保每一笔交易都被正确地记录和分类，检查是否存在错误、遗漏或重复的账目。

2. 结账过程

（1）在结账模块中，选择要结账的账簿，核对开始日期和结束日期的准确性。

（2）单击【结账】按钮，触发结账过程，系统会自动进行银行存款和库存现金的结转。

3. 核查结果

（1）结账完成后，系统会显示结账结果，确认结账是否成功。

（2）如果结账成功，需要记录结账日期和结果，以便后续查询和审核。

（3）如果结账失败或出现错误，需要根据系统提示进行相应的调整。

【操作指导】

以出纳身份登录金蝶云星空平台，执行【财务会计】—【出纳管理】—【期末处理】—【出纳管理结账】命令，进入【出纳管理结账】页面，勾选对应组织，核对"开始日期"和"结束日期"，无误后单击【结账】按钮，如图 6-4 所示。

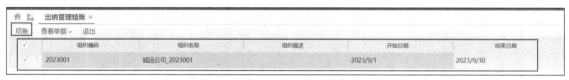

图 6-4 【出纳管理结账】页面

【技能点三】总账系统结账

对总账系统进行结账处理，将本期的账务数据进行结转和归档，确保系统能够顺利进入下一期间的处理。同时，在进行总账系统结账之前，需要先进行其他子系统的结账，确保各个子系统的数据都进行了正确处理。总账系统结账的目的是清算本期的账务，更新账户余额和科目余额，并确保财务报表的准确性和一致性。

1. 结账准备

（1）在进行总账系统结账之前，确保其他子系统的结账已经完成。

（2）确认账期。在进行总账系统结账之前，确保选择正确的账期。

（3）调整凭证。在结账之前，应该检查是否有任何需要调整的凭证，确保凭证填写正确，科目选择准确，金额计算无误。

（4）处理未结账科目。在结账之前，需要确保所有的科目都已经正确地进行了结转。这包括将损益类科目的余额转移到本年利润科目，并正确更新资产、负债、所有者权益类科目的期末余额。

2. 结账过程

（1）在总账系统，选择要结账的账簿，核对当前会计期间。

（2）单击【结账】按钮，触发总账系统结账过程，系统会自动进行结转和归档。

3. 核查结果

（1）结账过程完成后，系统会显示结账结果，确认结账是否成功。

（2）如果结账失败或出现错误，需要根据系统提示进行相应的调整。

【操作指导】

以会计身份登录金蝶云星空平台，执行【财务会计】—【总账】—【期末处理】—【总账期末结账】命令，进入【总账期末结账】页面，勾选账簿"诚远公司_学号"，确认"当前会计期间"，无误后单击【结账】按钮，如图 6-5 所示。

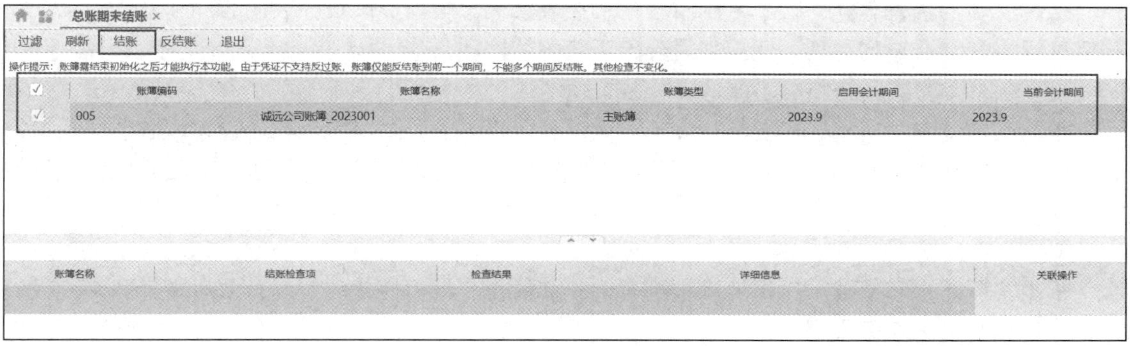

图 6-5　【总账期末结账】页面

三、任务拓展实训

【实训一】具体内容参见本书附录 9 月完整经济业务（20）（21）（22）。
【实训二】具体内容参见本书附录 10 月完整经济业务（65）（66）（67）。
【实训三】具体内容参见本书附录 11 月完整经济业务（68）（69）（70）。
【实训四】具体内容参见本书附录 12 月完整经济业务（67）（68）（69）。

任务二　编制资产负债表

资产负债表是反映企业在某一特定日期全部资产、负债和所有者权益情况的会计报表，它表明权益在某一特定日期所拥有或控制的经济资源、所承担的现有义务和所有者对净资产的要求权。

一、任务情境

四川诚远股份有限公司财务部通过编制资产负债表反映公司在月末的财务状况。

二、技能训练

【业务案例】

月末，制作资产负债表模板，出具当期资产负债表。

【技能点一】制作资产负债表模板

资产负债表是企业财务报告中的重要组成部分，制作资产负债表模板的目的是规范资产负债表的格式和结构，确保报表的一致性和准确性。制作资产负债表模板，可以提高资产负债表的准确性和可靠性，减少人为错误的发生。模板中预设的字段和计算公式可以快速生成资产负债表，提高工作效率。此外，模板还有助于数据的一致性和比较分析，为企业的决策提供依据。

1．预置表样更新

在平台中选择合适的资产负债表表样，并进行更新，确保使用的表样与最新标准或要求相匹配。

2．新增报表模板

根据更新的预置表样，在平台中新增一个报表模板。根据资产负债表的布局和格式要求，在报表模板中配置合适的行列，使报表呈现出正确的结构和格式。

3．编辑取数公式和项目公式

根据当前情况，对报表模板进行编辑。使用平台提供的公式编辑工具，设置取数公式和项目公式，确保模板能准确地计算和显示相关数据。完成报表模板的设计和配置后，将其保存，以便后续使用。

4．调整和优化

根据实际需求和反馈，对报表模板进行调整和优化。根据变化的情况，及时更新和修改报表模板，以满足实际业务需求。

【操作指导】

1．预置表样更新

为了适应法规、会计准则的变化，与国际会计标准接轨，提高财务报表的比较性和统一性，并提高信息披露的透明度，财务报表的格式会由财政部不定时进行统一修订。基于此，金蝶云星空平台提供了【预置表样更新】功能，通过此功能，用户可以选择财务报表新表样。

（1）以会计身份登录金蝶云星空平台，执行【财务会计】—【报表】—【参数设置】—【预置表样更新】命令，在【预置表样更新】页面勾选"2019 年版资产负债表（普通报表）（已执行准则）"，单击【更新模板】按钮，如图 6-6 所示，下载财务报表新模板，成功下载的模板可在新建报表模板时使用。

图 6-6 【预置表样更新】页面

（2）更新报表模板时，系统会自动将新增的报表项目、项目数据类型更新到当前账套。

2．新增报表模板

（1）以会计身份登录金蝶云星空平台，执行【财务会计】—【报表】—【报表管理】—【报表模板】命令，进入【报表模板】页面。单击【新增】按钮，在【新增报表模板】对话框，设置编码为"202300101"，设置名称为"资产负债表模板01"，选择周期为"月报"，设置核算体系为"财务会计核算体系"，设置所属组织为"诚远公司_2023001"，设置样式类型为"固定样式"，完成后单击【确定】按钮，如图6-7所示。

说明

　　在教学实训中，学生以"学号+01"的样式设置编码，以"资产负债表模板+学号"的样式设置报表模板名称。

图6-7　新增资产负债表模板

（2）双击【资产负债表模板】，进入报表编辑器选择页面，首次使用时须根据提示下载安装引导程序，如图6-8所示。程序安装完后，再次单击【资产负债表模板】，在弹出的【用户账户控制】对话框中单击【是】按钮，允许文件运行，进入报表模板编辑页面。

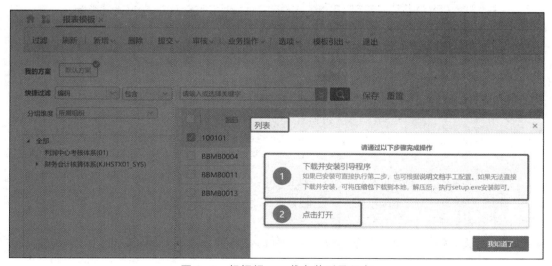

图6-8　根据提示下载安装引导程序

（3）在报表编辑器左下方的页签处（Sheet1）单击鼠标右键，从弹出的快捷菜单中选择"插入表页"，弹出【插入表页】对话框。在【自定义样式】页签下，选择"2019 年版资产负债表（普通报表）（已执行准则）"，单击【确定】按钮，如图 6-9 所示。

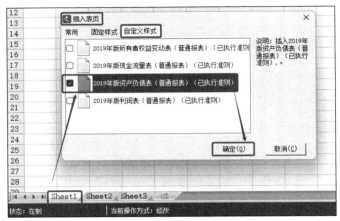

图 6-9　插入资产负债表

3. 编辑报表模板取数公式

（1）在报表模板编辑页面，选中 E12 单元格，单击编辑栏的【fx】按钮，在弹出的【报表函数】对话框中，选择函数类别为"总账"，函数名为"Acct"，单击【确定】按钮，如图 6-10 所示。

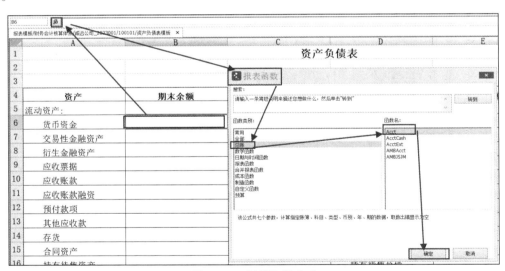

图 6-10　新增取数公式

（2）在【报表函数参数编辑】窗口，选择科目为"2204"（即合同负债）、取数类型为"Y 期末余额"、年度为"0"、开始期间为"0"、结束期间为"0"，单击【确定】按钮，如图 6-11 所示，返回该取数公式至所选中的 E12 单元格中。

（3）参照以上操作，新增 F12 单元格（即合同负债上年年末余额）的取数公式为"Acct("","2204","C","",0,1,1)"。

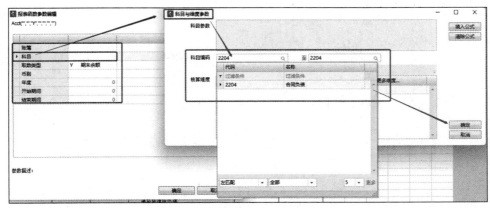

图 6-11　【报表函数参数编辑】窗口

4. 编辑报表模板项目公式

（1）单元格项目公式用于标识当前单元格数据的含义。借助单元格项目公式，系统才能将报表中系统完全无法识别的单元格数据，保存为可查询、可分析的格式化数据。

（2）案例报表模板中无须编辑项目公式，此处以编辑 B6 单元格对应的货币资金期末余额的项目公式为例。选择 B6 单元格，单击编辑栏【fx】按钮，在弹出的【单元格项目公式】对话框中设置项目编码为 "1000.01"（表示货币资金），设置项目数据类型为 "期末数"，设置年度和期间均为 "0"（表示当前会计年度和当前会计期间），如图 6-12 所示。

图 6-12　编辑单元格项目公式

（3）设置完成后单击【确定】按钮，B6 单元格中返回该项目公式 "Item(1000.01,0,0,2)"，其中逗号分开的参数分别代表项目编码、年度、期间、项目数据类型。

5. 保存报表模板

编辑完成后，单击【保存】按钮，关闭报表编辑器。回到【报表模板】页面，勾选刚才完成编辑并保存好的报表模板进行提交、审核，如图 6-13 所示。

图 6-13　提交、审核资产负债表模板

【技能点二】出具资产负债表

知识拓展

报表编辑器取数功能

资产负债表用于展示企业在特定日期的资产、负债和所有者权益的情况。出具资产负债表的目的是提供企业财务状况信息。分析资产负债表，可以评估企业的偿债能力、资产结构、财务稳定性等。资产负债表还有助于投资者、债权人和其他利益相关方了解企业财务状况，从而做出决策。

1. 基础设置

在新增报表时，选择合适的资产负债表模板，根据当前会计期间设置正确的报表日期、币别等。

2. 出具报表

熟悉金蝶云星空平台财务报表编辑器的使用，包括重算表页功能等，确保报表顺利生成。

3. 检查核对

（1）核对资产项目。逐个核对资产项目，例如库存现金、银行存款、应收账款、存货、固定资产等，确保报表中的金额与相应的账户余额一致，并核实资产的计量基础和准确性。

（2）核对负债项目。逐个核对负债项目，例如短期借款、应付账款、应交税费、预计负债等，确保报表中的金额与相应的账户余额一致，并核实负债的计量基础和准确性。

（3）检查是否平衡。确保资产总额等于负债总额加上所有者权益总额。

【操作指导】

（1）以会计身份登录金蝶云星空平台，执行【财务会计】—【报表】—【报表管理】—【报表】命令，进入【报表】页面。单击【新增】按钮。在弹出的【新增报表】对话框，选择前面新增的报表模板"100101"，报表日期根据当前会计期间选择"2023/9/30"，币别选择"人民币"，金额单位选择"元"，设置完成后单击【确定】按钮，如图 6-14 所示。

图 6-14　新增资产负债表

（2）打开刚才新增的报表，进入报表编辑器选择页面，在【数据】页签下单击【重算表页】按钮，如图 6-15 所示。

	A	B	C	D	E	F
1			资产负债表			
2	2023年09月30日					会企01表
3	编制单位：诚远公司_2023					单位：元
4	资产	期末余额	上年年末余额	负债和所有者权益（或股东权益）	期末余额	上年年末余额
5	流动资产：			流动负债：		
6	货币资金	2,138,140.00	0.00	短期借款	0.00	0.00
7	交易性金融资产	0.00	0.00	交易性金融负债	0.00	0.00
8	衍生金融资产	0.00	0.00	衍生金融负债	0.00	0.00
9	应收票据	0.00	0.00	应付票据	0.00	0.00
10	应收账款	0.00	0.00	应付账款	5,000,000.00	0.00
11	应收账款融资			预收款项	0.00	0.00
12	预付款项	1,112,000.00	0.00	合同负债	0	0.00
13	其他应收款	26,000.00	0.00	应付职工薪酬	0.00	0.00
14	存货	0.00	0.00	应交税费	-1,331,643.50	0.00
15	合同资产			其他应付款	0.00	0.00
16	持有待售资产	0.00	0.00	持有待售负债	0.00	0.00
17	一年内到期的非流动资			一年内到期的非流动负		
18	其他流动资产	0.00	0.00	其他流动负债	0.00	0.00
19	流动资产合计	3,276,140.00	0.00	流动负债合计	3,668,356.50	0.00
20	非流动资产：			非流动负债：		
21	债权投资	0.00	0.00	长期借款	0.00	0.00
22	其他债权投资	0.00	0.00	应付债券	0.00	0.00
23	长期应收款	0.00	0.00	其中：优先股		
24	长期股权投资	0.00	0.00	永续债		
25	其他权益工具投资	0.00	0.00	租赁负债	0.00	0.00

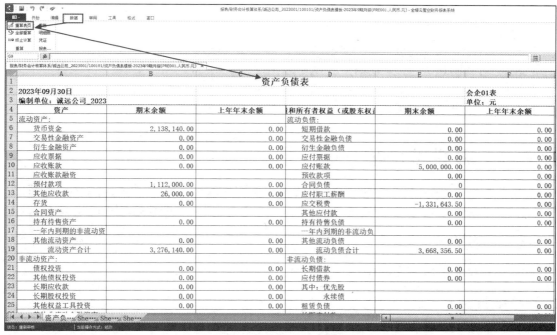

图 6–15 重算资产负债表

（3）重算表页完成后，在【开始】页签下依次单击【保存】【提交】【审核】按钮，完成资产负债表的编制，如图 6-16 所示。

	A	B	C	D	E	F
24	长期股权投资	0.00	0.00	永续债		
25	其他权益工具投资	0.00	0.00	租赁负债	0.00	0
26	其他非流动金融资产			长期应付款	0.00	0
27	投资性房地产	0.00	0.00	预计负债	0.00	0
28	固定资产	10,000,000.00	0.00	递延收益	0.00	0
29	在建工程	0.00	0.00	递延所得税负债	0.00	0
30	生产性生物资产	0.00	0.00	其他非流动负债		
31	油气资产	0.00	0.00	非流动负债合计	0.00	0
32	使用权资产	0.00	0.00	负债合计	3,668,356.50	0
33	无形资产	0.00	0.00	所有者权益（或股东权益）		
34	开发支出	0.00	0.00	实收资本（股本）	10,000,000.00	0
35	商誉	0.00	0.00	其他权益工具	0.00	0
36	长期待摊费用	384,000.00	0.00	其中：优先股		
37	递延所得税资产	0.00	0.00	永续债		
38	其他非流动资产	0.00	0.00	资本公积	0.00	0
39	非流动资产合计	10,384,000.00	0.00	减：库存股	0.00	0
40				其他综合收益	0.00	0
41				专项储备	0.00	0
42				盈余公积	0.00	0
43				未分配利润	-8,216.50	0
44				外币报表折算差额		
45				所有者权益（或股东权益）	9,991,783.50	0
46	资产总计	13,660,140.00	0.00	负债和所有者权益（或股东	13,660,140.00	0
47						
48						

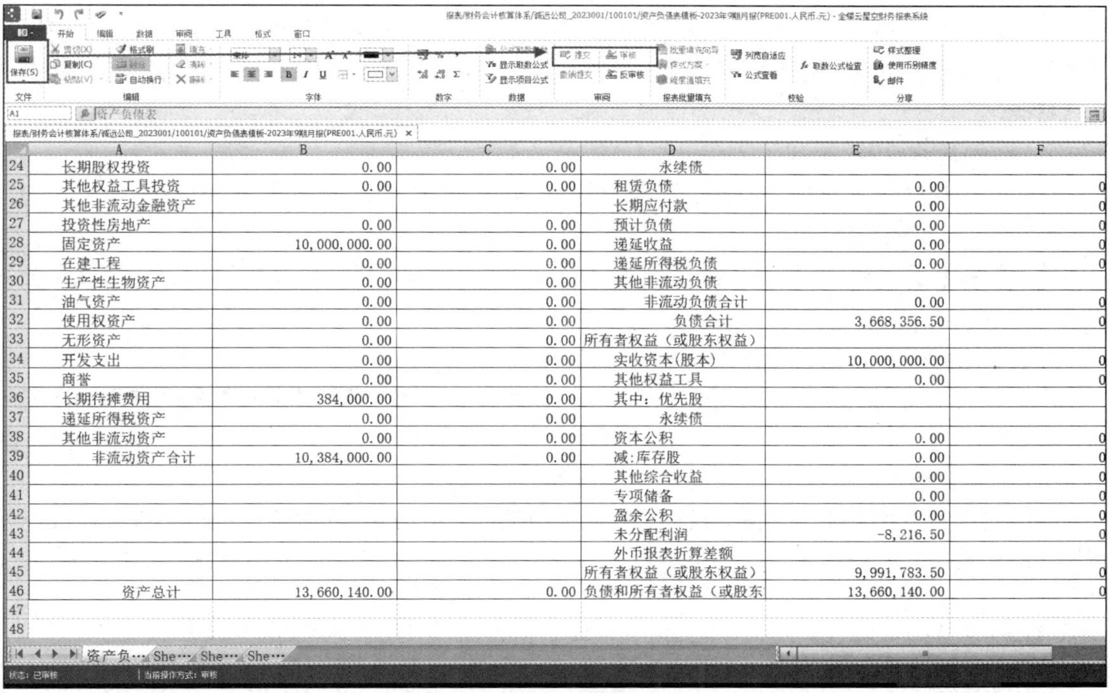

图 6–16 审核资产负债表

三、任务拓展实训

【实训一】具体内容参见本书附录 9 月完整经济业务（23）。
【实训二】具体内容参见本书附录 10 月完整经济业务（68）。
【实训三】具体内容参见本书附录 11 月完整经济业务（71）。
【实训四】具体内容参见本书附录 12 月完整经济业务（70）。

任务三　编制利润表

利润表是反映企业一定会计期间生产经营成果的会计报表，它全面揭示了企业在某一特定时期实现的各种收入、发生的各种费用、成本或支出，以及企业实现的利润或发生的亏损情况。

一、任务情境

四川诚远股份有限公司财务部通过编制利润表反映公司在当月的经营成果。

二、技能训练

【业务案例】

月末，制作利润表模板，出具当期利润表。

【技能点一】制作利润表模板

制作利润表模板是指创建一个结构化的表格，用于汇总和展示企业特定时期的收入、费用和利润等财务信息。其目的是方便财务人员填写和整理相关数据，以便准确呈现企业的盈利能力和经营状况。

1. 预置表样更新
在平台中选择合适的利润表表样，确保使用的表样与最新标准或要求相匹配。

2. 新增报表模板
确保模板包含必要的项目，例如营业收入、管理费用、研发费用、利息费用等，以覆盖企业的主要财务活动。

3. 编辑取数公式和项目公式
检查模板中使用的取数公式和项目公式，确保能自动取数，并能正确计算利润总额和净利润等重要指标。

4. 调整和优化
根据实际需求和反馈，对报表模板进行调整和优化。根据变化的情况，及时更新和修改报表模板，以满足实际业务需求。

【操作指导】

1. 预置表样更新
以会计身份登录金蝶云星空平台，执行【财务会计】—【报表】—【参数设置】—【预置表样更新】命令，在【预置表样更新】页面勾选"2019 年版利润表（普通报表）（已执行准则）"，单击【更新模板】按钮，如图 6-17 所示，下载财务报表新模板。

图 6-17　【预置表样更新】页面

2. 新增报表模板

（1）以会计身份登录金蝶云星空系统，执行【财务会计】—【报表】—【报表管理】—【报表模板】命令，进入【报表模板】页面。单击【新增】按钮，在【新增报表模板】对话框，设置编码为"100102"，设置名称为"利润表模板"，选择周期为"月报"，设置核算体系为"财务会计核算体系"，设置所属组织为"诚远公司_2023001"，设置样式类型为"固定样式"，完成后单击【确定】按钮，如图 6-18 所示。

图 6-18　新增利润表模板

（2）双击【利润表模板】，进入报表编辑器选择页面。再次单击【利润表模板】，在弹出的【用户账户控制】对话框中单击【是】按钮，允许文件运行，进入报表模板编辑页面。

（3）在报表编辑器左下方的页签处（Sheet1），单击鼠标右键，从弹出的快捷菜单中选择"插入表页"，弹出【插入表页】对话框。在【自定义样式】页签下，选择"2019 年版利润表（普通报表）（已执行准则）"，单击【确定】按钮，如图 6-19 所示。

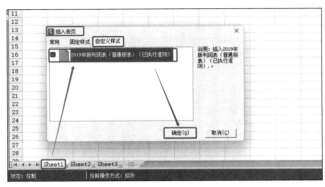

图 6-19　插入利润表

3. 编辑报表模板取数公式和项目公式

此案例无须更改报表模板取数公式和项目公式，若有特殊情况，可参照前文资产负债表模板取数公式和项目公式更改方法。

4. 保存报表模板

编辑完成后，单击【保存】按钮，关闭报表编辑器。回到【报表模板】页面，勾选刚才完成编辑并保存好的报表模板进行提交、审核，如图 6-20 所示。

图 6-20　提交、审核利润表模板

【技能点二】出具利润表

利润表用于展示企业在特定期间的收入、成本和利润情况。出具利润表的目的是提供企业经营活动信息。分析利润表，可以评估企业的盈利能力、经营效益和成本控制情况。利润表还有助于投资者、债权人和其他利益相关方了解企业经营状况，从而做出决策。

1. 基础设置

在新增报表时，选择合适的利润表模板，根据当前会计期间设置正确的报表日期、币别等。

2. 出具报表

熟悉金蝶云星空平台财务报表编辑器的使用，包括重算表页功能等，确保报表顺利生成。

3. 检查核对

（1）将利润表的各项数据与财务记录进行对比，如收入账户、成本账户、银行对账单等，确保利润表中的数据与这些记录一致。

（2）审查利润表中的关键交易和调整项目，如坏账准备、存货减值准备等，确保这些项目的计算基础和金额正确，并符合相关会计准则和财务报告要求。

（3）将利润表与其他财务报表进行协调和对比，如资产负债表，确保各项数据在不同报表之间的一致性和正确性。

【操作指导】

（1）以会计身份登录金蝶云星空平台，执行【财务会计】—【报表】—【报表管理】—【报表】命令，进入【报表】页面。单击【新增】按钮，在弹出的【新增报表】对话框，选择前面新增的报表模板"100102"，报表日期根据当前会计期间选择"2023/9/30"，币别选择"人民币"，金额单位选择"元"，设置完成后单击【确定】按钮，如图6-21所示。

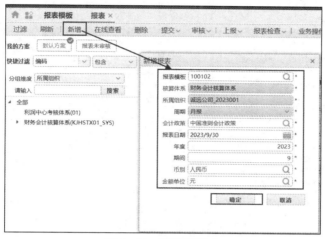

图 6-21　新增利润表

（2）打开新增的报表，进入报表编辑器选择页面，在【数据】页签下单击【重算表页】按钮，如图6-22所示。

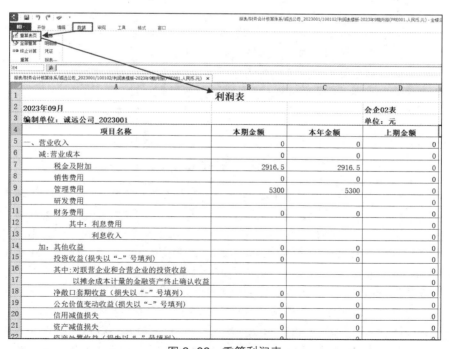

图 6-22　重算利润表

（3）重算表页完成后，在【开始】页签下依次单击【保存】【提交】【审核】按钮，完成利润表的编制，如图6-23所示。

	A	B	C	D
31	五、其他综合收益的税后净额	0	0	0
32	（一）不能重分类进损益的其他综合收益	0	0	0
33	1.重新计量设定受益计划变动额			0
34	2.权益法下不能转损益的其它综合收益			0
35	3.其他权益工具投资公允价值变动			0
36	4.企业自身信用风险公允价值变动			0
37	……			
38	（二）将重分类进损益的其它综合收益	0	0	0
39	1.权益法下可转损益的其他综合收益			0
40	2.其他债权投资公允价值变动			0
41	3.金额资产重分类计入其他综合收益的金额			0
42	4.其他债权投资信用减值准备			0
43	5.现金流量套期储备			0
44	6.外币财务报表折算差额			0
45	……			
46	六、综合收益总额	-8216.5	-8216.5	0
47	七、每股收益	0	0	0
48	（一）基本每股收益			0
49	（二）稀释每股收益			0

图6-23　审核利润表

三、任务拓展实训

【实训一】具体内容参见本书附录9月完整经济业务（24）。
【实训二】具体内容参见本书附录10月完整经济业务（69）。
【实训三】具体内容参见本书附录11月完整经济业务（72）。
【实训四】具体内容参见本书附录12月完整经济业务（71）。

📖会计之道

立信乃会计之本

　　獐子岛是一家集海珍品育苗、增养殖、加工、贸易、海上运输于一体的综合性海洋食品企业。早在2014年，獐子岛就曾突然发公告称，公司进行秋季底播虾夷扇贝存量抽测，发现存货异常，因此在第三季度亏损7.63亿元，而亏损的主要原因是北黄海异常冷水团导致扇贝"跑路"。2016年，獐子岛又利用公司营业成本核算与采捕面积直接挂钩的特点，随意记录采捕海域，在营业成本上做文章，进行业绩操纵。

　　在不到6年的时间里，獐子岛的扇贝先后4次"失踪"。如此离奇的剧情，频频在獐子岛的公告中上演，以至于会计师事务所连续对其年报出具了保留意见审计报告。

　　扇贝为何会"跑路"，业内人士仔细分析发现，"跑路"的时点和獐子岛业绩存在相关性。证监会表示，獐子岛在2014年、2015年已连续两年亏损的情况下，客观上利用海底库存及采捕情况难发现、难调查、难核实的特点，不以实际采捕海域为依据进行成本结转，导致财务报告严重失真；2016年通过少记录成本、营业外支出的方法将亏损披露为盈利；2017年将以前年度已采捕海域列入核销海域或减值海域，夸大亏损幅度。

证监会统筹执法力量，走访渔政监督、水产科研等部门寻求专业支持，依托科技执法手段开展全面深入调查。獐子岛每月虾夷扇贝成本结转的依据为当月捕捞区域，在无逐日采捕区域记录可以核验的情况下，证监会借助卫星定位数据，对獐子岛27条采捕船只数百万条海上航行定位数据进行分析，委托两家第三方专业机构运用计算机技术还原了采捕船只的真实航行轨迹，复原了獐子岛真实的采捕海域，进而确定实际采捕面积，并据此认定獐子岛成本、营业外支出、利润等存在虚假。

2020年6月15日，证监会依法对獐子岛及相关人员涉嫌违反证券法律法规案做出行政处罚和市场禁入决定。证监会认定，獐子岛2016年虚增利润1.3亿元，占当期披露利润总额的158%；2017年虚减利润2.8亿元，占当期披露利润总额的39%。

獐子岛上述行为涉嫌构成违规披露、不披露重要信息罪。根据《行政执法机关移送涉嫌犯罪案件的规定》（国务院令第310号），证监会决定将獐子岛及相关人员涉嫌证券犯罪案件依法移送公安机关追究刑事责任。

项目七
会计档案管理

项目七

知识目标

1. 了解会计档案整理和装订的方法。
2. 熟悉会计档案移交的概念和程序，了解会计档案鉴定的方法，了解会计档案销毁的条件和程序。

能力目标

1. 能够正确收集、整理和装订会计档案，并能识别、纠正档案缺失、遗漏或错误。
2. 能够按照规定的程序和要求准确执行会计档案的移交、鉴定和销毁工作。

素养目标

1. 培养学生具备严谨细致的工作态度，以确保会计档案的完整性和准确性。
2. 培养学生具备保密意识和责任心，确保会计档案的保密性和安全性。
3. 培养学生具备良好的组织能力和时间管理能力，能够高效地处理大量的会计档案。

学习导图

会计档案管理的学习导图如图 7-1 所示。

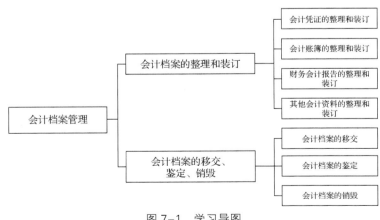

图 7-1　学习导图

任务一　会计档案的整理和装订

会计档案的整理和装订是指对企业的财务资料进行有序、系统的分类、归档和装订的过程。其目的在于确保会计信息的完整性、可靠性和可检索性，促进会计工作的规范化和高效化；同时，满足财务报告和审计的需求，提供有效的决策依据，有利于企业管理和监督，遵守相关法律法规的要求。因此，会计档案的整理和装订具有重要的意义，是保障财务管理和信息流畅的基础工作之一。

一、任务情境

四川诚远股份有限公司财务部按期进行会计档案的整理和装订工作。

二、技能训练

【技能点一】会计凭证的整理和装订

会计凭证的整理和装订是指对企业的财务凭证进行分类、排序和归档，并使用合适的方式将它们固定在一起。这个过程的意义在于提供准确可靠的财务记录，为财务报告、审计和决策提供可靠依据，同时也便于管理人员和财务专业人员进行查找和参考，以支持企业的日常运营和战略规划。

应归档的会计凭证包括原始凭证、记账凭证。

1. 装订前的准备工作

（1）按年分月将若干记账凭证、记账凭证汇总表，连同会计凭证封面、封底装订成一册，即为一卷，按顺序排列，检查日数、编号是否齐全。

（2）在装订之前，需要进行设计，以确定一个月的记账凭证应该分成几册为宜，可以按凭证汇总日期（如按上、中、下旬）确定装订成册的本数，每册的厚度应该基本保持一致，一般以1.5~2.0厘米为宜。

（3）整理检查凭证顺序号，如有颠倒要重新排列，发现缺号要查明原因；检查附件是否漏缺，领料单、入库单、工资发放单、奖金发放单是否随附齐全。

（4）检查记账凭证上有关人员（如财务主管、复核、记账、制单等）的印章是否齐全。

（5）填写会计凭证封面，应列明单位名称、年度、月份，本月共几册、本册是第几册，记账凭证的起讫编号、张数，并由会计主管、装订人分别签名或盖章。

（6）对于数量过多的原始凭证，如收料单、发料单等，可以按上述要求单独装订成册，加上封面、封底，并在封面注明记账凭证日期、编号，存放在其他类会计档案中，同时在记账凭证上注明"附件另订"及原始凭证名称和编号。

（7）摘除凭证内的金属物（如订书钉、大头针、回形针），对大的附件要折叠成与记账凭证大小相同，且要避开装订线，以便翻阅时保持数字完整。

2. 会计凭证的装订

（1）凭证装订一般在左上侧或左下侧：如果选择左上侧装订，需要进行左对齐和上对齐；如果选择左下侧装订，需要进行左对齐和下对齐。

（2）在实际工作中，通常采用左上侧装订，使用双孔双线、单引双结的方式。而使用单孔装订容易出现"左挤"现象，为了确保档案的牢固、保密和科学，一般采用双孔双线装订。

（3）为了使凭证装订既结实又美观、科学，对只有装订线而没有包角封装的，应进行包角封装。先剪取一块厚一点的方块白纸或其他空白纸，与凭证左对齐、左上角对齐，然后打孔、穿线、打结，将方块纸折叠到凭证的左上角后面，以使针线不可见，并使用浆糊粘住。

（4）正面包角接缝处加盖单位财务专用章，背面加盖经手人员印章。

（5）装入会计凭证盒，填写会计凭证盒。正面应写明单位名称，起止时间，本月共几册、本盒是第几册，记账凭证的起讫编号、张数、保管期限，由会计主管、立卷人分别签名或盖章。

（6）会计凭证档案通常应单独集中摆放至专用的会计凭证柜中。

知识拓展

电子会计凭证整理

【技能点二】会计账簿的整理和装订

会计账簿的整理和装订是指对各种会计账簿进行归档、整理和装订。这样做的意义在于提供可靠的凭证和依据，支持财务报表编制、财务分析、税务申报及审计等活动，同时也便于企业内部对财务状况和经营情况进行监控和管理。

应归档的会计账簿包括总账、明细账、日记账、固定资产卡片及其他辅助性账簿。各种会计账簿年度结账后，除跨年使用的账簿外，应按时整理立卷。

（1）按账簿启用表的使用页数核对各个账户是否相符，账页数是否齐全，序号排列是否连续。

（2）会计账簿一本为一卷（活页式账簿应去除账夹和空白页，编写页码，装订成册），为每一卷加装会计账簿封面。

（3）按会计账簿封面、账簿启用表、账户目录、该账簿按页数顺序排列的账页、会计账簿封底的顺序装订。

（4）填写会计账簿封面。封面设置单位名称、题名、保管期限、年度、案卷号。单位名称填写全称或规范简称；题名按组卷不同，分别填写如库存现金日记账、银行存款日记账、总账、明细账、日记账等；保管期限填写30年或其他规定年限；年度和案卷号均填写阿拉伯数字。会计主管人员和装订人（经办人）签章。

（5）装入会计档案盒，填写会计档案盒。每盒装一卷。档案盒正面第一栏空白处填写单位名称。正面、背脊均设置全宗号、目录号、类别、年度、案卷号、保管期限。全宗号、目录号采用阿拉伯数字填写；"类别"栏分别填写"会计账簿""财务会计报告""其他会计资料"等，背脊处的书写位置较窄，字可写小点，要与"类别"二字一样横写，不能竖写；年度、案卷号、保管期限与各自封面填写相同。

（6）案卷排列顺序依次为总账、库存现金日记账、银行存款日记账、明细账等，最后上架。

【技能点三】财务会计报告的整理和装订

财务会计报告的整理和装订是指对财务会计报告进行汇总、分类、排序和装订，以形成一份完整的、有序的财务文件。其目的是确保财务会计报告的准确性、一致性和可读性，使管理者和其他利益相关方能够更好地了解和分析企业的财务状况和经营成果。

应归档的财务会计报告（财务报表和相关信息）包括月度、季度、半年度、年度财务会计报告。企业财务报表至少应当包括资产负债表、利润表、现金流量表、所有者权益（或股东权益）变动表及附注。行政事业单位的财务会计报告至少应当包括资产负债表、收入费用表、现金流量表、附注及决算报告。

（1）每份财务会计报告均应装订成册，财务会计报告装订顺序为：财务会计报告封面、财务会计报告编制说明、各种会计报表（按会计报表的编号顺序排列）、财务会计报告的封底。一册即为一卷（件）。

（2）财务会计报告装订前要按编报目录核对是否齐全，整理报表页数，上边和左边对齐压平，防止折角，如有损坏部位，修补后完整无缺地装订。

（3）填写财务会计报告封面。封面设置单位名称、题名、保管期限、年度、案卷号、件数、页数等项目。单位名称填写全称或规范简称；题名填写财务决算或会计月、季报表；保管期限填写永久或10年；年度、案卷号、件数、页数均用阿拉伯数字填写。

（4）按照不同保管期限分别排列、编号、编写会计档案文件目录（简称"编目"）。

（5）装入会计档案盒。不同保管期限的文件材料应分别装入不同的档案盒内，严禁混装。如保管期限为"定期10年"的月报、季报、半年报等，分别每月、每季、每半年装订成一件（卷），并按月报、季报、半年报顺序排列；保管期限为"永久"的年度财务会计报告、部门决算、决算审核意见书、审计报告等，须另行编号编目，单独装盒。

【技能点四】其他会计资料的整理和装订

其他会计资料的整理和装订是指对这些资料进行分类、排序和装订，确保其易于查找、保存完整且有序。这样做的目的在于提供高效的信息管理和保障会计数据的准确性和可靠性，使企业能够及时调取和分析所需的财务信息，为管理决策和财务报告的编制提供可靠的基础。

应归档的其他会计资料，包括银行存款余额调节表、银行对账单、纳税申报表、会计档案移交清册、会计档案保管清册、会计档案销毁清册、会计档案鉴定意见书及其他具有保存价值的会计资料（如现金盘点表、支票盘点表、固定资产盘点表、财务印章保管登记表等）。

和财务会计报告的整理方法相同，对其他会计资料，应区分保管期限，根据事由和时间顺序，将有关会计资料以件为单位进行分类、排列、装订、编页、编号、加盖档号章、编目、填写备考表、填写档案盒正面及盒脊、装盒。

（1）保管期限为"定期10年"的银行存款余额调节表、银行对账单、纳税申报表等单独编号、编目、装盒。

（2）保管期限为"定期30年"的会计档案移交清册单独编号、编目、装盒。

（3）保管期限为"永久"的会计档案保管清册、会计档案销毁清册、会计档案鉴定意见书等单独编号、编目、装盒。

任务二　会计档案的移交、鉴定、销毁

会计档案的安全管理包括对会计档案的移交、鉴定和销毁，其目的是保障会计档案的安全性、可靠性和有效性。

一、任务情境

四川诚远股份有限公司财务部根据实际情况进行会计档案的移交、鉴定和销毁工作。

二、技能训练

【技能点一】会计档案的移交

会计档案的移交是指将会计档案移交给相应的档案馆或管理机构的过程。移交的目的是确保会计档案的安全保存，便于后续查阅和利用。移交的意义在于保护会计档案的完整性和真实性，以便提供历史财务信息的准确记录和审计依据，同时为保障财政、税收等方面的调查和研究提供支持。

1．移交时间

（1）当年形成的会计档案，在会计年度终了后，可由单位会计管理机构临时保管一年，再移交单位档案管理机构保管。因工作需要确需推迟移交的，应当经单位档案管理机构同意。

（2）单位会计管理机构临时保管会计档案最长不超过三年。临时保管期间，会计档案的保管应当符合国家档案管理的有关规定，且出纳人员不得兼管会计档案。

2．移交程序

（1）单位会计管理机构在办理会计档案移交前，应当编制《会计档案移交清册》。

（2）单位会计管理机构应当将《会计档案移交清册》随同待移交的会计档案一并向单位档案管理机构移交。

（3）单位档案管理机构接收时应认真核对，按照《会计档案移交清册》所列内容逐项交接，并检查档案质量，经双方确认无误后，在《会计档案移交清册》上签字、盖章。

（4）《会计档案移交清册》由会计管理机构和档案管理机构各保留一份。

【技能点二】会计档案的鉴定

单位应当定期对保管期满的会计档案进行鉴定，并根据鉴定结果做出继续保存或者销毁的处置决定。

1．鉴定周期

（1）单位应当根据实际情况确定本单位会计档案鉴定的周期、频率。

（2）如果每年到期会计档案数量不大，且库房空间充足，可多年鉴定一次；如果每年到期会计档案数量较大，且库房空间有限，可隔年或者每年鉴定一次。

2．鉴定组织

单位须成立由单位主管领导（组长），以及档案管理机构、会计管理机构、审计机构、纪检监察机构等部门负责人和有关专家、技术人员组成的档案鉴定委员会（小组），组织并实施会计档案鉴定工作。

3．鉴定程序

（1）由档案管理机构牵头，会同会计管理机构共同派员对到期会计档案进行逐卷、逐份阅读，根据每份文件的价值，提出销毁或继续保存的初步鉴定结论（未结清的债权债务会计凭证和涉及其他未了事项的会计凭证不得销毁，纸质会计档案应当单独抽出立卷，电子会计档案单独转存，保管到未了事项完结时为止），报送单位档案鉴定委员会（小组）。

（2）单位档案鉴定委员会（小组）对初步鉴定结论进行讨论审定。对仍需继续保存的会计档案，应当审定新的保管期限；对确无保存价值的会计档案，审定销毁。

（3）形成正式鉴定意见书。鉴定意见书无固定格式，但至少应包括以下内容：

① 被鉴定会计档案所属年度及保管期限、列入销毁档案的数量和主要内容、鉴定情况概括；

② 销毁或延长保管期限档案的主要理由；

③ 编制或审定《会计档案销毁清册》；

④ 列明单独抽出立卷或转存的会计档案。

【技能点三】会计档案的销毁

会计档案的销毁是指在完成会计档案鉴定之后，对旧的会计档案进行安全销毁的过程。销毁的目的是确保会计档案的安全性，防止信息泄露和滥用。销毁的意义在于建立科学有效的会计档案管理机制，保护会计对象的商业秘密，确保档案的安全管理，并为新的会计档案提供更好的空间和资源。

（1）单位编制的《会计档案销毁清册》应列明拟销毁会计档案的名称、起止年度、档号、卷内文件数、页数、应保管期限、已保管期限和销毁时间等内容。

（2）单位负责人、档案管理机构负责人、会计管理机构负责人、档案管理机构经办人、会计管理机构经办人在《会计档案销毁清册》上签名或盖章。

（3）单位档案管理机构负责组织会计档案销毁工作，并与会计管理机构共同派员监销。监销人在会计档案销毁前，应当按照《会计档案销毁清册》所列内容进行清点核对；在会计档案销毁后，应当在《会计档案销毁清册》上签名或盖章。

> **注意**
>
> 电子会计档案的销毁还应当符合国家有关电子档案的规定，并由单位档案管理机构、会计管理机构和信息系统管理机构共同派员监销。

> **会计之道**
>
> ### 会计人员职业道德规范
>
> **一、坚持诚信，守法奉公**。牢固树立诚信理念，以诚立身、以信立业，严于律己、心存敬畏。学法知法守法，公私分明、克己奉公，树立良好职业形象，维护会计行业声誉。
>
> **二、坚持准则，守责敬业**。严格执行准则制度，保证会计信息真实完整。勤勉尽责、爱岗敬业，忠于职守、敢于斗争，自觉抵制会计造假行为，维护国家财经纪律和经济秩序。
>
> **三、坚持学习，守正创新**。始终秉持专业精神，勤于学习、锐意进取，持续提升会计专业能力。不断适应新形势新要求，与时俱进、开拓创新，努力推动会计事业高质量发展。

完整经济业务资料

9 月完整经济业务

（1）2023 年 9 月 1 日，四川洪风投资有限公司借给筹备组 10 000 元现金作为筹备备用金。

（2）2023 年 9 月 3 日，筹备组向四川西汇投资有限公司租赁了 1 000 平方米办公室，租赁协议编号为 CYZL2309001。协议约定租赁期限为 2023 年 10 月 1 日至 2024 年 9 月 30 日，租金为每月 10 000 元，支付方式为押一付三。房租及押金由四川洪风投资有限公司于 2023 年 9 月 7 日垫付，都暂时只取得收据。

公司各部门办公室使用面积如下。（注：公共面积均作管理费用计入行政部。）

序号	部门	使用面积/平方米
1	行政部	100
2	采购部	90
3	销售部	350
4	财务部	150
5	公共面积	310

（3）筹备组 2023 年 9 月 3 日委托成都佳和财务咨询公司进行工商注册代理事宜，并签订委托协议，协议编号为 CYWT2309001。2023 年 9 月 18 日取得营业执照，2023 年 9 月 20 日，成都佳和财务咨询公司向筹备组交付了营业执照等证照及印鉴，筹备组出纳按照协议约定向其现金支付了代理费 1 000 元，注册工本费 800 元。

（4）2023 年 9 月 22 日，筹备组在中国工商银行成都分行高新支行开立基本账户。同日，筹备组在成都市高新西区税务局办理了增值税一般纳税人备案，在税务局办理了登记备案和税种核定工作。同日，四川洪风投资有限公司、四川龙达信息技术有限公司分别向该账户汇入投资款人民币 500 万元。

（5）2023 年 9 月 24 日，从四川科电通讯技术有限公司（增值税一般纳税人）收购了一家手机生产企业的全部生产线，同时接管了全部人员。公司与出让方签订了收购合同，合同编号为 CYSG2309001。合同约定，收购基准日为 2023 年 9 月 30 日。生产设备原值 2 200 万元，已使用 2 年，尚可使用年限 5 年，残值率 5%，双方合同约定交易价格为含税价 1 130 万元，公司当日向出让方支付款项 630 万元，余款在 11 月底前付清，对方开具了全部款项的增值税专用发票。

（6）原厂房是向第三方租赁的，每月租金 20 000 元。2023 年 9 月 24 日公司重新与和聚工业投资有限公司（房东，增值税一般纳税人）签订租赁协议，协议编号为 CYZL2309002。经过协商，公司一次性支付 2 年房租，每月租金优惠到 16 000 元（不含增值税），租赁期限为 2023 年 10 月 1 日至 2025 年 9 月 30 日。2023 年 9 月 24 日公司转账支付 2 年房租和 1 个月押金，取得租金增值税专用发票及押金收据。（注：厂房由三个部门使用，其中技术部使用 10%，生产管理部门使用 10%，生产车间使用 80%）

（7）2023 年 9 月 25 日，与四川高玉电子有限公司签订采购合同，合同编号：CYCG2309001。合同约定订购手机显示系统 5 000 套，含税单价每套 260 元。合同约定 10 月交付 2 000 套，11 月交付 2 000 套，12 月交付 1 000 套。合同约定合同签订当日公司支付预付款 200 000 元，每次交货后 30 日内支付该批货款，预付款在支付最后一批货款时扣减。9 月 25 日，公司按合同约定支付了 200 000 元预付款。

（8）2023 年 9 月 26 日，与成都五州商贸有限公司签订采购合同，合同编号为 CYCG2309002。合同约定订购 M329 手机所需材料 5 000 套，含税单价每套 620 元（每套含 M329 主板、800 万像素摄像头、其他套料各 1）。合同约定 10 月交付 1 000 套，11 月交付 1 500 套，12 月交付 2 500 套。合同约定每次交货后 7 日内支付该批货款。

（9）2023 年 9 月 27 日，与重庆达富科技有限公司签订采购合同，合同编号为 CYCG2309003。合同约定订购 K668 手机所需材料 3 000 套，含税单价每套 1 470 元（每套含 K668 主板、1 500 万像素摄像头、500 万像素摄像头、其他套料各 1）。合同约定 10 月交付 800 套，11 月交付 1 000 套，12 月交付 1 200 套。合同约定合同签订当日公司支付合同总价 20% 作为定金，每月交货的货款于次月 30 日前支付，定金于支付每月货款时按比例冲抵货款。公司按合同约定于 9 月 27 日从工行汇款支付了定金 88.2 万元。

（10）2023 年 9 月 30 日，筹备组共发生筹建费用 3 500 元，其中办公费用 1 200 元，招待费用 2 000 元，通信费用 300 元。款项已由筹备组出纳以现金支付，单据齐全。

（11）2023 年 9 月 30 日，筹备组的出纳向公司出纳办理了交接手续。9 月 30 日，从银行提取现金 30 000 元。

（12）2023 年 9 月 30 日，转账归还股东四川洪风投资有限公司垫付的办公室房租及所借的筹备备用金。

（13）月末，在金蝶云星空平台填写凭证，结转当月未交增值税。

（14）月末，计提当月城市维护建税、教育费附加、地方教育附加，在金蝶云星空平台填写计提附加税费的凭证。

（15）月末，计提当月印花税，在金蝶云星空平台填写计提印花税凭证。

（16）月末，完成所有业务的凭证填制工作后，将所有凭证进行审核并过账。

（17）月末，在金蝶云星空平台使用向导式结转损益将本月损益类科目余额结转到本年利润科目。

（18）月末，结转完成损益后，查看科目余额表本年利润科目的本期借方和本期贷方数据（过滤条件选择科目编码"4103"，勾选"包括未过账凭证"），计算本月利润总额（贷方金额>借方金额，则本月利润总额为正，否则为负）。根据本案例企业类型计算企业所得税，并填写相关凭证。

（19）月末，在金蝶云星空平台使用向导式结转损益将所得税费用结转到本年利润。

（20）月末，在金蝶云星空平台使用出纳对账功能进行期末对账。

（21）月末，对出纳系统进行期末结账处理，结账至下一期间。

（22）月末，对总账系统进行期末结账处理，结账至下一期间。

（23）月末，制作资产负债表模板，出具当期资产负债表。

（24）月末，制作利润表模板，出具当期利润表。

10 月完整经济业务

（1）2023 年 10 月 1 日，用转账支票购入家具一批，总价 30 000 元（其中用于销售部门 6 000 元、用于行政部门 24 000 元，使用年限 5 年，残值率 5%），取得增值税专用发票。

（2）2023 年 10 月 2 日，四川高玉电子有限公司交付 CYCG2309001 号合同约定的手机显示系统 1 000 套，增值税专用发票随货开具。

（3）2023 年 10 月 3 日，用工行高新支行转账支票购入计算机 22 台（销售部 4 台、技术部 2 台、生产部管理人员 2 台、行政部门 14 台），每台 4 000 元，共 88 000 元（使用年限 5 年，残值率 5%），取得增值税专用发票。

（4）2023 年 10 月 3 日，出纳现金报销采购部张世然交通费 200 元，业务招待费 500 元；报销销售部孙福贵交通费 200 元，业务招待费 800 元，差旅费 1 200 元。

（5）2023 年 10 月 3 日，成都五州商贸有限公司交付 CYCG2309002 号合同约定的第 1 批 M329 手机套料 500 套，增值税专用发票随货开具。

（6）2023 年 10 月 3 日，重庆达富科技有限公司交付 CYCG2309003 号合同约定的第 1 批 K668 手机套料 300 套，增值税专用发票随货开具。

（7）2023 年 10 月 4 日，公司总经理李超凡借差旅费 10 000 元，行政部文员王燕借款 1 000 元购买办公用品。

（8）2023 年 10 月 4 日，生产领料：M329 套料 400 套，K668 套料 200 套，手机显示系统 600 套。

（9）2023 年 10 月 5 日，出纳提现 20 000 元。

（10）2023 年 10 月 5 日，销售助理胡甜借销售部备用金 10 000 元。

（11）2023 年 10 月 6 日，与四川乐成电子商贸有限公司签订销售合同，编号为 CYXS2310001，销售 M329 手机 300 部，K668 手机 100 部。手机按 8.5 折计价，每部 M329 手机含税价 1 343 元，每部 K668 手机含税价 3 128 元，合同总金额 715 700 元。合同约定 2023 年 10 月 20 日前交货。付款条款为合同签订日付定金（货款的 20%），交货前再付货款的 50%，余款（货款的 30%）在交货后 5 个工作日内付清。

（12）2023 年 10 月 7 日，工行高新支行账户收到四川乐成电子商贸有限公司汇来的 CYXS2310001 号合同定金 143 140 元。

（13）2023 年 10 月 8 日，出纳现金报销行政部王燕办公费 1 200 元（行政部王燕曾经借支办公费）。

（14）2023 年 10 月 10 日，从工行高新支行账户向成都五州商贸有限公司支付 CYCG2309002 号合同第 1 批货款 31 万元。

（15）2023 年 10 月 10 日，申报并缴纳 9 月增值税。请根据提供的《9 月进项发票明细表》，归集进项税额明细，完成 9 月增值税及附加税费申报表的填写。根据申报数据缴纳税款，并在金蝶云星空平台填制缴纳税费的凭证。

（16）2023 年 10 月 10 日，申报 2023 年第三季度企业所得税。请根据提供的《2023 年第三季度财务报表》，完成企业所得税预缴申报表的填写。

（17）2023 年 10 月 10 日，申报第三季度印花税。请对公司在第三季度签订的合同和应税凭证进行分析，整理出对应的印花税税目及税率，并计算出其计税依据和应纳税额，完成《印花税税源明细表》《财产和行为税纳税申报表》的填写。最后，根据申报数据缴纳税款，并填制缴纳税费的凭证。

（18）2023 年 10 月 11 日，四川高玉电子有限公司交付 CYCG2309001 号合同约定的手机显示系统 1 000 套，增值税专用发票随货开具。

（19）2023 年 10 月 12 日，原供应商四川高玉电子有限公司与公司股东签订入股协议增资入股本公司（CYTZ2310001），增资后公司注册资本增至 2 000 万元。按合同约定，四川高玉电子有限公司以 2.1 万套手机显示系统作价 546 万元，其中 500 万元为实收资本，46 万元为溢价。货物分批到位。计划 11 月到位 5 000 套，12 月全部到位（注：到位货物价值先计入实收资本，最后超出金额才计入溢价）。同时废止原双方签订的 CYCG2309001 合同中 11 月、12 月应交货部分内容，并且，同意支付的 20 万元预付款全部冲抵 2023 年 10 月交货的货款。

（20）2023 年 10 月 13 日，成都五州商贸有限公司交付 CYCG2309002 号合同约定的第 2 批 M329 手机套料 500 套，增值税专用发票随货开具。

（21）2023 年 10 月 13 日，重庆达富科技有限公司交付 CYCG2309003 号合同约定的第 2 批 K668 手机套料 500 套，增值税专用发票随货开具。

（22）2023 年 10 月 15 日，生产领料：M329 套料 500 套，K668 套料 500 套，手机显示系统 1 000 套。

（23）2023 年 10 月 16 日，工行高新支行账户转账 30 万元购入专利技术，取得增值税专用发票，专利许可合同期限 6 年。

（24）2023 年 10 月 17 日，与成都一顺投资有限公司签订销售合同，编号为 CYXS2310002，销售 M329 手机 500 部，每部 K668 手机 300 部。手机按 8 折计价，每部 M329 手机含税价 1 264 元，K668 手机 2 944 元，合同总金额 1 515 200 元。合同约定 2023 年 10 月 30 日前交货。付款条款为合同签订日付预付款（货款的 50%），交货前再付货款的 40%，余款（货款的 10%）在交货后 10 个工作日内付清。

（25）2023 年 10 月 17 日，收到成都一顺投资有限公司开具的期限为 3 个月的银行承兑汇票一张，票面金额 757 600 元，用于支付 CYXS2310002 号合同预付款。

（26）2023 年 10 月 18 日，收到四川乐成电子商贸有限公司汇来的 CYXS2310001 号合同 50% 货款 357 850 元。

（27）2023 年 10 月 18 日，产成品入库：M329 手机 400 部，K668 手机 150 部。

（28）2023 年 10 月 19 日，向四川乐成电子商贸有限公司发出 CYXS2310001 号合同约定货物，M329 手机 300 部，K668 手机 100 部，同时向对方开具增值税专用发票。

（29）2023 年 10 月 20 日，从工行高新支行账户向成都五州商贸有限公司支付 CYCG2309002 号合同第 2 批货款 31 万元。

（30）2023 年 10 月 20 日，与成都和旭通信有限公司签订销售合同，编号为 CYXS2310003，销售 K668 手机 100 部。手机按 8.5 折计价，每部 K668 手机含税价 3 128 元，合同总金额 312 800 元。合同约定 2023 年 10 月 28 日前交货。付款条款为合同签订日付定金（货款的 20%），余款（货款的 80%）在交货后 10 个工作日内付清。

（31）2023 年 10 月 21 日，工行高新支行账户收到成都和旭通信有限公司汇入的 CYXS2310003 号合同定金 62 560 元。

（32）2023 年 10 月 22 日，出纳现金报销生产车间办公费 2 600 元。行政部王燕报销办公费 600 元。

（33）2023 年 10 月 22 日，收到四川乐成电子商贸有限公司汇来的 CYXS2310001 号合同余款 214 710 元。

（34）2023 年 10 月 25 日，与四川乐成电子商贸有限公司签订销售合同，编号为 CYXS2310004，销售 M329 手机 400 部，K668 手机 200 部。手机按 8.5 折计价，每部 M329 手机含税价 1 343 元，每部 K668 手机含税价 3 128 元，合同总金额 1 162 800 元。合同约定 11 月 8 日前交货。付款条款为合同签订日付定金（货款的 20%），交货前再付货款的 50%，余款（货款的 30%）在交货后 5 个工作日内付清。

（35）2023 年 10 月 26 日，工行高新支行账户收到四川乐成电子商贸有限公司汇来的 CYXS2310004 号合同定金 232 560 元。

（36）2023 年 10 月 26 日，产成品入库：M329 手机 450 部，K668 手机 450 部。

（37）2023 年 10 月 27 日，与成都一顺投资有限公司签订销售合同，编号为 CYXS2310005，销售 M329 手机 300 部，K668 手机 300 部。手机按 8 折计价，每部 M329 手机含税价 1 264 元，每部 K668 手机 2 944 元，合同总金额 1 262 400 元。合同约定 11 月 16 日前交货。付款条款为合同签订日付预付款（货款的 50%），交货前再付货款的 40%，余款（货款的 10%）在交货后 10 个工作日内付清。

（38）2023 年 10 月 27 日，收到成都一顺投资有限公司汇入工行高新支行账户 CYXS2310005 号合同预付款项 631 200 元。

（39）2023 年 10 月 28 日，出纳现金报销行政部业务招待费 3 500 元，报销销售部业务招待费 5 500 元，报销销售部差旅费 4 200 元。

（40）2023 年 10 月 28 日，向成都和旭通信有限公司发出 CYXS2310003 号合同约定货物 K668 手机 100 部，并开具增值税专用发票。

（41）2023 年 10 月 29 日，收到成都一顺投资有限公司转账支票一张，票面金额 606 080 元，用于支付 CYXS2310002 合同项下货款，当即存入工行高新支行账户。

（42）2023 年 10 月 30 日，出纳银行转账支付 9 月收购生产设备部分尾款 300 万元。

（43）2023 年 10 月 30 日，向成都一顺投资有限公司发出 CYXS2310002 号合同约定货物，M329 手机 500 部，K668 手机 300 部，并开具增值税专用发票。

（44）2023 年 10 月 30 日，与成都和旭通信有限公司签订销售合同，编号为 CYXS2310006，销售 M329 手机 500 部，K668 手机 300 部。手机按 8.5 折计价，每部 M329 手机含税价 1 343 元，K668 手机 3 128 元，合同总金额 1 609 900 元。合同约定 11 月 28 日前交货。付款条款为合同签订日付定金（货款的 20%），余款（货款的 80%）在交货后 10 个工作日内付清。

（45）2023 年 10 月 30 日，以现金支付公司员工 2023 年 10 月实报实付手机通信费 6 500 元（其中销售部承担 2 000 元，制造费用 1 800 元，行政部承担 2 700 元），取得增值税普通发票。

（46）2023 年 10 月 30 日，以现金支付公司实报实付 2023 年 10 月网络费 2 530 元、座机电话费 4 218 元（其中销售部承担 30%，行政部门承担 70%）；支付厂房网络费 340 元、座机电话费 566.8 元（全部计入制造费用）。以上均取得增值税专用发票。

（47）2023 年 10 月 30 日，收到 2023 年 10 月电费单，电费共计 25 425（含税）元（5% 计入技术部，5% 计入生产部管理人员，其余为生产消耗），未收到发票，未付款。

（48）2023 年 10 月 30 日，收到 2023 年 10 月物业缴费通知单，物业管理费共计 4666.67 元（由厂房承担 2166.67 元、行政部承担 2500 元），水费共计 500 元（由厂房承担 400 元、行政部承担 100 元），以及办公室电费 4314.16 元（由行政部承担）。根据以上信息计提相关费用，厂房与行政部的物业管理费、水费按季度缴纳，行政部电费按季度缴纳，每月计提。注意水费为增值税普通发票，物业管理费和电费为增值税专用发票。

（49）2023 年 10 月 30 日，计提本月工资及社保费和公积金。

（50）2023 年 10 月 30 日，收到行政部房租 10 000 元增值税专用发票。

（51）为庆祝公司第一批产品顺利出厂，公司董事会决定给员工发放 M329 手机。每部手机价值为 1 580 元，预计发放 20 部手机，其中销售部员工 5 部，采购部员工 1 部，技术部员工 2 部，生产部管理人员 2 部，生产部工人 6 部，财务部和行政部员工各 2 部。

（52）月末，按照年限平均法计提固定资产折旧，根据每个月的固定资产需折旧的情况，计算固定资产折旧金额，并填写记账凭证。

（53）月末，摊销无形资产，根据无形资产需要摊销的情况，计算摊销金额，并填写记账凭证。

（54）月末，摊销厂房房租，根据 9 月租赁厂房 2 年房租的情况，计算摊销金额，并填写记账凭证。

（55）月末，将当月的制造费用按照完工入库数量分配至产品的基本生产成本，并填写相关凭证。

（56）月末，计算当月完工产品成本，包括直接材料、直接人工（按生产工时分配）、制造费用，并填写相关凭证。

（57）月末，结转当月销售产品成本。

（58）月末，在金蝶云星空平台填写凭证，结转当月未交增值税。

（59）月末，计提当月城市维护建设税、教育费附加、地方教育附加，在金蝶云星空平台填写计提附加税费的凭证。

（60）月末，计提当月印花税，在金蝶云星空平台填写计提印花税凭证。

（61）月末，完成所有业务的凭证填制工作后，将所有凭证进行审核并过账。

（62）月末，在金蝶云星空平台使用向导式结转损益将本月损益类科目余额结转到本年利润科目。

（63）月末，结转完成损益后，查看科目余额表本年利润科目的本期借方和本期贷方数据（过滤条件选择科目编码"4103"，勾选"包括未过账凭证"），计算本月利润总额（贷方金额>借方金额，则本月利润总额为正，否则为负）。根据本案例企业类型计算企业所得税，并填写相关凭证。

（64）月末，在金蝶云星空平台使用向导式结转损益将所得税费用结转到本年利润。

（65）月末，在金蝶云星空平台使用出纳对账功能进行期末对账。

（66）月末，对出纳系统进行期末结账处理，结账至下一期间。

（67）月末，对总账系统进行期末结账处理，结账至下一期间。

（68）月末，制作资产负债表模板，出具当期资产负债表。

（69）月末，制作利润表模板，出具当期利润表。

11 月完整经济业务

（1）2023 年 11 月 1 日，成都五州商贸有限公司交付 CYCG2309002 号合同约定的第 3 批 M329 手机套料 700 套，增值税专用发票随货开具。

（2）2023 年 11 月 1 日，重庆达富科技有限公司交付 CYCG2309003 号合同约定的第 3 批 K668 手机套料 400 套，增值税专用发票随货开具。

（3）2023 年 11 月 1 日，工行高新支行账户收到成都和旭通信有限公司汇入的 CYXS2310006

号合同定金 321 980 元。

（4）2023 年 11 月 2 日，社保中心从工行高新支行账户扣款。

（5）2023 年 11 月 2 日，出纳现金支付行政部王燕报销办公费 800 元。

（6）2023 年 11 月 2 日，发放上月福利品 20 部 M329 手机，确认收入。

（7）2023 年 11 月 2 日，销售部罗光荣借差旅费 5 000 元，叶子才借差旅费 3 000 元，使用现金支付。

（8）2023 年 11 月 2 日，收到四川高玉电子有限公司用于投资的第 1 批手机显示系统 2 000 套，增值税专用发票随货开具。

（9）2023 年 11 月 2 日，生产领料：M329 套料 600 套，K668 套料 300 套，手机显示系统 900 套。

（10）2023 年 11 月 3 日，以现金支付购支票手续费 25 元。

（11）2023 年 11 月 3 日，从工行高新支行账户划扣 10 月工厂电费 25 425 元，2023 年 11 月 4 日公司财务人员前往供电局开具增值税专用发票。

（12）2023 年 11 月 5 日，从工行高新支行账户转账发放 10 月工资。

（13）2023 年 11 月 7 日，从工行高新支行账户向成都五州商贸有限公司支付 CYCG2309002 号合同第 3 批货款 43.4 万元。

（14）2023 年 11 月 7 日，收到四川乐成电子商贸有限公司汇来的 CYXS2310004 号合同 50% 货款 581 400 元。

（15）2023 年 11 月 7 日，产成品入库：M329 手机 500 部，K668 手机 200 部。

（16）2023 年 11 月 8 日，生产领料：M329 套料 700 套，K668 套料 600 套，手机显示系统 1 300 套。

（17）2023 年 11 月 8 日，成都五州商贸有限公司交付 CYCG2309002 号合同约定的第 4 批 M329 手机套料 800 套，增值税专用发票随货开具。

（18）2023 年 11 月 8 日，重庆达富科技有限公司交付 CYCG2309003 号合同约定的第 4 批 K668 手机套料 600 套，增值税专用发票随货开具。

（19）2023 年 11 月 8 日，向四川乐成电子商贸有限公司发出 CYXS2310004 号合同约定货物，M329 手机 400 部，K668 手机 200 部，并开具增值税专用发票。

（20）2023 年 11 月 9 日，工行高新支行账户收到成都和旭通信有限公司汇入的 CYXS2310003 号合同尾款 250 240 元。

（21）2023 年 11 月 10 日，申报并缴纳 10 月增值税。请根据提供的《10 月销项发票明细表》和《10 月进项发票明细表》，归集销项税额明细和进项税额明细，完成 10 月增值税及附加税费申报表的填写。根据申报数据缴纳税款，并在金蝶云星空平台填制缴纳税费的凭证。

（22）2023 年 11 月 10 日，向四川高玉电子有限公司转账支付 CYCG2309001 号合同尾款 320 000 元。

（23）2023 年 11 月 10 日，工行高新支行账户收到成都一顺投资有限公司汇入 CYXS2310002 号合同余款 151 520 元。

（24）2023 年 11 月 11 日，收到四川高玉电子有限公司用于投资的第 2 批显示系统 2 000 套，增值税专用发票随货开具。

（25）2023 年 11 月 12 日，工行高新支行账户报销行政部业务招待费 3 600 元；报销销售部差旅费 8 600 元，业务招待费 8 300 元。

（26）2023 年 11 月 15 日，收到四川乐成电子商贸有限公司汇来的 CYXS2310004 号合同余款 348 840 元。

（27）2023 年 11 月 15 日，收到成都一顺投资有限公司汇入工行高新支行账户 CYXS2310005 合同 40%货款 504 960 元。

（28）2023 年 11 月 15 日，与四川乐成电子商贸有限公司签订销售合同，编号为 CYXS2311001，销售 M329 手机 500 部，K668 手机 300 部。手机按 8.5 折计价，每部 M329 手机含税价 1 343 元，每部 K668 手机 3 128 元，合同总金额 1 609 900 元。合同约定 12 月 6 日前交货。付款条款为合同签订日付定金（货款的 20%），交货前再付货款的 50%，余款（货款的 30%）在交货后 5 个工作日内付清。

（29）2023 年 11 月 15 日，产成品入库：M329 手机 550 部，K668 手机 300 部。

（30）2023 年 11 月 16 日，向成都一顺投资有限公司发出 CYXS2310005 号合同约定货物，M329 手机 300 部，K668 手机 300 部，并开具增值税专用发票。

（31）2023 年 11 月 16 日，收到四川乐成电子商贸有限公司汇来的 CYXS2311001 号合同定金 321 980 元。

（32）2023 年 11 月 18 日，收到四川高玉电子有限公司用于投资的第 3 批显示系统 1 000 套，增值税专用发票随货开具。

（33）2023 年 11 月 20 日，从工行高新支行账户向成都五州商贸有限公司支付 CYCG2309002 号合同第 4 批货款 49.6 万元。

（34）2023 年 11 月 21 日，向重庆达富科技有限公司支付 CYCG2309003 号合同项下 10 月所交第 2 批货物的 80%余款 940 800 元。

（35）2023 年 11 月 21 日，工行高新支行账户收到存款利息 928 元。

（36）2023 年 11 月 21 日，引进新的生产线，含税总价 400 万元，收到增值税专用发票，该设备尚可使用年限为 6 年，残值率为 5%。公司支付 100 万元，余款 300 万元由工行高新支行给予 3 年期贷款支付，贷款年利率 6%，利息每月 20 日支付，本金到期一次归还。本贷款以引进的生产线做抵押。

（37）2023 年 11 月 21 日，工行高新支行同时给予本公司流动资金贷款 700 万元，以老生产线为抵押，年利率 5%，期限一年，利息每月 20 日支付。

（38）2023 年 11 月 22 日，提取备用金 49 000 元。

（39）2023 年 11 月 22 日，工行高新支行账户报销生产车间办公费 1 200 元，报销行政部业务招待费 2 800 元，报销销售部业务招待费 6 900 元。

（40）2023 年 11 月 22 日，出纳现金报销销售部差旅费 16 800 元，同时扣罗光荣借款 5 000 元，扣叶子才借差旅费 3 000 元。

（41）2023 年 11 月 22 日，与成都一顺投资有限公司签订销售合同，编号为 CYXS2311002，销售 M329 手机 600 部，K668 手机 400 部。手机按 8 折计价，每部 M329 手机含税价 1 264 元，每部 K668 手机 2 944 元，合同总金额 1 936 000 元。合同约定 12 月 17 日前交货。付款条款为合同签订日付预付款（货款的 50%），交货前再付货款的 40%，余款（货款的 10%）在交货后 10 个工作日内付清。

（42）2023 年 11 月 22 日，收到成都一顺投资有限公司开具的银行承兑汇票一张，票面金额 968 000 元，用于支付 CYXS2311002 号合同预付款项。

（43）2023 年 11 月 25 日，收到行政部房租 10 000 元增值税专用发票。

（44）2023 年 11 月 25 日，住房公积金中心从工行高新支行账户扣款。

（45）2023 年 11 月 26 日，产成品入库：M329 手机 200 部，K668 手机 400 部。

（46）2023 年 11 月 28 日，向成都和旭通信有限公司发出 CYXS2310006 号合同约定货物，M329 手机 500 部，K668 手机 300 部。

（47）2023 年 11 月 30 日，出纳银行转账支付 9 月收购生产设备部分尾款 200 万元。

（48）2023 年 11 月 30 日，工行高新支行账户扣收本月银行转账手续费 85 元。

（49）2023 年 11 月 30 日，工行高新支行账户收到成都一顺投资有限公司汇入 CYXS2310005 号合同余款 126 240 元。

（50）2023 年 11 月 30 日，现金支付公司实报实付 2023 年 11 月网络费 2 662 元，座机电话费 2 000 元（其中销售部承担 30%，行政部承担 70%）；支付厂房网络费 450 元，座机电话费 699.3 元（全部计入制造费用）。以上均取得增值税专用发票。

（51）2023 年 11 月 30 日，以现金支付公司员工 2023 年 11 月手机通信费 6 600 元（其中销售部承担 2 000 元，制造费用 1 800 元，行政部承担 2 800 元）。

（52）2023 年 11 月 30 日，收到 2023 年 11 月电费单，电费共计 38 142 元（5%计入技术部，5%计入生产部管理人员，其余计入生产成本）。未收到发票，未付款。

（53）2023 年 11 月 30 日，收到 2023 年 11 月物业缴费通知单，物业管理费共计 4 666.67 元（由厂房承担 2 166.67 元、行政部承担 2 500 元）、水费共计 500 元（由厂房承担 400 元、行政部承担 100 元），以及办公室电费 4 314.16 元（由行政部承担）。根据以上信息计提相关费用，厂房与行政部的物业管理费、水费按季度缴纳，行政部电费按季度缴纳，每月计提。注意水费为增值税普通发票，物业管理费和电费为增值税专用发票。

（54）2023 年 11 月 30 日，计提本月工资及社保费和公积金。

（55）月末，按照年限平均法计提固定资产折旧，根据每个月的固定资产需折旧的情况，计算固定资产折旧金额，并填写记账凭证。

（56）月末，摊销无形资产，根据无形资产需要摊销的情况，计算摊销金额，并填写记账凭证。

（57）月末，摊销厂房房租，根据 9 月租赁厂房 2 年房租的情况，计算摊销金额，并填写记账凭证。

（58）月末，将当月的制造费用按照完工入库数量分配至产品的基本生产成本，并填写相关凭证。

（59）月末，计算当月完工产品成本，包括直接材料、直接人工（按生产工时分配）、制造费用，并填写相关凭证。

（60）月末，结转当月销售产品和福利品发放的成本。

（61）月末，在金蝶云星空平台填写凭证，结转当月未交增值税。

（62）月末，计提当月城市维护建设税、教育费附加、地方教育附加，在金蝶云星空平台填写计提附加税费的凭证。

（63）月末，计提当月印花税，在金蝶云星空平台填写计提印花税凭证。

（64）月末，完成所有业务的凭证填制工作后，将所有凭证进行审核并过账。

（65）月末，在金蝶云星空平台使用向导式结转损益将本月损益类科目余额结转到本年利润科目。

（66）月末，结转完成损益后，查看科目余额表本年利润科目的本期借方和本期贷方数据（过滤条件选择科目编码"4103"，勾选"包括未过账凭证"），计算本月利润总额（贷方金额>借方金额，则本月利润总额为正，否则为负）。根据本案例企业类型计算企业所得税，并填写相关凭证。

（67）月末，在金蝶云星空平台使用向导式结转损益将所得税费用结转到本年利润。

（68）月末，在金蝶云星空平台使用出纳对账功能进行期末对账。

（69）月末，对出纳系统进行期末结账处理，结账至下一期间。

（70）月末，对总账系统进行期末结账处理，结账至下一期间。

（71）月末，制作资产负债表模板，出具当期资产负债表。

（72）月末，制作利润表模板，出具当期利润表。

12 月完整经济业务

（1）2023 年 12 月 2 日，出纳现金报销销售部差旅费 3 600 元，报销行政部业务招待费 6 000 元，报销销售部业务招待费 12 600 元。

（2）2023 年 12 月 2 日，成都五州商贸有限公司交付 CYCG2309002 号合同约定的第 5 批 M329 手机套料 1 500 套，增值税专用发票随货开具。

（3）2023 年 12 月 2 日，重庆达富科技有限公司交付 CYCG2309003 号合同约定的第 5 批 K668 手机套料 500 套，增值税专用发票随货开具。

（4）2023 年 12 月 2 日，提取备用金 49 000 元。

（5）2023 年 12 月 2 日，与成都和旭通信有限公司签订销售合同，编号 CYXS2312001，销售 M329 手机 400 部，K668 手机 300 部。手机按 8.5 折计价，每部 M329 手机含税价 1 343 元，每部 K668 手机 3 128 元，合同总金额 1 475 600 元。合同约定 2023 年 12 月 25 日前交货。付款条款为合同签订日付定金（货款的 20%），余款（货款的 80%）在交货后 10 个工作日内付清。

（6）2023 年 12 月 2 日，工行高新支行账户收到成都和旭通信有限公司汇入的 CYXS2312001 号合同定金 295 120 元。

（7）2023 年 12 月 2 日，生产领料：M329 套料 1 000 套，K668 套料 500 套，手机显示系统 1 500 套。

（8）2023 年 12 月 2 日，社保中心从工行高新支行账户扣款。

（9）2023 年 12 月 3 日，收到四川高玉电子有限公司用于投资的第 4 批手机显示系统 2 000 套，增值税专用发票随货开具。

（10）2023 年 12 月 3 日，从工行高新支行账户划扣 11 月工厂电费 38 142 元，2023 年 12 月 4 日公司财务人员前往供电局开具增值税专用发票。

（11）2023 年 12 月 5 日，从工行高新支行账户转账发放工资。

（12）2023 年 12 月 6 日，成都五州商贸有限公司交付 CYCG2309002 号合同约定的第 6 批 M329 手机套料 1 000 套，增值税专用发票随货开具。

（13）2023 年 12 月 6 日，收到四川乐成电子商贸有限公司汇来的 CYXS2311001 号合同 50% 货款 804 950 元。

（14）2023 年 12 月 6 日，产成品入库：M329 手机 800 部，K668 手机 400 部。

（15）2023 年 12 月 6 日，向四川乐成电子商贸有限公司发出 CYXS2311001 号合同约定货物，M329 手机 500 部，K668 手机 300 部，同时向对方开具增值税专用发票。

（16）2023 年 12 月 7 日，重庆达富科技有限公司交付 CYCG2309003 号合同约定的第 6 批 K668 手机套料 700 套，增值税专用发票随货开具。

（17）2023 年 12 月 7 日，销售部罗光荣借差旅费 6 000 元，叶子才借差旅费 3 000 元，孙福贵借差旅费 3 000 元，使用现金支付。

（18）2023 年 12 月 7 日，生产领料：M329 套料 800 套，K668 套料 500 套，手机显示系统 1 300 套。

（19）2023 年 12 月 7 日，从工行高新支行账户向成都五州商贸有限公司支付 CYCG2309002 号合同第 5 批货款 93 万元。

（20）2023 年 12 月 9 日，收到四川高玉电子有限公司用于投资的第 5 批手机显示系统 1 000 套，随货开具增值税专用发票。

（21）2023 年 12 月 10 日，申报并缴纳 11 月增值税。根据提供的《11 月销项发票明细表》和《11 月进项发票明细表》，归集销项税额明细和进项税额明细，完成 11 月增值税及附加税费申报表的填写。根据申报数据缴纳税款，并在金蝶云星空平台填制缴纳税费的凭证。

（22）2023 年 12 月 10 日，申报并缴纳 11 月个人所得税。请根据提供的《员工工资表》，完成个人所得税扣缴申报表的填写。根据申报数据缴纳税款，并填制缴纳税费的凭证。

（23）2023 年 12 月 12 日，收到成都和旭通信有限公司开具的银行承兑汇票一张，票面金额 1 287 920 元，用于支付 CYXS2310006 号合同尾款。

（24）2023 年 12 月 12 日，从工行高新支行账户向成都五州商贸有限公司支付 CYCG2309002 号合同第 6 批货款 62 万元。

（25）2023 年 12 月 13 日，收到四川乐成电子商贸有限公司汇来的 CYXS2311001 号合同余款 482 970 元。

（26）2023 年 12 月 15 日，收到成都一顺投资有限公司汇入工行高新支行账户 CYXS2311002 号合同 40% 货款 774 400 元。

（27）2023 年 12 月 16 日，产成品入库：M329 手机 500 部，K668 手机 400 部。

（28）2023 年 12 月 16 日，收到四川高玉电子有限公司用于投资的第 6 批手机显示系统 2 000 套，增值税专用发票随货开具。

（29）2023 年 12 月 17 日，向成都一顺投资有限公司发出编号 CYXS2311002 合同约定货物，M329 手机 600 部，K668 手机 400 部。

（30）2023 年 12 月 18 日，公司与他人合资共同成立成都万龙商贸有限公司，公司出资 800 万元占 80%。公司向成都万龙商贸有限公司验资账户汇入 80 万元。

（31）2023 年 12 月 20 日，出纳现金报销行政部王燕办公费 1 600 元，生产车间办公费 800 元。

（32）2023 年 12 月 20 日，工行高新支行账户自动扣取 300 万元设备贷款的利息。

（33）2023 年 12 月 20 日，工行高新支行账户自动扣取 700 万元流动资金贷款的利息。

（34）2023 年 12 月 20 日，工行高新支行账户收到存款利息 1 353 元。

（35）2023 年 12 月 24 日，产成品入库：M329 手机 400 部，K668 手机 200 部。

（36）2023 年 12 月 25 日，以现金支付 10—12 月厂房物业管理费 6 890 元（增值税专用发票），水费 1 200 元（增值税普通发票）。

（37）2023 年 12 月 25 日，向成都和旭通信有限公司发出 CYXS2312001 号合同约定货物 M329 手机 400 部，K668 手机 300 部，并开具增值税专用发票。

（38）2023 年 12 月 25 日，住房公积金中心从工行高新支行账户扣款。

（39）2023 年 12 月 26 日，工行高新支行账户支付 2023 年 10—12 月行政部物业管理费 7 950 元（增值税专用发票），水费 300 元（增值税普通发票），电费 14 625 元（增值税专用发票）。

（40）2023 年 12 月 26 日，向重庆达富科技有限公司支付 CYCG2309003 号合同项下 11 月所交货物的 80% 货款 117.6 万元。

（41）2023 年 12 月 28 日，出纳现金报销销售部差旅费 18 650 元。扣罗光荣借款 6 000 元，叶子才借款 3 000 元，孙福贵借款 3 000 元。

（42）2023 年 12 月 28 日，提取备用金 49 000 元。

（43）2023 年 12 月 28 日，出纳现金报销行政部业务招待费 15 620 元，报销销售部业务招待费 22 320 元。

（44）2023 年 12 月 29 日，工行高新支行账户收到成都一顺投资有限公司汇入 CYXS2311002 号合同余款 193 600 元。

（45）2023 年 12 月 29 日，收到四川高玉电子有限公司用于投资的第 7 批手机显示系统 11 000 套，增值税专用发票随货开具。

（46）2023 年 12 月 29 日，支持本月银行转账手续费合计 102 元。

（47）2023 年 12 月 30 日，销售助理胡甜归还销售部备用金 10 000 元。

（48）2023 年 12 月 30 日，以现金支付公司 2023 年 12 月网络费 2 560 元、座机电话费 2 934.5 元（其中销售部承担 30%，行政部承担 70%）；支付厂房网络费 340 元、座机电话费 414.8 元（全部计入制造费用）。以上均取得增值税专用发票。

（49）2023 年 12 月 30 日，以现金支付公司员工 2023 年 12 月手机通信费 6 600 元（其中销售部承担 2 000 元，制造费用 1 800 元，行政部承担 2 800 元）。

（50）2023 年 12 月 30 日，收到 2023 年 12 月电费单，电费共计 45 162 元（5%计入技术部，5%计入生产部管理人员，其余计入生产成本）。

（51）2023 年 12 月 30 日，计提本月工资、社保费和公积金。

（52）2023 年 12 月 31 日，收到行政部房租 10 000 元增值税专用发票。

（53）月末，按照年限平均法计提固定资产折旧，根据每个月的固定资产需折旧的情况，计算固定资产折旧金额，并填写记账凭证。

（54）月末，摊销无形资产，根据无形资产需要摊销的情况，计算摊销金额，并填写记账凭证。

（55）月末，摊销厂房房租，根据 9 月租赁厂房 2 年房租的情况，计算摊销金额，并填写记账凭证。

（56）月末，将当月的制造费用按照完工入库数量分配至产品的基本生产成本，并填写相关凭证。

（57）月末，计算当月完工产品成本，包括直接材料、直接人工（按生产工时分配）、制造费用，并填写相关凭证。

（58）月末，结转当月销售产品的成本。

（59）月末，在金蝶云星空平台填写凭证，结转当月未交增值税。

（60）月末，计提当月城市维护建设税、教育费附加、地方教育附加，在金蝶云星空平台填写计提附加税费的凭证。

（61）月末，计提当月印花税，在金蝶云星空平台填写计提印花税凭证。

（62）月末，完成所有业务的凭证填制工作后，将所有凭证进行审核并过账。

（63）月末，在金蝶云星空平台使用向导式结转损益将本月损益类科目余额结转到本年利润科目。

（64）月末，结转完成损益后，查看科目余额表本年利润科目的本期借方和本期贷方数据（过滤条件选择科目编码“4103”，勾选“包括未过账凭证”），计算本月利润总额（贷方金额>借方金额，则本月利润总额为正，否则为负）。根据本案例企业类型计算企业所得税，并填写相关凭证。

（65）月末，在金蝶云星空平台使用向导式结转损益将所得税费用结转到本年利润。

（66）年末，将本年利润结转至未分配利润。

（67）月末，在金蝶云星空平台使用出纳对账功能进行期末对账。

（68）月末，对出纳系统进行期末结账处理，结账至下一期间。

（69）月末，对总账系统进行期末结账处理，结账至下一期间。

（70）月末，制作资产负债表模板，出具当期资产负债表。

（71）月末，制作利润表模板，出具当期利润表。

（72）2023 年 12 月 31 日，公司高层想了解在过去的一年里公司发生的采购活动中是否存在问题和风险，要求财务部对 2023 年的采购数据进行数字化分析，并形成分析报告。采购部 2023 年度采购预算为 1 000 万元。

（73）2023 年 12 月 31 日，公司高层想了解在过去的一年里公司发生的销售活动中是否存在问题和风险，要求财务部对 2023 年的销售数据进行数字化分析，并形成分析报告。销售部 2023 年的计划销售额为 15 000 000 元。

（74）2023 年 12 月 31 日，公司高层想了解在过去的一年里公司发生的费用业务是否存在问题和风险，要求财务部对 2023 年的费用数据进行数字化分析，并形成分析报告。

（75）2023 年 12 月 31 日，公司高层想了解在过去的一年里公司薪酬管理是否存在问题和风险，要求财务部对 2023 年的薪酬数据进行收集、整理，并用数字化平台进行数字化分析，形成分析报告，为公司 2024 年薪酬决策提供科学依据，帮助公司控制薪酬成本，评估薪酬的合理性。

（76）2023 年 12 月 31 日，公司高层想了解在过去的一年里公司在税务方面是否存在问题和风险，要求财务部对 2023 年的税务数据进行数字化分析，并形成分析报告。

原始票据

完整经济业务的原始票据（按时间排序）见本书附配教学资源。